Historia de la vida pr

Historia de la vida privada

Dirigida por Philippe Ariès
y Georges Duby

Traducción de M.ª Concepción Martín Montero.

taurus

UNA EDITORIAL DEL GRUPO
SANTILLANA QUE EDITA EN:

ESPAÑA
ARGENTINA
COLOMBIA
CHILE
EE. UU.
MÉXICO
PERÚ
PORTUGAL
PUERTO RICO
VENEZUELA

Título original: *Historie de la vie privée*

TRADUCCIONES EXISTENTES CONSULTADAS O UTILIZADAS PARA LA TRADUCCIÓN:

W. Shakespeare:
— *La tempestad,* Bosch (trad. de C. Pujol).
— *La tempestad,* Espasa-Calpe (trad. de L. Astrana Marín).
— *Enrique VI,* Espasa-Calpe (trad. de L. Astrana Marín).

M. de Montaigne:
— *Ensayos,* Cátedra (ed. de Dolores Picazo y Almudena Montojo).
— *Ensayos,* Ediciones Orbis, S. A. (trad. de Juan G. de Luaces).

L. de Saint-Simon:
— *Retratos proustianos de cortesanas,* Tusquets Editores (trad., selec. y ed. de Consuelo Berges).

F. Rabelais:
— *Gargantúa y Pantagruel,* en *Maestros franceses,* Ed. Planeta (selec., introduc., estudio y notas de M.ª del Pilar Palomo).

Primera edición en rústica: julio 1991
Reimpresiones: enero 1992, marzo 1992

TAURUS EDICIONES

Elfo, 32. 28027, Madrid
ISBN: 84-306-9795-0 (tomo 6)
ISBN: 84-306-9982-1 (obra completa)
Depósito Legal: M. 7.142-1992
PRINTED IN SPAIN

Tomo 6

La comunidad, el Estado y la familia en los siglos XVI-XVIII

Maurice Aymard,
director de estudios en la Escuela de Altos Estudios de Ciencias Sociales.

Nicole Castan,
catedrática de la Universidad de Toulouse-II.

Alain Collomp,
doctor en Medicina.

Daniel Fabre,
profesor de la Universidad de Toulouse-II.

Arlette Farge,
investigadora del Centro Nacional de la Investigación Científica.

Volumen dirigido por Roger Chartier

Este libro fue querido, pensado y preparado
por Philippe Ariès.
La muerte impidió que lo llevara a término.
Nosotros lo hemos escrito con fiel libertad
y con el pensamiento puesto en su amistad.

- Las notas del texto, marcadas con números altos, se agrupan al final de cada capítulo.
- Las notas de la traductora, marcadas con números entre paréntesis, se agrupan todas al final del libro.

1

La comunidad, el Estado y la familia Trayectorias y tensiones

Nicole Castan
Maurice Aymard
Alain Collomp
Daniel Fabre
Arlette Farge

El proceso que entre los siglos XVI *y* XVIII *define una nueva manera de concebir, vivir y preservar la existencia privada no es en absoluto una evolución lineal, regular y unívoca. Philippe Ariès propuso una primera división de este proceso, que no distinguía secuencias estrictamente sucesivas, sino formas de afianzamiento de lo privado que se superpusieron o disociaron de manera gradual y cuya aparición fue más precoz en unos casos y más tardía en otros. De ahí tres fases ensambladas o tres casos principales de la exigencia de privatización: en primer lugar, la búsqueda de cierto individualismo de costumbres que separa al individuo de lo colectivo; luego, la multiplicación de grupos de convivencia social que permiten escapar tanto de la multitud como de la soledad, y que son más restringidos que la comunidad de existencia en su totalidad —la del pueblo o el barrio, la de la condición o el oficio— pero más amplios que la familia; por último, la reducción de la esfera de lo privado a la célula familiar, que se convierte en el principal ámbito, cuando no en el único, en que se deposita la afectividad y se salvaguarda la intimidad. Los análisis que forman esta última parte de nuestro libro se han basado en este esquema previo para marcar algunas contraposiciones o tensiones fundamentales que constituyen las modalidades distintas de lo que cabe calificar de vida privada en la edad moderna. Para reconocerlas, a veces ha habido que abandonar la perspectiva general y comparativa para estudiar casos concretos, en lugares particulares, que permiten observar como a través de una lupa los conflictos y las contradicciones. Pero, sea cual sea el procedimiento elegido, el propósito siempre ha sido el mismo; a saber: entender la compleja trayectoria que, mediante ruptura o compromiso, dentro o fuera de la familia, contra la autoridad pública o gracias a su apoyo, configura la esfera de la existencia privada.*

Para formarse, ésta ha de emanciparse de distintas trabas. Ante todo, implica que se establezca una clara división entre la función de representación pública y el recogimiento en la intimidad de lo particular. Por consiguiente, para los muchos que en la antigua sociedad poseen cargos y autoridad, inclusive para el soberano, se establece un reparto de los tiempos y de los espacios, de los cometidos y de las prácticas. Este reparto es posible gracias a la propia transformación del Estado, que impone sus leyes y controles en terrenos que hasta entonces han estado regidos, bien mediante acuerdos, bien mediante conflictos, por los individuos, las familias y las clientelas. En contrapartida, el esmero que se pone en distinguir lo que exige el empleo público de lo que es parte de la vida privada, protegida y secreta, lleva a desprivatizar en gran manera el ejercicio de la autoridad pública —aunque tardíamente subsista la indecisión que mantiene en situación a la vez pública y personal los archivos de los administradores del Antiguo Régimen. Esta vida, doble en parte, de los servidores del Estado, que la Revolución acentúa y generaliza al obligar a una ostentación cívica que no siempre va acompañada de los mismos sentimientos en el fuero interno, es como la prefiguración de un reparto ulterior, el del siglo XIX*, que instituirá como polos antagónicos el espacio del trabajo y el del hogar, las conductas profesionales y los comportamientos familiares. No sólo vale para los hombres públicos, sino que incumbe a los individuos, en una sociedad en la* que cada cual está obligado a representar mediante gestos apropiados y apariencias codificadas lo que es en su ser social.

Esta contraposición entre la intimidad y la representación cobra quizá toda su fuerza en el momento exacto en que, por lo menos en ciertos países, el Estado pretende dirigir la totalidad de la existencia social de quienes le obedecen y, todavía más, de quienes lo administran o de quien lo encarna —verbigracia, en la Francia de mediados del siglo XVII. Proceso de más larga duración es, sin duda, el esfuerzo por constituir la existencia privada mediante la sustracción a las imposiciones familiares. La familia, que en el siglo XIX casi se convirtió en sinónimo del concepto de privado, pudo ser anteriormente uno de los obstáculos que impedían que se viviera una vida propia, en medio de amistades comunes y de connivencias cómplices. De ahí que, de manera paradójica, resulte posible privatizar la existencia individual en el seno de convivencias sociales elegidas y de sociabilidades restringidas. Las amistades fieles, los encuentros reiterados, las asociaciones obligatorias o voluntarias, reguladas estricta o débilmente, son otras tantas ocasiones de trabar vínculos fundamentales, plenamente deseados, que, a diferencia de las formalidades que requieren el cargo público o la disciplina familiar, permiten relaciones libres y gratas. «Privé, privée: cuando esta palabra se dice de las personas significa también familier, pero no tiene tanto uso como familier. (Es muy privé aquí. Es muy privé con Don Fulano.)»: esta definición del diccionario de Richelet en 1679 marca claramente la conexión que existe entre la familiaridad de las relaciones que se deciden en común, por gusto de estar juntos, sin necesidad de que intervenga el estado ni la condición, y el concepto de privado. Para crearlo no se necesitan en estos casos espacios en donde refugiarse, ni retiro solitario ni aislamiento protector: lo que crea lo privado es sobre todo la elección de relaciones en las que se puede llevar una existencia que no es la de las tareas ordinarias. Tales relaciones, femeninas o cultas, amistosas o juveniles, secretas o manifiestas, tienen en común el hecho de que permiten una intimidad que en la vida familiar parece prohibida.

El ámbito privado moderno se afianza por medio del distanciamiento de la res publica o del orden familiar, pero también oponiéndose a las imposiciones colectivas de la costumbre. Efectivamente, es la costumbre lo que da sus formas concretas a esa «sociabilidad anónima» que, en opinión de Philippe Ariès, fue destruida lentamente por el proceso de privatización de entre los siglos XVI y XVIII. Anonimato no significa en este caso que todo el mundo se tratara sin conocerse, en la indistinción de las relaciones que se trababan en el pueblo o el barrio, sino que instituciones, ritos y penalidades establecidos por la costumbre garantizaban la adecuación de las conductas individuales a las normas aceptadas, socializaban y asumían reglas y cometidos sociales y sancionaban los apartamientos y los desvíos. De este modo, cualquier decisión personal se hallaba sometida a un control social riguroso que era atribución de ciertos grupos particulares (por ejemplo las abbayes de Juventud), se enunciaba mediante ritos espectaculares y se ejercía en nombre de toda la comunidad. Ahora bien, progresivamente, los rigurosos dispositivos de esa vigilancia que ejerce la colectividad van siendo rechazados, desacreditados y denunciados. Poco a poco van resultando una insoportable violación de la *libertad de elegir del individuo o de la soberanía de la familia, una intolerable intrusión en un terreno de la existencia que en adelante se considera privado y, por tanto, ajeno a la jurisdicción comunitaria. En la Francia meridional ese rechazo de las trabas impuestas a la voluntad de cada cual se manifiesta con fuerza en el transcurso del siglo* XVIII*; pero, sin duda, en otras partes (especialmente en las grandes ciudades, en los medios burgueses y en las tierras en que surge un individualismo precoz), la corriente que pretende sustraer los acuerdos del ámbito privado a las censuras de la comunidad es más antigua.*

Ahora bien, estos acuerdos son los que establecen las alianzas, organizan las relaciones entre marido y mujer y gobiernan la vida de la criazón. De este modo la familia se convierte en el ámbito por excelencia de lo privado. Por un lado se identifica con un espacio propio, específico: el de la vivienda doméstica. En las sociedades antiguas, para la mayoría de las personas, la vivienda consiste en una casa que alberga a la nueva pareja cuando ésta se casa, y luego a los hijos que nacen del matrimonio; pero, incluso en aquellos lugares en que la cohabitación de varios matrimonios de una misma familia sigue siendo habitual, cada cual posee en la vivienda común un espacio reservado, apto para esconder su intimidad. En la propia ciudad, dentro de la obligada promiscuidad de las casas de pisos, la habitación y la guardilla son frágiles refugios para el individuo solo, la pareja o la familia nuclear. Por otro lado, la familia concentra los afectos, encauza la afectividad, liga al individuo. Ciertamente la identificación del honor personal con el de cada miembro del grupo familiar no es una novedad del siglo XVIII*, prueba de ello son las intrigas de las comedias del Siglo de Oro, y, como ya hemos dicho, las amistades de oficio y de juventud o las amistades fortuitas hacen por mucho tiempo la competencia a los afectos conyugales o familiares. No obstante es durante el siglo* XVIII *cuando lo fundamental de la existencia privada se concentra en el ámbito familiar, sin discordancia entre el individuo y los suyos, como prueban el afianzamiento de una nueva visión del niño o la aparición del culto familiar a los muertos.*

Pero este ámbito privado familiar siempre puede estar amenazado, ser asaltado por las injerencias de la comunidad cercana o socavado por las imprudencias de sus propios miembros. Protegerlo del escándalo es, pues, tarea difícil que requiere aliados seguros y poderosos. De ahí que se acuda necesariamente a la autoridad pública y, en primer lugar, a la del soberano. Sólo esta autoridad puede preservar el secreto que el honor familiar exige y al mismo tiempo reducir los desórdenes que lo resquebrajan; sólo esta autoridad puede garantizar la libertad de cada cual en su ámbito particular contra las imposiciones colectivas de la costumbre. Las formas de ese socorro que se presta a las familias en peligro pueden variar e implicar a letrados o eclesiásticos, pero su principio es idéntico, pues hacen que la revelación de los disturbios domésticos a la suprema autoridad pública sea la condición necesaria para que se arreglen discreta y privadamente, fuera de las censuras consuetudinarias. Por consiguiente, la construcción de las formas modernas del Estado no sólo permitió delimitar, por diferencia, lo que en adelante ya no pertenecería al ámbito público, sino que, en mayor medida, supuso la garantía y la salvaguarda de lo privado.

R. Ch.

Lo público y lo particular

Nicole Castan

De la división de territorios

Si se formula en términos lacónicos, la división público-privado choca fatalmente con una frontera. Ya Talleyrand enunciaba: «La vida del ciudadano ha de estar murada»: el muro de la vida privada, obviamente[1]. ¿Pero qué delimita este muro? Para quien vive en la actualidad no hay ambigüedad alguna; a un lado, un remanso de paz, refugio familiar en esencia, pero también ámbito en que se eligen amistades y libertades; al otro, las imposiciones de la vida pública, la disciplina del trabajo jerarquizado globalmente, el rigor de los compromisos de toda índole. Por supuesto, esta dicotomía valora los encantos del terreno reservado, incesantemente amenazado por la fatal intrusión de las exigencias públicas.

Tal interpretación no se adapta verdaderamente a la época moderna (siglos XVII-XVIII). En ésta se observa un entrecruzamiento constante de espacios y una ambivalencia de papeles al mismo tiempo que una obstinada aspiración a ir delimitando mejor los unos y los otros a lo largo de estos siglos. Desde luego, a primera vista, la vida de la gente es totalmente pública o exclusivamente doméstica. ¿Quién mejor que Luis XIV puede encarnar una existencia dedicada por entero a la actividad real (noble y deliciosa) y completamente regida por ésta? El rey devoró al hombre, que careció de vida privada hasta en la hora de la muerte: ¡es fácil morir en público! Lo mismo sucede con los grandes personajes hasta el siglo XVII: «Nada es particular en la vida de los grandes», observa Santa Teresa; su amiga, doña Luisa de La Cerda, dama ilustre, «vive según su estado y no de acuerdo con su inclinación, en una sujeción que la hace esclava de mil cosas»[2]. Inversamente, y en niveles más modestos, parece que lo privado reina por entero: burgueses rentistas u *hobereaux* de provincia, de pequeña fortuna, declaran que se dedican casi exclusivamente a los placeres de la caza y a las delicias de la mesa, sin otra ocupación, al decir de uno de ellos en Gascuña, «que ligeras fantasías por muchachitas, satisfechas no bien concebidas». De esto podría deducirse que la alternancia de cometidos y de

La puerta y la ventana, puestos de observación destacados, marcan la frontera del espacio reservado para el interior familiar, pero abierto a la calle. Terreno fronterizo semiprivatizado para las necesidades de las tareas diarias. Por eso es un espacio de encuentros, de intercambio de noticias y de comentarios. (Jacobus Vrel, *Rincón de ciudad*. Amsterdam, colección particular.)

Probar suerte, esperar el milagro explican la pasión por los juegos de azar en sociedades en que el enriquecimiento es lento y las distracciones monótonas. El modelo viene de arriba y pervierte incluso a los niños. El juego de la oca se propuso como sustituto de los juegos en que se apostaba dinero, que arruinaban a las familias: «Desearía tanto que no hubierais jugado más que a ese juego y que no hubierais perdido tanto dinero», sugiere madame de Sévigné a su hija. (Louis Le Nain, *Los niños jugadores de cartas*. Colección particular.)

espacios de vida refleja el rango social. Pero entonces ¿qué cabe pensar de la plebe de Nápoles, por ejemplo, descrita por el presidente primero del Parlamento de Dijon, Charles de Brosses, sin complacencia alguna? «Estas personas no tienen vivienda, pasan la vida en medio de las calles[3]...».

Así pues, del rey al miserable parece que impera la unicidad de vida. No obstante, muchos ejemplos sugieren algo más: la intersección de las funciones que disponen tiempos y lugares menos convencionales.

La familia amaestrada

La libertad, al igual que la independencia, se conquista en primer lugar respecto de la familia. La familia del Antiguo Régimen no sólo ofrece nuevos recovecos afectuosos, ni mucho menos; para todos los que están instalados, sin que importe su rango, es un ámbito de dominación, de división autoritaria de las tareas. La estricta disciplina del jefe de familia garantiza la cohesión indispensable para salvaguardar el patrimonio y el honor familiar. Sin embargo, las sociabilidades ineludibles no aprisionan a los individuos; es posible escapar al grupo, con toda naturalidad y sin rebelión alguna.

Las infancias

Las infancias lo prueban. Tan pronto como salen de las faldas de las mujeres, los muchachos que cuentan entre cuatro y catorce o quince años pueden aprovechar las discontinuidades de los tiempos de vida y sacarles partido. A primera vista, lo contrario, que aprisiona estrechamente a los niños del campo, del taller y del colegio, puede parecer más cierto. Por ello un caballero del bajo Languedoc no vacila en atribuir la muerte sucesiva de sus tres hijos a un internado demasiado precoz en La Flèche; el que el propio Balzac vivirá más tarde en el colegio de Vendôme. Sin embargo, muchos se libran del internado gracias al régimen de externado que se completa con lecciones particulares en el domicilio. El intervalo entre la casa y el colegio proporciona posibilidades que no se deben despreciar. Esto es lo que se desprende de las memorias de *El paje caído en desgracia*[4] —autobiografía del poeta Tristan L'Hermite, que se crió en la corte de Enrique IV—, de los relatos de infancia del caballero de Fonvielle, nacido en 1760 en una familia de burgueses de Toulouse, o de los de Guillaume Hérail, nieto de un rico comerciante afincado en Sérignac, en la región de Agen[5]. Todo les separa, la época, el medio, la educación, pero tienen en común las aventuras pueriles, aunque no honradas, pues los tres llevan doble vida: una cara externa conforme a la imagen deseada del buen alumno y niño piadoso, y otra, oculta, que se desenvuelve en un mundo que les pertenece. El paje «se cría» con un principito de su edad (cinco años); comparte su educación, sus juegos, sus ejercicios y sus viajes de un palacio a otro, a condición de servirle «desde que abre los ojos hasta que los cierra», de distraerle y de amenizar sus enfermedades; para ello hace uso de todas sus dotes de magnífico cuentista; su desbordante imaginación capta rápidamente el humor del príncipe: «¡Ah pajecillo ya veo que vais a decir que el lobo se comió al cordero, os ruego digáis que no se lo comió!» De ahí un afecto constante, garantía de libertad en un servicio ininterrumpido. Fonvielle y Hérail se educan en familia; por ser los hijos mayores se les dedica mucha atención y se benefician de una educación ambiciosa y muy vigilada; primero en la casa, bajo la férula de maestros particulares, y luego con pasantes que alternan con el colegio. Ambos celebran con regocijo la edad (a los cinco o seis años) en que escaparon a esos cuidados tan constantes; aunque fuese a costa de la desavenencia entre los padres: el padre ocupado con la caza y sus asuntos, la madre en el «torbellino de la vida mundana»[6].

Ingenua ilustración del registro de vasallos de Esparros, en Gascuña (1773). Representa a un niño lleno de ansia para apoderarse de una urraca amaestrada y es muestra de la familiaridad que existe, especialmente, en el mundo infantil, entre animales y personas; también por falta de otros juguetes. *(Los registros de vasallos con imágenes de Sadournin y de Esparros.* Tarbes, CDDP de Hâutes-Pyrénées.)

Desde luego, es necesario el arte de la disimulación. Hérail y Fonvielle son ostensiblemente devotos en el confesionario y en casa llevan siempre un libro piadoso en el bolsillo. También se muestran instruidos: hacen alarde de sus progresos con orgullo, peroran sin riesgo acerca del latín, la aritmética y las letras ante mujeres ignorantes. No obstante son hábiles para copiar a toda velocidad clases y ejercicios, y también prudentes: siempre están presentes en las composiciones y en las entregas de notas. Tienen asegurada la pantalla que les permite, cuando les viene en gana, ser «libertinos» como

La Contrarreforma favoreció incluso en el campesinado el desarrollo del ámbito privado, con la práctica de devoción particular al Niño Jesús o al Sagrado Corazón, por ejemplo, sin quitar importancia, ni mucho menos, a los tiempos de devoción colectiva que suponen las peregrinaciones. *(Los registros de vasallos con imágenes de Sadournin y de Esparros.* Tarbes, CDDP de Hâutes-Pyrénées.)

se puede serlo a los diez años, aficionados a los esparcimientos, a los juegos y a la buena comida.

Lo esencial es aprovechar el intervalo entre una autoridad y otra para esquivar la disciplina familiar. El paje aprovecha las exigencias, nunca explicitadas, de su oficio para merodear por los pasillos y galerías del palacio. Se mezcla con los allegados, criados, guardias y señores jóvenes, y hasta con comediantes que llegan para hacer representaciones. Su obligación es distraer a su amo, buen pretexto para recorrer París en busca de un pardillo amaestrado, de un oso pequeño y de otros animales del arca de Noé; excelente ocasión también para llevar libremente una vida de fisgón, en busca de espectáculo, de encuentros y de juegos. A finales del siglo XVIII Fonvielle y Hérail sacan partido de los mismos fraccionamientos; entre el colegio y la casa multiplican las escapadas por la ciudad y por el campo, con una banda de pilluelos salidos de aquí y de allá. Pero también los tres reservan el tiempo que sustraen a la vida escolar y familiar a «sus pasiones»: la lectura (novelas de caballería, obras de teatro, o Buffon), los animales (pájaros y gatos) y las flores; y, todavía más, al frenesí de las cartas y de los dados. Pero lo que domina es la «glotonería», con los pastelillos a los cinco años y la botella «catada a solas» a los once (Hérail). Sin embargo, esto hay que pagarlo; la vida privada empieza, obviamente, con la libre disposición de dinero. Nuestros tres personajes dicen que no les falta y no hacen un misterio de su procedencia. El paje «sisa»; hace que los pajareros y otros proveedores del príncipe le paguen los doblones necesarios. Hérail y Fonvielle optan abiertamente por el robo: primero grano, que roban en casa y revenden a bajo precio; luego dinero contante y sonante, «sus manos eran cola» (Hérail), cuando se convenció de que «coger dinero de la familia no era un robo». Gracias a pequeños hurtos diarios (de doce a quince sueldos), se hace un pequeño fondo que utiliza libremente; y sin embargo no carece de dinero, pues su padre y su abuelo le dan luises «brillantes y nuevos» para que los luzca en público; pero debe dar cuenta exacta de ese dinero: se trata de dar muestras de la fortuna familiar, no de gastarla.

El hecho de organizarse así la vida, con bastante tranquilidad y cuando se tiene aún poca edad (unos diez años), debería ocasionar la ruptura o, al menos, un claro debilitamiento de los vínculos familiares. De ninguna manera; siempre que uno se agencie una red de protección y de complicidad. Los señores jóvenes o los comediantes del rey esconden al paje y le sustraen al gobierno del preceptor; en el peor de los casos, encuentra seguro refugio en los brazos del príncipe: «sólo le cuesta una lágrima o dos obtener su gracia.» Por su parte, los colegiales Fonvielle y Hérail se aprovechan sin vergüenza de la predilección de las madres por el hijo mayor. En realidad, les resulta todavía más seguro gozar de la complicidad de los criados; quien encubre las ausencias de Fonvielle es la criada Fanchon, cuya cama comparte; sin contar con que ella le facilita la reventa del grano o el trueque, desventajoso, de los escudos que roba.

Por eso Hérail dice que prefiere la compañía de los criados a la de sus padres. Le parecían más amables porque estaban dispuestos a favorecer sus pillerías y a regocijarse maliciosamente con éstas. Cuando crezca los juzgará nefastos y corruptores, seguramente también para alabar la bondad de la naturaleza que finalmente le ha devuelto su inocencia originaria. Estas tres infancias, que destacamos aquí debido a las Memorias que dejaron, no implican que la libertad esté reservada a los chicos, de preferencia ricos. Testimonios procedentes de niveles más modestos prueban suficientemente que los pilluelos de la tienda, del pueblo o simplemente de un notario de la región de Rouergue también pueden regir parcelas de sus vidas. Aunque se deben forzosa y prioritariamente a la empresa familiar, ello no les impide servirse de las interrupciones del trabajo ni explotar lo mejor posible la relación familiar con la sirvienta, los aprendices o los escribanos y hasta con los clientes, a quienes es necesario agasajar; en resumen, llevar una vida propia, más o menos declarada y conocida, a despecho de las obligaciones habituales[7].

La vida privada en femenino

La expresión «vida privada en femenino» puede parecer paradójica puesto que se tiene la impresión de que en estas sociedades la mujer está confinada en el hogar. Sin duda alguna y en la mayoría de los casos, queda excluida de los cometidos públicos y de las responsabilidades exteriores (políticas, administrativas, municipales, corporativas)[8]. El ejemplo de Lyon en el siglo XVI, analizado por Natalie Davis, lo demuestra. Por consiguiente, a ella le corresponde el papel oficioso, que se le reconoce no sin acritud, y no el oficial[9].

En efecto, su actividad es preferentemente doméstica; su marco, la casa, y su vocación, encarnar al unísono la imagen de esposa y madre que la Iglesia y la sociedad civil han arraigado. El honor que se le exige, hecho de compostura, de fidelidad a su buena fama y a los suyos, la define bastante bien; por lo tanto, la dedicación constante a todos los que comparten la olla y la lumbre bajo su techo la destina a servir, es decir, a cuidar: alimentar, educar, atender en la enfermedad y asistir en la muerte. Éste es el oficio de las mujeres, al cual se consagran gratuitamente; además no es costumbre que se reconozca su participación, bastante frecuente, en la producción, lo que deja la posibilidad de ensalzar y agradecer su dedicación en el testamento. Por ejemplo la dedicación de madame Acarie, futura fundadora del Carmen en Francia, a su casa y a sus hijas: las rige sin caprichos, haciéndoles que vayan por turno a hablar con ella para crear «una comunicación amistosa que las intruye y gana sus corazones». Esto significa que a la mujer se la incita a un servicio constante, porque ése es el papel que se le reconoce[10]. Es el caso de madame D'Ayne, la suegra del barón de Holbach. Todos los veranos, en la quinta de Le Grandval, acoge a sus hijos y a numerosos invitados —la casa es grande—. Diderot, habitual durante la década de 1760, le reconoce todas las virtudes de un ama de casa, siempre preocupada por el bienestar y el esparcimiento de los de-

En el sur de Francia se practica en masa la firma de las capitulaciones, preludio de la ceremonia religiosa; en ésta el oficiante es el cura, en aquélla, el notario. Las capitulaciones consignan la contribución de la esposa; le garantizan dote, bienes parafernales y usufructo de los bienes conyugales en la viudez, con lo que le permiten un innegable margen de maniobra en la economía familiar. (Toulouse, museo Paul-Dupuy.)

más. «A poco que uno muestre interés por un guiso, al día siguiente lo tiene, y así con todo lo demás»[11].

La mujer es, pues, sirvienta, pero también ama; en efecto, el gobierno de la casa la dota de la autoridad necesaria para llevarlo a cabo, aunque exige las virtudes correspondientes de modestia, dedicación y economía. Esto significa que se ha de revisar la idea de que está rigurosamente subordinada al jefe de familia; lo que existe es una división de poderes y de tareas. Madame Phlipon, madre de madame Roland, fue primeramente esposa de un conocido maestro grabador de París. Como esposa que es, lleva la dirección de la casa, mientras que el padre capitanea el taller, en donde se mezclan oficiales y clientes. Madame Phlipon no sólo gobierna a la sirvienta y se encarga de la economía doméstica, sino que también dirige la educación de su hija. Ha decidido darle una educación esmerada y en su propia casa, según la tradición; elige y vigila a los sucesivos maestros particulares de la niña, le enseña todas las artes de adorno y la viste con coquetería, por encima de su posición, y, por supuesto, dispone todas sus salidas, al mercado, a ver a la familia, a la iglesia, más el paseo familiar de los domingos por la tarde por el jardín del Rey o, en verano, por Soucy o Meudon[12].

De hecho, vive frecuentes momentos de intimidad afectuosa con su hija en el ámbito familiar, sin descuidar el orden constante del hogar; pues, en efecto, todo el problema de la vida doméstica consiste en delimitar las libertades y aislamientos posibles. Es preciso señalar desde un principio que, dejando al margen las situaciones de miseria, la mujer no carece de medios; precisamente los que la libertad de testar y las capitulaciones matrimoniales le otorgan. Este contrato en que se fundamenta la familia (tanto como en el sacramento) es de rigor entre las clases ricas, pero se practica en todos los niveles sociales en las provincias meridionales. Proporciona a la esposa la garantía de su dote, la libertad de disponer de sus bienes particulares y, además, la posibilidad de tener una estrategia personal, aunque, por lo general, adecuada a la política familiar: hasta una modesta ama de casa de la región de Nîmes puede conseguir casar a su hija como desea con una donación de 36 libras y unos cuantos efectos personales. La marquesa de Lacapelle, emparentada con los Losse-Valence, puede cambiar la situación de su nieta, a quien está educando en las religiosas maltesas de Toulouse, haciéndole un legado en su testamento; pero también espera que la nieta «la agasaje». No obstante, la libertad de disponer subsiste, aun a riesgo de escandalizar. Madame de Pollastron, esposa de un caballero gascón, no es más rica de lo que corresponde a su situación, pero ha heredado bienes familiares. Tanto por predilección como por la vanidad de conseguir una alianza halagadora, añade 3.000 escudos a la dote de una prima, cuando hubieran sido suficientes 200 escudos de ropa[13]; traición doble: respecto a su marido, a quien no pone al corriente, y respecto a sus hijos, a quienes despoja de ese dinero; pero el hecho es inatacable desde el punto de vista jurídico.

Los ámbitos de la privatización

Si se lee la correspondencia de la época o los relatos de las declaraciones ante la justicia, al final se tiene la impresión de que las mujeres disponían de márgenes de maniobra bastante amplios, lo cual les permitió en ocasiones quitarse la careta y librarse de las imposiciones del papel que se les asignaba. Por ejemplo, según la costumbre es la mujer quien elije las sirvientas. En el nivel social acaudalado de una burguesa que vive de rentas, en el alto Languedoc, en 1770, ella elige sus criadas y su lacayo particular «a quienes

El triunfo de la mujer, esposa y madre. En esta representación típica del hogar cuyas figuras relevantes son las mujeres, es de señalar su predominancia alrededor de los niños. Ciertamente, al hombre que está sentado a la mesa se le sirve, pero aquí no está en su terreno, que es el exterior (trabajo, mercado, relaciones públicas). (Jacques Gamelin, *Escena de interior*. Carcasona, museo de Bellas artes.)

P·D·H·

exige ser bien parecidos y solteros, a condición de controlar exactamente lo que gastan y de no dejarles demasiado el bolsillo». Naturalmente, es derecho de la mujer corregirles en el ámbito privado: «acechar» a su sirvienta desleal para obligarla a confesar y para hacer que restituya la toca que ha robado le parece cosa normal a la mujer de un procurador de la región de Velay. Bien es verdad que dirige su trabajo y vive con ellos en un ambiente de familiaridad que puede llegar hasta la complicidad. Sophie Volland consigue comunicarse con Diderot sin que su madre lo sepa (en esa época tiene casi cuarenta años) por mediación de su fiel sirvienta. No es excepcional el caso de madame de Pollastron quien, en la quinta que posee en el campo o en su casa de Auch, organiza su propia vida con sus criadas, de modo demasiado familiar en opinión de su director espiritual. Madame de Pollastron prefiere sus criadas a la familia; ama y sirvientas se burlan de los modales rústicos del marido y tienen enojosas conversaciones acerca de los suegros.

La gestión cotidiana

Es una realidad que la gestión de la casa se presta a formas de privatización evidentes. Ciertamente, la mujer no participa en la economía exterior, en la de los negocios, a menos que pertenezca a las clases superiores o esté viuda; no se la ve cerrar tratos en las ferias; la administración del patrimonio y el manejo del dinero y del crédito no son visiblemente competencia suya. Una tendera de Toulouse confiesa incluso que le da vergüenza pedir dinero a su marido.

Sin embargo, en el interior del mundo femenino se aprecia toda una circulación subterránea de dinero, víveres, ropas y favores que

Dos escenas que yuxtaponen claramente los papeles femeninos: a la derecha, el ama de casa «en privado», que guía a su hija con ternura; a la izquierda, apostada en el pasillo, a la mitad del camino de la calle y paralizada por la curiosidad, otra mujer mira, espía y escucha. (Pieter de Hooch, *Patio de una casa en Delft*. Londres, National Gallery.)

Ropa blanca, ricos armarios, suelos brillantes, recreación de un mundo para la vida familiar, útil, precioso y armonioso. (Pieter de Hooch, *El armario ropero*. Amsterdam, Rijksmuseum.)

suele realizarse sin que lo sepan los hombres. Esta circulación refleja iniciativas particulares, pequeñas, desde luego, pero significativas: la mujer de un trabajador de Montauban pide prestados unos céntimos a su vecina para comprar cintas a su hija que debe probar fortuna utilizando la coquetería, y es frecuente que las campesinas, en grupos de tres o cuatro, vayan al mercado cercano a las tres de la mañana para vender huevos o productos de su huerto con el fin de hacerse unos ahorrillos personales; revelar la existencia de los mismos a una vecina elegida (se trata en esta ocasión de cinco monedas de 12 sueldos, escondidas en una bolsita en el fondo de un agujero en la chimenea) es para una pobre mujer de Lavaur una gran prueba de confianza; además, al mismo tiempo, ambas se prometen que se amortajarán. Como en los casos infantiles, el dinero propio no transita obligatoriamente por los canales familiares; sólo así puede ser causa y condición de libertad. Éste es el caso de una sirvienta de Montpellier, similar a otras muchas, que confía a una amiga sus tres años de gajes; ha estado ahorrando para casarse pero no quiere entregar ese tesoro a su familia.

Los círculos de vida

De esto se desprende que las mujeres viven esencialmente en un mundo propio, abierto al exterior. Tanto en una casa rica como en una granja la puerta abierta o cerrada es, a la vez, símbolo y realidad. En el ámbito rural hay una prohibición moral de que los hombres entren en las casas cuando las mujeres estén solas. Por lo general, el hecho de que se cierre la casa durante el día suspende las idas y venidas habituales: es un hecho sorprendente que se observa y se comenta. Por eso mismo no existe aislamiento en el espacio doméstico, lo que ofrece la ocasión de establecer relaciones más independientes[14]. La sociabilidad amistosa no son palabras huecas. Diderot se lo escribe desde Le Grandval, y con tono bastante irónico, a Sophie Volland, su muy querida amiga, hombre y mujer a la vez, según la expresión de Grimm: «Después de comer se fueron, las dejamos con sus pequeñas confidencias; para ellas es una necesidad apremiante cuando han estado un tiempo sin verse (...) (como) las caricias que acostumbran a hacerse.»

Forzosamente, todas las que no acceden a la vida mundana, en el sentido convencional del término, establecen esos vínculos con las parientes o las vecinas; vínculos que se refuerzan en los barrios urbanos debido a la obligada promiscuidad (dieciséis habitaciones, una por cada familia de artesanos, en los tres pisos de una casa de un arrabal de Toulouse). La exigüidad del espacio, la ausencia de comodidades obligan a salir del hogar para buscar agua, fuego y luz; sin contar con ciertos lugares colectivos, pero eminentemente femeninos, como el lavadero, la fuente, el horno o el molino; en el sur de Francia las mujeres tienen generalmente la costumbre de acudir a estos lugares en grupos de dos o tres vecinas, y de quedarse hablando durante horas. De manera general, la vida y el trabajo, que más tarde se considerarán propios del interior, se abren en gran medida al exterior[15]: el umbral de la puerta, la calle y hasta la plaza

Estos dos estudios de Fragonard son muestra de un mundo femenino no recluido y abierto al exterior. Por necesidad y por estar destinados exclusivamente a las mujeres, el horno, el lavadero y las tiendas los acaparan ellas solas... En estos lugares, el «coro» de amas de casa hace y deshace reputaciones y rumores; sin embargo, la taberna, centro de la sociabilidad masculina, la tienen casi prohibida, al menos en las zonas rurales meridionales. (Jean-Honoré Fragonard, *Las «Cascatelles» de Tívoli.* París, Louvre; y *Mujer en la fuente,* colección particular.)

son terreno femenino. En Toulouse, en el siglo XVIII, las mujeres se reúnen en dichos lugares para escoger las hierbas y alimentar a sus hijos, e incluso una tabernera de la ciudad friega los vasos con toda naturalidad en la calle. En resumen, todo un terreno que, hablando con propiedad, ya no es doméstico, pero que la autoridad pública no ha reconquistado todavía. Sólo una tenaz obstinación reglamentaria y el acondicionamiento de la vivienda harán retroceder hacia la casa y sus dependencias (el patio, el jardín y la escalera) las actividades privadas; mientras tanto es ahí en donde pueden apreciarse las fronteras, inestables en los siglos XVII y XVIII, de lo público y de lo particular. La privatización del exterior aparece en gestos significativos; por ejemplo, cuando dos vecinas llevan la comida a la calle («por amistad» dicen) a la mujer de un labrador de Bigorre. ¿La razón? Las somantas que le administra el marido, un hombre brutal. Otro ejemplo aún mejor, la reacción de una madre que se entera de la muerte repentina de su hijo; en vez de refugiarse en la familia, se precipita a la calle y va a echarse en brazos de la vecina, llorando.

La libertad de la fiesta

Sin duda alguna, los tiempos de recreo establecidos y las fiestas ayudan a esquivar el bastión familiar. Es sabido que las muchachas, sobre todo en el sur del país, están excluidas de las instituciones y algaradas de la juventud (por ejemplo, de las cencerradas); pero también es costumbre dejarles cierta libertad, aunque sólo sea para que propicien con coqueteos las oportunidades de casarse; eso sí, con el mínimo riesgo y con la precaución de que no estén nunca solas. En Saint-Antonin, en la región de Quercy, las muchachas se pasean los domingos por la plaza con sus amigas, católicas y protestantes juntas; de igual modo, en verano van a bailar bajo un olmo viejo «en cuadrillas tan lindas, tan revoltosas y tan vivas» y, por ende, tan poco accesibles, dice con lástima Fonvielle, entonces administrador del depósito de la sal. Es indiscutible que en la fiesta y en los ritos colectivos sobre todo participa la juventud, y las muchachas pueden beneficiarse de ello. Pero, como se sabe, en las sociedades antiguas el matrimonio supone un corte decisivo: cambia los cometidos y los medios que se le imponen a la mujer. La fiesta ya no es propia de su edad; pero la religión compensa pues, al igual que la realización de las tareas domésticas, le facilita las salidas y los encuentros con conocidos, bajo la vigilancia aprobadora de la familia y de la comunidad. La práctica tradicional propiciará estas salidas, por mucho tiempo aún, mediante la necesaria asistencia a

Una ribera con fondo monumental, momentos y lugares de ocio donde se mezclan para curiosear clases, sexos y edades, con el placer siempre nuevo del espectáculo popular. (Antoine Watteau, *Fiesta campestre*. Agen, Museo municipal.)

los oficios, a las misiones que predican los religiosos y a las peregrinaciones periódicas. Estas ocasiones regulan la vida con la ventaja de que legitiman escapadas que las mujeres ansían. En el arrabal del Bout-du-Pont, en Albi, las mujeres de unos cardadores dicen, en mayo de 1709, que por nada del mundo faltarían a los rezos que los minoritas en misión han organizado para después de la cena (los maridos, entre tanto, están en la taberna).

Una búsqueda nueva: la intimidad

La Contrarreforma amplió el campo de la vida privada femenina, aunque ello no formara parte de sus fines. San Francisco de Sales había sabido conciliar las exigencias de la salvación y las de la sociedad, para las mujeres de las capas altas[16]. Su *Introducción a la vida devota* tuvo honda influencia; basándose en ella y utilizando en particular las misiones, la práctica del ministerio sacerdotal desarrolló durante los siglos XVII y XVIII un nuevo modelo de devoción femenina hasta en los medios populares, para que se vivieran con más intensidad las grandes verdades de la religión cristiana. Por ejemplo, algunas mujeres, arrastradas por una misión o por su confesor, se reservaron ciertos momentos del día; hacia 1750, la mujer de un cirujano de Toulouse lo tiene en cuenta a la hora de repartirse el día: se ocupa con mucha asiduidad de su casa y, aparte de las pocas veces que come con algunas parejas amigas, apenas sale sino para ir a los oficios con las vecinas; por las tardes, hacia las cuatro, va a su parroquia, por lo general sola pero a veces también con una o con otra, para practicar sus devociones personales y «saludar» al Niño Jesús.

En estos nuevos modos de proceder puede distinguirse la influencia de la educación; educación que, en la época moderna, ya no es tan estrictamente familiar. El hecho de pasar dos o tres años en un convento, costumbre que se generaliza entre la burguesía urbana, es decisivo al respecto, pues ofrece a las muchachas perspectivas desconocidas: a mediados del siglo XVIII, en Auch, madame Hérail encuentra la amistad gracias al convento; queda fascinada por las ganas de vivir de la hija de un magistrado, su querida Vavarette, y su relación permanecerá después del matrimonio. Ambas se invitan a pasar largas estancias en el campo y las confidencias, las intrigas y una correspondencia activa las ocupan durante años, hasta el punto de invadir su vida familiar y de indisponer a sus maridos. La misma experiencia vive Manon Phlipon: a los doce años exige a sus padres dos años de convento en el arrabal de Saint-Marcel para preparar su comunión en un clima espiritual adecuado. Resultado imprevisto: encuentra amigas, ajenas a la familia. Primero dos religiosas que le ofrecen el retiro de sus celdas, en donde puede leer en paz y hablar libremente; pero sobre todo Sophie Canet, pensionista como ella, a quien será fiel hasta su muerte: «Todo me vino a ser común con mi Sophie», gustos, lecturas y reflexiones. En resumidas cuentas, el convento ofrece a las muchachas, lo mismo que el colegio a los muchachos, la posibilidad de vivir y de ponerse a prueba fuera del ámbito familiar, forzosamente poco renovado[17].

El umbral hace el mismo papel que el pasillo de la casa urbana: prolongación de la vida doméstica al exterior de la casa; vida privada y vida colectiva se mezclan estrechamente; la puerta no es cierre riguroso de un ámbito privado estrictamente familiar en donde las mujeres se refugien. (Constantin, *Paisaje*. Marsella, museo Longchamp.)

Por consiguiente, dentro del marco de vida habitual se precisan confluencias y apartados; todavía esta situación no lleva sino raras veces a buscar la soledad, o la intimidad, pues exige unas libertades y un nivel cultural poco generalizados. Manon, caso paradigmático, puede agenciarse desde la infancia un refugio, su *alcôve,* en donde, sin decírselo a nadie, lee libros que ha hurtado a los oficiales de su padre. La madre lo ve, no dice ni pío, pero vigila a distancia. La gran mayoría de las mujeres, incluso las que tienen un baño de cultura, no llegan hasta ahí; como mucho, en ciertas familias de comerciantes de Toulouse o de Montpellier, algunas comparten un gusto común por la lectura y encuentran suficiente libertad en los intersticios de la vida doméstica para prestarse libros y encontrarse por la tarde para hablar de ellos.

Del cuchicheo a la propagación del rumor

Pese a todo, forzoso es observar la permanencia de los modos de vida femeninos. Además, en el papel que se asigna a las mujeres existe una contradicción: amas en su casa, obligadas a mantener los secretos de las familias, crean, sin embargo, la opinión pública y los rumores. Su fama lo dice: no saben más que hablar; y, por supuesto, de los asuntos privados, que conocen mejor que nadie gracias a las conversaciones en el umbral de la puerta o en el lavadero, y también gracias a una curiosidad que se declara sin rubor en los medios populares. Fulana se ha visto «obligada» a mirar a un viandante, a escuchar una conversación o a acechar a un vecino, indicios recogidos aquí y allá prestos a alimentar conversaciones. Nada, ni siquiera los robos ni los partos clandestinos, puede realmente mantenerse ignoto en estas sociedades transparentes en donde el anonimato apenas existe. En Pézenas, basta con que un dependiente de una tienda vea con alguna asiduidad a una muchacha para que un pelotón de mujeres del barrio acuda sin tardanza a informar a la madre, no sin haber calculado las posibilidades de matrimonio y haber interpelado a la muchacha maliciosamente: «¿Cuándo comeremos las peladillas de la boda?» Estas palabras no tienen consecuencias, en virtud de una irresponsabilidad pública admitida por todo el mundo; mientras que los hombres, responsables (y en particular ante la ley), están obligados a ser más moderados al hablar.

Pasar del cuchicheo al rumor tiene un alcance muy distinto: es sacar los secretos de las familias a la calle, lo que supone para la víctima la necesidad de obtener reparación so pena de perder su buena fama. El coro de mujeres es decisivo para hacer que estalle el escándalo en caso de infracción grave de las normas de la vida privada. Por ejemplo, en 1780, en Bédarieux, una muchacha a la que se conoce como «pública» vive en la única habitación de la vivienda familiar con el médico del lugar. Partos y abortos se suceden; mientras que la muchacha permanece en casa durante sus embarazos sólo hay cuchicheos. El escándalo estalla cuando esta furcia se instala *públicamente* con el médico en una casa alquilada y provista de una sirvienta: «¡Ya no hay reglas, ni decencia, ni pudor!»

De hecho, las mujeres desempeñan un papel muy importante en el ejercicio del control social, y con frecuencia en detrimento suyo, ya que son el blanco preferido de ese control; en definitiva, al actuar así, ejercen su prerrogativa de guardianas del hogar y de la moral familiar. Ello es posible porque disponen de armas poderosas: alborotar a la opinión pública revelándole el escándalo privado y, además, romper la ley del silencio, obligada si el asunto surge en el ámbito doméstico; eso muestra la gravedad del caso; basta entonces con que hagan una declaración para introducir a la justicia en el cambiante espacio del mundo que ellas rigen.

Dos representaciones de la mujer que, con su contraste, dan fe de la ambigüedad de su imagen. Por un lado, la mujer sin cabeza, conforme a la sabiduría clerical y popular de la leyenda: «Abismo de necedad, seminario de infortunios, gaznate parlotero, fuente de disputas y carne de infierno»; por el otro, una mujer ya anciana que está leyendo la vida de un santo y que es muestra de la vulgarización de la lectura, en los ambientes urbanos sobre todo, mediante la cual se amplía su magisterio doméstico y se favorecen aspectos nuevos de devoción personal. (Toulouse, museo Paul-Dupuy.)

Nueva definición de los cometidos

El reinado del Rey Sol fue largo, cincuenta y cuatro años; mucho más si uno se atiene a las fechas (1643-1715). Luis XIV se instala con magnificencia en Versalles en 1683; se acabó la corte de su juventud; empiezan los años difíciles y la crisis de la conciencia europea; la visión del mundo y la concepción de la vida se transforman. En esta época se afianzan dos tendencias: la del Estado a ampliar su campo mediante sus aparatos de justicia, de policía y de hacienda pública, y el deseo de los ciudadanos ilustrados de participar en la cosa pública. De ahí el deseo de separar con mucha más fuerza los diferentes espacios vitales: público, familiar y privado. El retiro no es ya necesariamente apartamiento del mundo, «sabio y santo intervalo entre la vida y la muerte» tal como lo practicó el canciller de Pontchartrain según cuenta Saint-Simon. Había dedicado su vida al rey, al mundo y a la familia; al hacerse viejo y habiéndose quedado viudo abandonó la corte para siempre[18]. En el siglo XVIII esto no se hace ya forzosamente por devoción, sino por enfrascarse en las «delicias de la vida privada» (el conde de Brienne).

El ceremonial y la informalidad

El reinado de Luis XIV ofrece ya las primicias de esta concepción. En Versalles y en el centro del escenario, el príncipe y el cortesano, en sus papeles complementarios de soberano y de capellán del culto monárquico. En el fastuoso marco de la cámara real, de los salones y del parque, lugares abiertos a todos, el rey vive en público, impenetrable, dueño de sí mismo y del reino. Apenas hay intimidad y menos aún vida familiar, sino una representación casi constante. Se dice que el rey ha absorbido al hombre; en contrapartida, ha exigido mucho a los grandes y a los nobles que residen en la corte, debido a su justa reputación de partidarios de La Fronda. La nobleza ha perdido en la corte todo poder político al mismo tiempo que su vida personal; ha ganado la gracia de un amo omnipresente que sabe todo de los secretos de las familias y se convierte en su guardián. Por ejemplo, durante una audiencia secreta una dama le confía su

El rey es cumplimentado por el duque de Lorena. Como en todos los actos de la vida pública real, la etiqueta regula con definitivo rigor el orden de la ceremonia y del discurso y, de este modo, subraya la majestad soberana. (París, Bibl. nac.)

Antes de existir Marly, el Trianon fue para el rey un retiro muy relativo pero cerrado de manera bastante estricta. Primero era una casa a la que se iba de merienda, y después fue ampliada para que el rey y sus invitados pasaran cortas estancias. (París, Bibl. na.)

honor, comprometido por un embarazo intempestivo, y es el soberano quien ha de salvaguardarlo inmovilizando al marido en el ejército[19].

En consecuencia, todo es gracia para estos aristócratas que se hacinan en malolientes cuchitriles encajonados en los desvanes y sobre los entresuelos, sin posibilidad de tener vida familiar o amistosa, pues han de vigilarse para no ser oídos. Un siglo después a Manon Phlipon le indigna ver que el arzobispo de París reside en semejante lugar «para arrastrarse todas las mañanas asistiendo a la ceremonia en que se levantan estas Majestades (...)». La verdad es que se vive poco en esos cuchitriles, debido a la asiduidad que requiere el servicio.

Entre bastidores, los actores descansan un poco de la función. En primer lugar, el monarca. Tiene la costumbre de retirarse todos los días en un espacio más íntimo: los *cabinets* particulares que doblan la cámara real; a éstos se accede por la trasera, pero pocos son los invitados a hacerlo, pues si bien todos pueden dirigirse al rey en público, la audiencia particular en el *cabinet* es un favor insigne. Al fin y al cabo, en estos lugares cerrados, poco descritos, el rey deja

Un retrato oficial del niño real cuya educación fue confiada a Bossuet. El aparato de la escena queda compensado por la presencia, en primer término, del perrito amigo, compañero de juegos, tan diferente de los enormes perros de caza de los infantes de Velázquez. (Pierre Mignard, *Retrato del gran delfín y de su familia,* detalle. París, Louvre.)

de interpretar. Primo Visconti, embajador de Venecia, observa que tan pronto como cruza el umbral «adopta otra expresión como si fuera a aparecer en un teatro». En esos aposentos vive con sus allegados y con sus criados interiores, tan envidiados, y recibe a sus hijos y a sus arquitectos, cuyos planos estudia con pasión. Desde luego los juegos del poder no faltan, como tampoco en el cuarto de madame de Maintenon en donde a lo largo del tiempo el rey halla una vida de interior en definitiva bastante conyugal, para gran furor de Saint-Simon a quien ya irrita ese privilegio de ser recibido en los *cabinets* particulares. Cuando el rey va a trabajar con uno o dos ministros, o da audiencias, madame de Maintenon está presente, confidente atenta, «solidez» del rey, como él mismo declara. Ella ha sabido atraerle a un mundo doméstico en donde se solaza y se divierte con las representaciones teatrales y los pequeños conciertos que se dan en un círculo restringido que le aísla de la corte; al igual que los viajes a Marly (en donde Luis XIV había deseado «pequeñez y soledad»), en donde la etiqueta y el orden de precedencia se aligeran, para gran escándalo de la princesa Palatina: «Se ve poco al rey, todo está desorganizado, la corte está dispersa.»

Efectivamente, en las rupturas del ceremonial se cuela cierta disposición a la informalidad. En el sentido propio del término, el cortesano rehace su vida; no como a principios de siglo, pues está desarraigado y lo seguirá estando; es cosa suya conseguir otro papel y otra libertad[20].

El apogeo del arte de vivir

En el siglo XVIII se configura un nuevo arte de vivir, reservado a los aristócratas, desde luego, que tiene su apogeo en los años 1750-1760. La corte marca la pauta; el rey ha predicado con el ejemplo en el ejercicio del poder y en su voluntad de no dejarse absorber enteramente por el mismo.

En vez de saborear como su antecesor las delicias de su oficio, se distancia de éste e incluso habla de los asuntos del Estado como si él no fuera su rector: «Han pensado que era mejor así (...).» En una monarquía administrativa, el cometido real evoluciona y puede hacerse más distante; ciertamente, el rey se somete al ceremonial, regulado por la misma etiqueta que antes, pero, en compensación, pretende reservarse un terreno propio en donde pueda vivir liberado de las abrumadoras obligaciones, en sus *cabinets* particulares y, más tarde, en sus aposentos disimulados en el desván: el sanctasanctórum, con sus salones, sus galerías, su biblioteca y hasta un jardín aéreo en una terraza, poblado de pajareras; nidos de ratas o lugares deliciosos, según que se pueda entrar o no, lo cual es un privilegio inestimable. Ahora bien, el rey se aburre en familia, y su siglo apenas si ensalza los placeres hogareños. Su vida de interior transcurre con su amante y sus allegados, o en la soledad de su biblioteca. Son célebres sus cenas íntimas que reúnen a una docena de comensales habituales, fuera del alcance de la vista de los criados; el comportamiento es libre; el rey, desabrido y silencioso en público, se muestra alegre, afable y sencillo. Aparta de sí los deberes de su cargo en un decorado a su gusto: el lujo refinado de los saloncitos de tonalidades discretas, en gris y verde, acondicionados con delicada comodidad. Allí dentro, el rey vive como un señor, libertino, desde luego, pero también, sedentario, apasionado por los mapas y las estampas, amigo de los gatos, amante de las confituras y del café.

Siguiendo este impulso, la corte se emancipa más fácilmente, con un pie en Versalles, lugar en que se despliega el ejercicio de las camarillas, pero que también es fuente de todo favor y poder, y con el otro en París; esta es la nueva articulación que cabe introducir en el modo de vivir en la época de Luis XV. La aristocracia lleva su vida personal en el marco renovado de sus mansiones y de sus casitas de Passy o de Auteuil, o en el anonimato, a veces intencionado, que sólo París puede proporcionar. La ciudad ha reemplazado a la corte; en adelante es París la que crea la opinión pública, y las maneras de vivir se transforman gracias a la ciudad y por medio de la misma[21]. Dicha transformación se produce en distintas direcciones, algunas de las cuales son interesantes: la creciente intimidad, por ejemplo, indispensable para observar y analizar el propio yo, que ya no resulta odioso. Muchos epistológrafos, antes que Jean-Jacques y sus *Confesiones,* se dedican a ello con una complacencia a menudo lúcida. Sin embargo, la Ilustración tiene sus caras ocultas, y la de la voluptuosidad no es la menos importante. La búsqueda culta de la misma apenas si se concibe fuera del jardín secreto. El más conocido es el convento caro a Sade, esfera secreta, cerrada al mundo pero abierta a los iniciados. A semejanza de este autor, las novelas eróticas, que proliferan en la Europa de la segunda mitad del siglo XVIII, describen con una pluma tan ágil como detallada una nueva topografía de lo secreto. Cabe mencionar *Las calaveradas de Felicia,* de Andréa de Nerciat, contemporáneo de *Choderlos de Laclos*[22]; en este itinerario de la vida libertina, la arquitectura desempeña un papel nada despreciable, ya que garantiza el secreto del placer. Un auténtico laberinto galante une los dos pisos de aposentos a través de un corredor acolchado, disimulado entre los dos niveles, y mediante una maquinaria de contrapesos se comunica con entresuelos secretos situados en los pisos; de este modo, cada uno de los señores, provisto de una llave, baja por el corredor y, gracias a unos entrepaños correderos, llega a la habitación elegida cuyas salidas habituales han quedado, por supuesto, estrictamente prohibidas.

Nadie se entera, comenta Felicia. Sin embargo, no del todo, pues a escondidas de todos, el placer del maestro de ceremonias del lugar, sir Sydney, exige algo distinto: que el laberinto sea panóptico; por consiguiente su arquitecto le ha proyectado un reducto oculto en el entresuelo, que comunica con las habitaciones mediante tubos acústicos y agujeros en los tremós. Las tinieblas del mirón implican la ilusoria seguridad del secreto de los actores. Forma extrema de privatización, no la más generalizada en los ambientes parisienses,

El palacio de La Muette, antiguo pabellón real de caza, fue reconstruido en 1764 por Luis XV. Situado en el lindero del bosque de Boulogne, inserto en el paisaje y rodeado de un parque encantador, es una de esas *folies* que, con su sencillez de refinada comodidad, expresa las ilusiones campestres de la aristocracia. Luis XVI residía allí de buen grado, lejos de las solemnidades de la corte. (Grevenbrock, *El palacio de la Muette.* París, museo Carnavalet.)

más o menos cercanos a la aristocracia y más tendentes a tener en cuenta la parte que corresponde a cada cosa; la que se debe a la familia, la que se dedica a las ocupaciones y, por último, el terreno propio de la libertad que se desea.

Un modelo aristocrático conquistador

Diderot es buen representante de ello; procedente de la pequeña burguesía de provincia (su padre era cuchillero en Langres), en la década de 1760, a los cuarenta y picos años, se convirtió en uno de los príncipes de la república de las letras (pues los filósofos no tuvieron apóstoles más condescendientes que los grandes señores), con derecho a entrar en los salones conocidos y, en particular, en el del barón de Holbach[23]; es, en cierta medida, un *homo novus,* lo que le da la lucidez necesaria para calibrar la evolución de los modos de vida. «En otro tiempo, se vivía en familia, se hacían corrillos, se frecuentaba la taberna, no se admitía a los jóvenes en buena compañía; las muchachas casi estaban secuestradas; apenas si se veía a las madres; los hombres estaban a un lado y las mujeres al otro; ahora todos están revueltos, se admite en el círculo a un joven de dieciocho años, uno se aburre y vive sin unión; los niños tienen camas separadas, los mayores, aposentos distintos; la vida se reparte entre dos ocupaciones, la galantería y los negocios; uno está en su *cabinet* o en su casita, con sus clientes o con su amada». Por consi-

Una escena de interior como hay muchas en el arte del siglo XVIII. Expresa un arte de vivir que hace poco caso de los comportamientos afectados y que disfruta en su ámbito particular de los atractivos de la naturaleza y de la sociedad. Es de señalar la presencia asidua de los animales amigos, que en adelante se admiten en el hogar con todos los derechos. (Escuela francesa del siglo XVIII, *Salida para la caza.* Orleáns, museo de Bellas artes.)

El anfitrión habitual de Diderot y de Grimm en Le Granval durante la década de 1760. La generosa hospitalidad del barón, filósofo él también, que deja gran libertad a sus invitados, le valió el sobrenombre de «maestresala de los filósofos». (Chantilly, museo Condé.)

Una velada de intimidad burguesa en traje casero, dedicada tranquilamente a los juegos de sociedad, que la señora de la casa (la madre de madame de Epinay) pasa de manera muy sencilla en compañía de su fiel sirvienta y del preceptor. (Carmontelle. Chantilly, museo Condé.)

guiente hay una mezcla de edades, sexos y condiciones, pero la separación de papeles se ha acentuado. El propio Diderot se ajusta a esta situación; una vida familiar de las más intermitentes y que no es para él un remanso de paz; un matrimonio poco afortunado (con una costurera) al que no se adaptará, le liga a una esposa desabrida: todo en ella es mal humor, broncas y griteríos. Pero está Angélique, su hija, que cuenta unos diez años, abandonada sin defensa a la arpía: «¿Qué salud lo resistiría?» Así pues, vuelve a la casa para ocuparse de su educación y para confortarla. Sin embargo, su auténtica vida está en otro sitio. En primer lugar, en la obra que ha de escribir y, durante esos años, en la publicación de la *Enciclopedia;* pasa las mañanas en las relaciones necesarias con los autores, los impresores, los libreros y los grabadores: «Quemándose la sangre escribiendo y trabajando (...). Me desgasto los ojos en planchas cuajadas de números y de letras.» Le queda el final del día; lo ocupan sus amigos o la diversión, o bien las lecciones que da a Angélique. Un día come con Grimm debajo de uno de los caballos de las Tullerías; luego dan un largo paseo por París, «hemos charlado»; a veces va al teatro y a menudo pasa la velada en un salón.

Por muy abrumadoras que sean sus tareas, la vida privada recobra claramente sus derechos, deberes y libertades.

Uno de los tiempos preferentes transcurre en Le Grandval (cuya *Gaceta* escribe para Sophie), durante las largas estancias que pasa allí en otoño, cuando va solo con sus baúles a casa del barón de Holbach, contento de poder disfrutar en ese lugar de lo más estimado en la vida de su tiempo: la comodidad y la libertad. Efectivamente, le instalan en unos aposentos pequeños, muy tranquilos, muy alegres, y muy calientes, los más agradables de la casa, pues le gusta estar cómodo, y en el campo más que en ningún otro sitio. Por añadidura, sus anfitriones no le exigen nada y le dejan en total libertad para retirarse a leer, escribir o descansar, generalmente por la mañana y a veces por la tarde. De hecho, Le Grandval no es un lugar de retiro; allí se disfrutan sin reserva los placeres del espíritu y los de la mesa, «helados, ¡ah amigos míos, qué helados! Aquí es donde hay que estar para tomarlos buenos, tanto como os (Sophie) gustan (...) imposible ser sobrio, me estoy poniendo redondo como una bola y me encuentro muy a gusto». Este es el encanto de la libertad en el campo; lejos de las obligaciones, se pasa del trabajo de la escritura al trato social. Por la tarde, o por la noche a la hora de cenar, un grupo de amigos, habituales del barón, procedentes de París o vecinos de los alrededores, como madame de Epinay, se reúnen con entusiasmo para contarse mitad en serio mitad en broma las noticias del perro Pouf o para especular acerca de cualquier cosa, ya que un ilustrado puede abarcar la totalidad del conocimiento humano. Se puede decir todo, pero con ingenio y decoro, sin perjuicio de suspirar de alegría y de saborear la dicha de la intimidad tras la marcha de los invitados. Diderot puede entonces apreciar los largos paseos con el padre D'Hoop por los ribazos del Marne o las conversaciones al amor de la lumbre; incluso determinados días vestido con su ropa de cámara y su gorro de dormir, cuando las mujeres han dispuesto que se cene de pie en el salón; pues repele la soledad exagerada, en la que, según Diderot, «el esplín» acecha. Relato encantador de un tiempo de vacaciones y de un grupo festivo, ciertamente, ¿pero acaso no es el signo de una época que se niega a concebir el ámbito personal como algo relacionado con el aislamiento, la devoción o la vejez?

De la pluralidad de funciones: la provincia

Así pues, la corte y la ciudad marcan la pauta. El magistrado De Maniban, nacido en Toulouse en 1686, refleja bastante bien la evolución de los modos de vida de la aristocracia provinciana[24]. A primera vista, dedica toda su existencia al servicio del rey, pues es presidente primero del parlamento de Toulouse, el segundo del reino; los deberes de su cargo y de su rango están ante todo. Efectivamente, es notorio que su familia, perteneciente a la alta magistratura, es lo más sobresaliente de la provincia, con un rico patrimonio prudentemente salvaguardado mediante substituciones (valorado ya a mediados del siglo XVII en un millón de libras aproximadamente). Todo le destina a ejercer las más importantes funciones,

Acicalados, miniaturizados e incluso modificados mediante estudiados cruces, perros y gatos penetran en la intimidad como adorados niños; los gatos son tratados con regalo sobre todo entre la aristocracia, a ejemplo de Luis XV, furioso al ver que el suyo había sido maltratado por su paje. Se expresa así una nueva sensibilidad del hombre respecto a la naturaleza y a los animales que ya no son «salvajes». (París, Bibl. nac.)

tanto más cuanto que se marcha diez años a París. Rompiendo con la endogamia de la aristocracia de Toulouse, hace un matrimonio excepcional, parisiense: en 1707 se enlaza con los Lamoignon, con su hija y con una dote de 240.000 libras sin contar con la red de relaciones de una de las más brillantes familias del parlamento de París; de este modo se convierte en cuñado del canciller Lamoignon y en tío del director de la corporación de libreros, Malesherbes. Estancias frecuentes en París estrechan los lazos familiares y, entretanto, Maniban se cartea de manera permanente con el canciller. En esas cartas, escritas «sólo para vos», Maniban se confía y habla mucho de sus opiniones, de sus estados de ánimo y de sus desilusiones. Antes, en 1722, el Regente le nombra presidente primero del parlamento de Toulouse, cargo en el que permanecerá hasta su muerte, en 1762. Es un hombre del rey, animado de un espíritu de justicia y de paz; pero también un defensor de los intereses del cuerpo de magistrados, que se halla trastornado por disensiones intestinas (religiosas y políticas). La función está cargada de responsabilidades y le aparta, según declara él mismo, de las relaciones por interés o por amistad, impidiendo que los placeres trastornen la disciplina de las costumbres y el orden de sus ejercicios. Por esta razón, siguiendo las huellas del rey, fue un presidente inimitable, que defendía en Versalles los intereses de Toulouse y hacía respetar en su jurisdicción la autoridad del rey. Como prueba, un ejemplo:

en septiembre de 1727 se encuentra en París cuando se entera de la repentina inundación del arrabal de Saint-Cyprien, en Toulouse; regresa inmediatamente, acude al lugar de los hechos, se da sin descanso, impaciente por organizar el avituallamiento y en hacer llegar los socorros, gracias a una donación del rey de 95.000 libras. El orden público está asegurado, el rey será informado de ello.

En estas circunstancias, su vida está marcada por la representación. El bien del servicio no puede prescindir del ceremonial; sin flaquear, Maniban impone las reglas del mismo a los magistrados jóvenes, el rostro petrificado, lento el andar: «Cuenta sus pasos y sabe a maravilla hasta dónde había que avanzar y retroceder (...). Pensaba que los músculos del rostro que producen la risa jamás deben moverse en la fisonomía de un magistrado.» Así es como le representa su retrato de magistrado, envarado en su papel; y sin embargo, con mirada incisiva. Su pertenencia a la cofradía aristocrática de los Penitentes azules o el apadrinamiento de un judío converso (sus sucesores serán de una logia de la buena sociedad, la de la Perfecta Amistad) entran por igual en los deberes de un presidente primero[25]. El mecenazgo también; protección de los estudiosos, apoyo a la Academia de las ciencias. Su enorme generosidad con los pobres, que le ven como «el padre del pueblo», o el amable recibimiento que reserva a todos en su mansión también son parte del servicio de S. M., aunque a él no le gusten ni las ciencias, ni los salones de Toulouse, ni la comedia. Como compensación, espera el respeto y hasta la veneración del pueblo, que no se la escatima en ninguna de sus apariciones en público. Llevar un tren

Clubes, cafés y sociedades de pensamiento: círculos de sociabilidad nueva en donde las personas ilustradas se reúnen, se informan y hablan fuera del ámbito doméstico, configurando el espíritu público en un marco semiprivado. (París, Bibl. nac.)

La escena es el decorado de un teatro rústico, pero también la representación de uno de esos palacios campestres en donde los miembros del parlamento de Toulouse, grandes terratenientes, pasan cómodamente y sin fasto sus vacaciones judiciales. (Los *registros de vasallos con imágenes de Sadournin y de Esparros*. Tarbes, CDDP de Hâutes-Pyrénées.)

de vida fastuoso es obligado. De Maniban lo mantiene con lujo sin igual. Casi siempre tiene mesa franca para toda persona de importancia en la provincia; cenas diarias en el *hôtel* de Pins, recepciones magníficas para los huéspedes de marca (en 1754 el mariscal de Richelieu, comandante general de Languedoc, preside una cena con cuatro mesas de veinticinco cubiertos cada una), fiestas para celebrar los venturosos eventos de la monarquía con fuegos artificiales, luminarias en su *hôtel,* fuentes de vino, etc., en 1725, con motivo del casamiento del rey, en 1744, por su curación y más tarde por el casamiento del delfín.

En todo esto no hay nada que se salga de lo normal; una casa opulenta es de rigor para un señor de categoría, y más aún si representa al rey. Su cargo no le bastaría para mantenerla, pues le proporciona unas 150.000 libras anuales. Es obvio que esto le resulta insuficiente, y ha de servirse de sus rentas personales, estimadas en 60.000 libras. El gasto es tanto más gravoso cuanto que rompe con la autarquía patrimonial, habitual en la aristocracia terrateniente de provincias. La representación exige que se hagan compras en París: la ropa de gala, las libreas de los criados, las luminarias, los fuegos artificiales, una berlina de cuatro plazas, los caballos de coche (en 1751 manda que le envíen seis, lo que le supone un importante gasto); un cocinero cuyo salario es de 120 libras anuales; los barriles de azúcar y de especias procedentes de Burdeos (331 libras en noviembre de 1741); vinos de dos años, de Borgoña, traídos por barco y comprados sobre muestrario, como no se beben en París: 525 libras en 1730, aunque es propietario de viñas en Armagnac. Añadamos a esto la numerosa servidumbre: diecisiete sirvientes, contra seis por término medio en las familias pertenecientes al parlamento, y tres carruajes, mientras que sus colegas se conforman con una carroza y una silla. Para remate, un secretario para la firma, persona de confianza, encargado de responder a las peticiones y a las felicitaciones. Por consiguiente, cuando De Maniban hace sus cuentas en 1752, puede concluir que no le queda mucho de sus 60.000 libras de rentas: «No hay fortuna grande si es pública.» Al final, el presidente primero del parlamento le sale caro a Joseph Gaspard de Maniban. Como se ve, la función no se distingue claramente del ámbito particular. El servicio del rey puede muy bien absorber todo, pero también proporcionar favores y pensiones; precisamente con arreglo a la dedicación al bien público. Esto significa que Maniban espera mucho del Rey, pero quedó decepcionado y así lo dice amargamente en esas cartas confiadas que escribe a su cuñado, el canciller, porque apenas si tiene ocasión de expansionarse en familia. El matrimonio al uso excluye la intimidad conyugal, y la correspondencia, entre Diderot y Sophie o entre Maniban y Lamoignon, hace en parte las veces de sustituto.

Maniban vive solo en su mansión abierta a todos; no lleva vida

Una mansión de estilo clásico, concebida para la representación, en este siglo amante de la arquitectura de líneas tranquilas. Este ejemplo da fe de la universalidad del estilo francés en una ciudad (Toulouse) que apenas presenta muestras del mismo en sus construcciones antiguas. (Toulouse, museo Paul-Dupuy.)

de familia, consecuencia probable de su buena boda parisiense. Mademoiselle de Lamoignon, a despecho de una cláusula de las capitulaciones, se niega a vivir en provincias: no puede prescindir de la corte ni de París, en donde la vida es tan cara, como observa el marqués con resentimiento. En cuanto a los hijos, la misma decepción: sólo dos niñas, que convierten al primo Campistron en heredero del cargo y del patrimonio; obviamente se las ha criado en París antes de casarlas muy bien en la corte (con el marqués de Malauze y el de Livry), con las capitulaciones firmadas por el rey y contra dotes de 450.000 y 500.000 libras, de las cuales 50.000 son al contado y Maniban tiene que sacarlas de la bolsa de sus amigos, pues su mujer se niega a pagar: «Hay que tener una santa paciencia», exclama, aliviado, cuando se termina la negociación. Y sin embargo, un afecto muy firme le liga a sus hijas.

Resumamos: responsabilidades permanentes, una vida familiar de las más discontinuas y una vida privada, a primera vista, escamoteada. En contrapartida, aunque sólo en 1748, se compone un remanso de paz, por capricho; le cuesta caro: 48.000 libras la compra y luego 23.000 para acondicionarlo según sus gustos. Ahora bien, esa finca no reporta ningún beneficio, pero Maniban puede vivir allí «con toda tranquilidad y retirado» en sus momentos de desaliento. Se trata de Blagnac, a una legua (cinco kilómetros) de Toulouse, comprada sin necesidad (ya tiene sus quintas de Busca y de Campagnes), por capricho y según sus gustos. Allí todo es nuevo, hasta los galones de la cama, y está decorado sin lujo superfluo; ha preferido a los Gobelinos y demás tapices la pintura con blanco de España y muebles sólidos; en suma, una prudente gestión al servicio de una comodidad de buena calidad. En contraposición con el *hôtel* de Pins, una vida modesta, sin el esplendor de la representación; una servidumbre escasa y abnegada, aunque incluye un secretario

El verticalismo monumental del arte del siglo XVIII con trasfondo de especulación inmobiliaria: una realización del duque de Orleáns, quien hizo de este palacio un lugar de encuentro y una encrucijada de personas y de ideas en pleno corazón de París. Los rumores y las habladurías toman vuelo por entre los jardines y las galerías. (París, museo Carnavalet.)

privado y dos jardineros pues, si bien Maniban ha descartado toda perspectiva de rentabilidad, quiere mantener dos espacios, adecuados para hacerle disfrutar del lugar; primero, un huerto de una hectárea cuyo fin es abastecer su mesa de frutas y verduras de temporada (espárragos, alcachofas o fresas) —la autarquía recobra sus derechos— y luego un parque de diez hectáreas, cercado por deseo expreso, pero sin rigor y sin estatuas; Maniban saborea la tranquilidad del parque y el frescor que viene de las orillas del Garona.

Ahí es donde vive sin ostentación, incluso de modo austero, y vestido con descuido, en un retiro muy relativo porque teme la soledad. En cambio le gusta recibir en un ambiente totalmente amistoso, lo cual le hace apreciar su elección: «Me moriría de aburrimiento si estuviera solo pero tengo siempre muchas visitas gracias a la proximidad de la ciudad.» En definitiva, una vida muy representativa de su estado y de su tiempo: deberes constantes que se han de compensar con el retiro en la familia o, mejor, en un círculo selecto. Este es su caso, y la aspiración a ese retiro se acrecentará con la edad y la enfermedad que le supondrán (gracias a los Lamoignon) la asistencia del célebre Fizes, quien también ha tratado a Rousseau, y la presencia de su hija Livry, quien incluso se instala en Toulouse durante los tres últimos años de la vida de su padre. Sin embargo, también en la muerte el magistrado prevalece sobre Joseph Gaspard de Maniban: a despecho de una cláusula formal de su testamento, «Quiero que se me entierre, sin ninguna clase de ceremonia ni de oración fúnebre que prohíbo expresamente, en el cementerio del lugar en que muera», tuvo, con todo su magnífico ritual, los grandiosos funerales del presidente del parlamento que él fuera más que nadie. Es de señalar que, veinte años más tarde, su sucesor, el presidente Puyvert fue enterrado con toda la sencillez

que había recomendado en su testamento. Pero la perspectiva había cambiado.

El final de una vida grata[26]

A todas luces, el fin de siglo se cansa de un estilo espiritualmente incisivo y del árido racionalismo que hiela la sensibilidad espontánea del hombre civilizado; hay que hacer sitio a los impulsos del corazón: «Vuelve, hijo tránsfuga, vuelve a la naturaleza» (Holbach). Tras Bouganville, los relatos del viaje por el Pacífico y las descripciones de las sociedades primitivas, en el paraíso de Tahití o en otro lugar, prometen al hombre nuevamente inmerso en la naturaleza la felicidad y la inocencia. De ahí que los grandes señores pusieran de moda esas *«folies»,* lugares amenos, cercanos pero fuera de París, abiertos a una naturaleza ilusoriamente respetada; esto es lo que intentó hacer el conde de Artois en Bagatelle. Además ¿qué mejor ejemplo de esos lugares de retiro encantados que el Pequeño Trianon y Saint-Cloud, propiedades privadas en el sentido exacto del término, donaciones del rey, acondicionadas para servir de retiro a una reina de veinte años?[27] Es un terreno cerrado: el propio rey entra previa invitación. Sencilla casa de campo de dimensiones modestas, pero de proporciones y decoración exquisitas; sobre todo el *Hameau,* donde la reina puede jugar a granjera en medio de un parque

Personas de calidad, hombres y mujeres atentos por igual a las peripecias del juego, con el que, sin embargo, saben mezclar distracciones y buen humor, en un marco de frescor primaveral, ante nobles arquitecturas y espesos follajes, lejos de la inquietante clandestinidad del garito. Es la época en que el parlamento de París deplora a la vez la expansión del juego entre la buena sociedad y su propia impotencia para castigar en tan altas esferas la causa, no obstante amenazadora, de la ruina de las familias. (París, Bibl. nac.)

construido sabiamente pese a su aparente simplicidad; todo denota el deseo de vivir, hasta en el trono, de distinta manera que entre las cargas anquilosadas de la corte: «Aquí no tengo corte, vivo en privado.» Una vida marcada por la libertad, con las satisfacciones que dan la amistad y los gustos compartidos; el servicio y el orden de precedencia reducidos al mínimo; cada cual anda a su antojo, y la reina se pasea sin séquito en vestido de muselina blanca: «¡Ya no es una Reina, es una mujer a la moda!» exclaman sus enemigos en París. Sin embargo, no hay que inferir de esto que, en Versalles, la reina representa el papel real conforme a las reglas, pues se atrinchera lo más que puede en sus aposentos personales con sus damas y sus amigos, su proveedora de artículos de moda, la Bertin, y su peluquero, Léonard, a quienes ha pedido que mantengan una clientela privada para que no pierdan la práctica. En el fondo, siempre y en todas partes, el hondo deseo de llevar una vida normal y de limitar el imperio de la carga soberana. Al hacerlo, ha aislado la monarquía de su medio natural —de resultas de ello, las viejas duquesas se niegan a acudir, ya que nunca se sabe si es posible hacerle la corte— hasta el punto de quedar prisionera de su círculo favorito, cuya asombrosa libertad tolera; la de su amiga Polignac precisamente: «Pienso que el hecho de que V. M. acepte venir a mi

El *Harneau* de la reina ha tenido aceptación. Las almas sensibles encuentran satisfacción en los pensamientos solitarios y en los placeres de las faenas rústicas. En realidad, el lugar aislado es naturaleza sabiamente ordenada para responder a las conveniencias de una aristocracia que busca libertad e ilusoria sencillez. (París, Bibl. nac.)

salón no es razón para que pretenda excluir a mis amigos.» La reina cede; esto es ya reconocer un límite al poder soberano, el de la vida privada de los demás, justamente, tan respetable como la suya propia. No obstante, la opinión pública juzga escandalosa esta excesiva privatización, mientras que en el mismo momento los súbditos más ilustrados no aspiraban más que a salir del confinamiento de la sociedad civil y a participar por fin en la decisión política.

La reestructuración revolucionaria

Llegan 1789 y la última generación de la Ilustración que ha hecho muchos proyectos y muchas críticas; son numerosas las personas que, a semejanza de madame Roland, se han acostumbrado a «considerar las relaciones del hombre con la sociedad»; este es un problema fundamental desde el punto de vista de la reestructuración del sistema político y de la proclamación de los derechos humanos. No se trataba a priori de atentar, si no contra las posiciones sociales vigentes, abolidas al mismo tiempo que los tres estados, al menos contra el terreno de iniciativa privada; por esta razón también fueron numerosas las personas que soñaron con la ampliación de las prerrogativas del ciudadano más que con el posible desbordamiento del Estado en su propio territorio[28].

Para comprobarlo basta seguir el itinerario de una familia de notables de provincia, los Gounon, a través de sus papeles privados. En 1789 el jefe de esta familia enriquecida con el comercio es Joseph, que había nacido en Toulouse en 1725 y que accedió a la nobleza por medio de su empleo de regidor y de la compra de un señorío. Así pues, tras hacer el matrimonio de rigor con la hija de una familia de magistrados que también han pasado por los cargos municipales, puede hacerse llamar monsieur de Gounon, señor de Loubens; itinerario habitual en la sociedad del Antiguo Régimen. No obstante hay que destacar el origen comerciante en una ciudad que está dominada por su parlamento y cuya riqueza se basa esencialmente en los bienes raíces; lo más usual es acceder a las dignidades por medio del desempeño de cargos y de la tierra[29].

Dos centros de intereses y de responsabilidades imperan en esta vida que, en el fondo, está exenta de espinas: la familia y la gestión municipal. No es nada original, pensarán; los Gounon, efectivamente, apenas si innovan en sus maneras de vivir, lo mismo el primogénito que sus hermanos, el menor de los cuales está acreditado en París con procura de la ciudad para defender constantemente los intereses de Toulouse en los despachos poblados por arrogantes empleados de la administración pública. Todos los Gounon se adhieren sin gran originalidad a las ideas divulgadas por la Ilustración entre las élites urbanas, pero nunca representarán el modelo aristocrático. Las cartas que se escriben mes tras mes, algunas de las cuales deben «guardarse en secreto», no tienen en absoluto el tono de desenfadada libertad de una Julie de Lespinasse o de un Diderot; ni tampoco son muy íntimas. Expresan simplemente un afecto firme, una solidaridad familiar a toda prueba (incluso en los procesos judiciales), que Joseph señala con una breve frase: «Siempre se puede contar conmigo respecto a nuestro nombre.» Hay que señalar también, de acuerdo con Philippe Ariès, una sensibilidad particular respecto al niño, objeto de solícitos cuidados y de ternura expresada sin énfasis; Gounon, que ha enviudado prematuramente (no se volverá a casar) dedica buena parte de su tiempo libre a la educación de sus tres hijos. En cuanto al individuo en sí, aparece con menos frecuencia que el jefe de familia o el padre solícito; no obstante manifiesta gustos ilustrados, que comparte y comenta con sus hermanos y sus amigos, por las ciencias naturales —manda que le envíen de París la *Historia natural* de Buffon y a la vez se abona a las gacetas—; también da muestras de auténtica curiosidad científica en materia de agronomía, meteorología y economía, temas que atañen directamente a la gestión minuciosa de su patrimonio o a sus funciones oficiales.

Por añadidura, y fruto lógico de la inexistencia de fraccionamiento intelectual y de una competencia probada en materia administrativa, manifiesta un interés incesante por los asuntos públicos, que se tratan en gran parte en Versalles. Gracias a su hermano, Gounon está en situación de conocerlos; además, en su momento, asistió en Narbona como diputado de Toulouse a la asamblea de los tres estados de Languedoc; sabe, pues, mejor que nadie, que la gestión de una capital provincial como Toulouse depende en gran medida de una decisión adoptada por el intendente en Montpellier, de una orden del Consejo real o de la carta de un ministro, y lo observa no sin impaciencia. Sin embargo, ambos hermanos no se muestran

Retratos de familia. Uno representa de manera muy clásica al magistrado ataviado con los distintivos de su cargo; en su vida privada fue un padre tan atento a su familia que no volvió a casarse tras la prematura muerte de su mujer, quien aparece pintada aquí al uso de su época y en una actitud llena de dignidad. (Colección particular.) part.)

como reformadores dispuestos a elaborar un programa concreto que aumente el acceso de sus semejantes al poder decisorio. Siguiendo el proceder habitual enuncian un inventario de reclamaciones que los cuadernos de quejas repetirán pronto hasta la saciedad; no resultan sorprendentes sus críticas al enorme derroche de la corte, fútil hasta el punto de que mira con malos ojos al almirante de Estaing y exige la destitución de Necker; la misma hosquedad muestran contra los miembros de los parlamentos, «esas grandes pelucas», y, mucho más acerba, contra una burocracia despótica, atestada de empleados a los que se paga demasiado (1.000 escudos anuales y, sin embargo, sólo hacen acto de presencia para cobrar su paga). Ni la denuncia de un fisco que abruma a los pobres, ni las demostraciones de lealtad monárquica o de apoyo a Necker y a su programa de reformas resultan muy originales. En resumidas cuentas, se trata de un reformismo razonable que ya no les obligaría a limitarse a un medio exclusivamente familiar y de actividades dirigidas desde arriba en las que su participación no es grande. Por lo demás, su llamamiento a la sociedad nueva no va acompañado de exagerado optimismo ni de sensibilidad lírica.

Es cierto que J. de Gounon es un antiguo regidor y un señor obstinado que acaba de mandar a un feudista que renueve su registro de vasallos y que lucha mediante pleito por imponer el respeto de su derecho de caza. Esto significa que llega a la primera Revolución con una expectativa desbordante de curiosidad, pero también manteniendo la continuidad de su ser; no obstante se observa ya un estrechamiento de los vínculos familiares, habitual en los períodos de incertidumbre. Aparece una inquietud, la de los propietarios amenazados en varios aspectos por la abolición de los derechos feudales, seguida de la emisión de los asignados y de la reestructuración del fisco. Los Gounon, que no accederán a los nuevos poderes otorgados por elección, reaccionan manteniendo en lo que cabe su política de buenos oficios mediante intervenciones o memorias dirigidas a la Asamblea, y luego, como siempre, se informan en París e informan a sus corresponsales de Toulouse, pues es buena cosa poder reaccionar ante los acontecimientos que se precipitan: por ejemplo, en otoño de 1790 no vacilan en suscribir una moción de lealtad al rey y a la Asamblea amenazados por «los enemigos del pueblo». En realidad se retiran paulatinamente de la vida pública; observadores atentos, ciertamente, pero atrincherados en su actitud de reserva y deseosos ante todo de ver el final de la Revolución.

La ruptura: el ciudadano víctima de lo público

Todo cambia y todo se invierte en 1792; con la guerra y la caída de la realeza, la Revolución se radicaliza. La República que se proclama pretende fundar una nueva sociedad en el contrato social, sociedad que será comunidad de todos los ciudadanos pues cada uno de ellos no querrá sino el bien de todos; son los albores de un mundo transparente y armonioso, en el marco de la ley y de la adhesión unánime[30]. Entretanto que se realiza la promesa, la República está en peligro, asaltada por los enemigos del exterior y por los traidores del interior; los ciudadanos, todos los ciudadanos, deben correr en ayuda de la nación, una e indivisible, en un incesante combate que compromete toda la vida.

Para los Gounon, o sus iguales, ajenos al pensamiento político de Rousseau, esto significa la ruptura. La construcción del Estado ideal, que sólo puede hacerse destruyendo el Antiguo Régimen, les transforma en facciosos natos: «Llevamos en nuestro cuerpo tres manchas imborrables, la ex-nobleza, una exagerada reputación de riqueza y un moderantismo inherente a nuestra edad (...). El pueblo siente un furor ciego ante el solo nombre de ex-noble e incluso de ex-ennoblecido.» Tienen que procurar merecer la ciudadanía y, de este modo, volver al seno de la nación; lo cual quiere decir dar prueba de su civismo mediante la obtención de un certificado: un nuevo lavado de cara, en definitiva, que les es indispensable para obtener el reconocimiento, con el fin de convertir al sospechoso en patriota. En realidad, el equilibrio vital de los Gounon se deshace. Habituados hasta entonces a dar al César lo que era obligado, se encuentran en posición inversa, obligados a hacer frente a las acaparadoras exigencias del Estado «revolucionario hasta la paz». En adelante tienen ardua tarea en los despachos y con los comités de subsistencias para conseguir el certificado de civismo y de residencia y para satisfacer exactamente las requisas de grano y de heno (so pena de muerte, en 1794), sin contar con las contribuciones y los préstamos forzados, mientras que los renteros ya no pagan. Al ciudadano Gounon, refugiado en su tierra de Fourquevaux, cerca de Toulouse, estas tareas le llevan gran parte del día: cumplir con los deberes de ciudadano se convierte en un verdadero oficio, y de los más difíciles, cuando lo que ha consagrado el ascenso de una

Claroscuro que descubre en el relieve de las luces crecientes a los adeptos de una lectura que ya no es meditación solitaria sino comentario apasionado. En el esfuerzo de atención y de explicación, rostros y actitudes se cargan de expresiones mezquinas u obtusas, de suficiencia o de veneración. Sin duda aquí se expresa una sátira de cierto modo de sociabilidad y el gusto de Foulquier por el apiñamiento de fisonomías muy distintas, entregadas a su «vicio impune». (Toulouse, museo Paul-Dupuy.)

familia en el Antiguo Régimen se convierte en blanco para el nuevo. En las cartas que se escribe con un primo suyo que ha quedado en Toulouse se expresan las amarguras y perplejidades de personas bien nacidas que se encuentran confrontadas con una sociedad de igualdad; en concreto, la exigencia constante de pasaportes, de papeles de coche para cualquier desplazamiento o de certificado («hacen falta papeles perfectamente en regla») les rebaja a la condición que se reservaba a los vagabundos y a los miserables que viven a la ventura. Todavía más duro resultará, en 1793, el reclutamiento en masa: obviamente, entraba en la lógica del servicio nacional y del amor sagrado a la patria. Jean Mathias, el primogénito, fue enviado en el acto al ejército de los Pirineos orientales, en donde quedó horrorizado por la brutalidad de los generales y los rigores de la guerra (la comida infecta, las noches invernales al raso y los días cavando y picando, las epidemias...); sólo los campesinos pueden adaptarse a ello, según escribe, bien dispuesto a admirar la resistencia que tienen («Pero es demasiado duro para nosotros (...). ¡Qué maravilloso será volver al hogar!»), aunque al regreso tenga que redactar una memoria de su vida política[31].

Frente a tan imprevisibles situaciones, no basta con respetar rigurosamente prescripciones y reglamentos; urge dar gratificaciones. En este aspecto los Gounon extraen de la experiencia una lección de moral pública: «Las virtudes cristianas son buenas, pero no pueden practicarse en el momento presente.» Efectivamente hay un imperativo, la reputación de patriota; para tenerla, distribuyen gestos ostensibles de adhesión teniendo buen cuidado de que se hagan constar legalmente: hay que dar, hay que dar, aconseja el primo de Toulouse, que recomienda una donación (un asignado de 400 libras, en 1794) a la municipalidad para conseguir un descargo, o mejor, un buen atestado del municipio «que os declare republicano verdadero, bueno y útil». Él mismo, durante el invierno de 1793, ha enviado al club «de incógnito y con un mozo de silla sin nombre ciento treinta libras en sábanas y manteles, acompañados de unas señas» (que le envía a Joseph como modelo, pero pidiéndole que se lo devuelva rápidamente por si acaso...) convencido, después de todo, de que le reconocerán por la marca de la ropa blanca y por sus expresiones científicas.

En 1794 la presión revolucionaria se intensifica; el primo multiplica las exhortaciones: dejarse ver en el templo de la Razón pero no aparecer por las dos únicas iglesias que permanecen abiertas, desde que la municipalidad, según se cuchichea, ha decidido «apuntar a los supuestos patriotas que vayan a la misa parroquial (...) por mi parte, haré como si estuviera en La China, oiré misa en la intención y no iré a perturbar el orden y la paz por querer ver al sacerdote en el altar»; no mostrar reparos respecto de las fiestas populares, que se organizan unánimemente, barrio por barrio; a la hora de la cena, todo el mundo pone su mesa en medio de la calle, saca el plato o los platos que haya preparado, canta canciones patrióticas y luego va a bailar en corro alegre en la plaza de la

Escena de interior y a la par retrato de familia que ilustra el nuevo modelo de vida para la aristocracia y la rica burguesía. Dentro del reparto del tiempo, se afianza el ámbito familiar, remanso de paz y de conversación libre, lejos de la vista de los criados. En estos aposentos cómodos, el aparato cede la primacía a lo agradable con sus muebles ligeros (el velador) y sus confortables asientos. (Willian Hogarth, *Reunión familiar*. Londres, Christies.)

Libertad: «Piensa cómo nos divertiremos, estaremos todos en familia (los niños también, a pesar del frío), no queremos privarles de esta linda y brillante fiesta»; primer intento de comunión colectiva muy adecuado para superar los conflictos y los resentimientos particulares producidos por la rutina.

El refugio

Obviamente, los Gounon, pese a sus profesiones de fe pública que sólo son gestos propiciatorios, no están convencidos, sino que, por el contrario, nunca se han refugiado tan decisivamente como entonces en sí mismos o en el seno familiar; uno en Fourquevaux, en unos campos aislados, el otro agazapado en su cámara, en Toulouse, con el único placer de las escasas visitas de allegados fieles y la observación pluviométrica, pero privado del encanto del comentario con sus amigos cultos; a decir verdad vive en la intimidad doméstica más estricta, reducido a mirar por la ventana con su anteojo: «¡Qué triste vida!»

Doble vida, en realidad: una, de ritual obligado, da la seguridad; la otra, de circulación subterránea, la supervivencia. Vuelven a los probados vínculos de solidaridad de la familia, las relaciones y las clientelas, o mejor dicho se confinan en ellos. Hacen intervenir a un notable del comité de subsistencias «íntimo conocido» para esquivar una requisa o rebajar a Jean Mathias del servicio por corto de vista. Al menos, es en todo caso la familia la que, en el Rosellón, le permite huir de la grosera promiscuidad del ejército en campaña, mediante el alquiler de una habitación en una casa particular y las comidas en la posada. Viven y sobreviven mediante una cooperación más asidua que nunca. El abastecimiento es buen índice de ello. En las ciudades resulta más difícil por múltiples razones (la inestabilidad monetaria, la ley del precio máximo y las requisas para el ejército, señalan los Gounon). Toulouse conoce la penuria durante el invierno de 1793: la gente hace cola delante de las carnicerías desde las seis de la mañana, con muchísima frecuencia en vano. Ahora bien, el primo, desdentado, como es lógico a su edad, es sibarita y glotón; sueña con buenas carnes y judías bien blandas, regadas con vino añejo, imposible de encontrar desde que el pueblo ha impuesto la venta restringida y con tarifas, y refunfuña contra el vino, ácido por nuevo, el pan negro y la vaca flaca. Así que se las arregla; *in situ*, gracias a la maña de su joven criado, especialmente apañado y, sobre todo, mediante los envíos de Fourquevaux, pues aprovecha los acarreos de los aparceros que van a la ciudad a entregar los víveres al comité de subsistencias; de ahí saca madera y legumbres, expedidas por Joseph y recibidas con entusiasmo: «Con esto me haces sentirme en el paraíso»; todo contado minuciosamente para ajustar las cuentas más tarde. Él mismo se afana a través de vías ocultas y de amigos seguros: como muchos otros se hace intermediario de trueques de productos que no se pueden encontrar: tabaco (y del mejor) o chocolate traído directamente de Bayona, contra capones y escarpines.

En realidad, no es necesario multiplicar los datos sobre esta dualidad; simplemente hay que saber que los Gounon, sospechosos

La corte, en la época de Luis XIV, es el más refinado y ambiguo mundo al revés. La flor y nata de las clases privilegiadas, hombres y mujeres juntos, se amontonan, en apariencia para ver al rey, en realidad para que él les vea. Los cortesanos se convierten en actores inútiles, ociosos y suntuosamente vestidos, de un espectáculo que el monarca vigila y regula hasta en los más ínfimos detalles con sus órdenes y con sus silencios. No se permite más sentimiento ni gesto que los que están en el papel... (Anónimo del siglo XVII, *Luis XIV a caballo ante la gruta de Tetis*. Palacio de Versalles.)

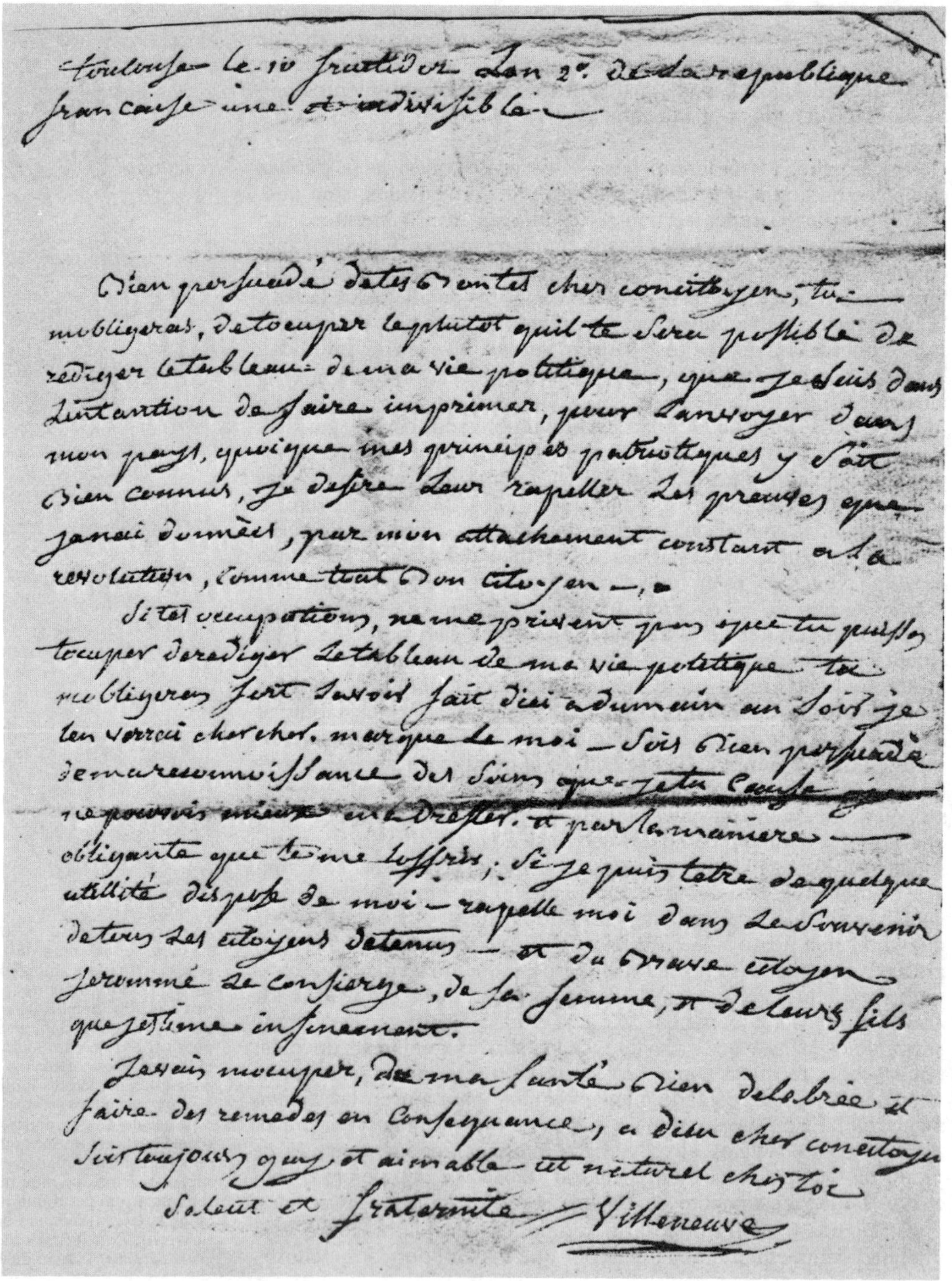

toulouse le 10 fructidor l'an 2e. de la republique francaise une et indivisible

bien persuadé de tes bontes cher concitoyen, tu m'obligeras, de t'occuper le plutot qu'il te sera possible de rediger le tableau de ma vie politique, que je suis dans l'intantion de faire imprimer, pour l'envoyer dans mon pays, quoique mes principes patriotiques y soit bien connus, je desire leur rapeller les preuves que j'ai donnees, par mon attachement constant a la revolution, comme tout bon citoyen —.

si tes occupations, ne me privent pas que tu puisses t'occuper de rediger le tableau de ma vie politique tu m'obligeras fort l'avoir fait d'ici a demain au soir je l'en verrai chercher. marque le moi — sois bien persuadé de ma reconnoissance des soins que je te cause je ne pourrois mieux en dresser. et par la maniere obligeante que tu me l'offres ; si je puis t'etre de quelque utillité dispose de moi — rapelle moi dans le souvenir de tous les citoyens detenus — et du brave citoyen jeromme le consierge, de sa femme, et de leurs fils que j'estime infinement.

J'ai vais m'occuper, de ma santé bien delabrée et faire des remedes en consequance, a dieu cher concitoyen sois toujours gay et aimable et naturel chez toi

Salut et fraternite Villeneuve

natos, esperan de ella la salvaguardia de los suyos y de sus bienes, y a la luz del día mantienen un comportamiento adecuado y un lenguaje patriótico. Como ejemplo, el anuncio del 9 de termidor: «La terrible nueva que ha despachado tan prontamente a los más famosos miembros del Comité de salvación pública. (...) todo el mundo está pasmado y esperando.» Ellos lo acogen en términos republicanos que no comprometen a nada: «Nunca tuvo la patria más necesidad de concordia y de paz en el interior, y de una guerra a muerte en sus fronteras (...) hay que mantenerse firme en la senda del *sans-culottisme.»* Además, el fin del Terror no pone término a sus inquietudes; prueba de ello es lo que escribe J. Gounon en agosto de 1797, en una situación de crisis política y monetaria y con detenciones de sospechosos: «Parece en verdad que la Revolución no ha hecho más que empezar.»

Después de todo ha tenido éxito su estrategia, en la que se combinaba el patriotismo ostensible y la política de desaparición y de retiro de la escena pública: estar al acecho de noticias, de todas las noticias y, por supuesto, de los rumores que corren, pero callarse, tener la boca cerrada, no confiarse más que a la escritura en cartas que llevan a su destino personas de confianza. Efectivamente, tal como observaba un concejal, conocido suyo, en 1794: «¡De qué os quejáis, todos los ex-nobles han sido arrestados, quedáos en casa!» Para quienes, en virtud de sus responsabilidades y ambiciones, habían compartido la esperanza de reformas tan justas como racionales, lo ideal no era eso, a no ser que se situaran en la ascesis de Rousseau. Para los demás, la nueva distribución de poderes y libertades fue dura; la construcción del estado ideal en igualdad y mediante el compromiso y hasta el sacrificio de los ciudadanos, les resultaba incomprensible; se trataba, en definitiva, de un nuevo reparto de los papeles del hombre, de la sociedad y del Estado; en su opinión, amenazaba con borrar las fronteras de la vida privada.

Preocupación por la adecuación a lo establecido, que ya no es como antes la del «buen católico» que lleva una práctica religiosa poco más o menos decente y una conducta civil conveniente. La vida política en época revolucionaria es una significativa extensión en el civismo de las virtudes exigibles al hombre privado. De la esquela de confesión liberatoria se ha pasado a la memoria de pública exposición que refuerza por vía impresa el carácter personal del certificado de civismo. (Col. part.)

Gradación jerárquica de los retratos de personajes o gradación simbólica hacia los objetos de culto y las Tablas de la Ley. El árbol de la Libertad brota del mismo zócalo que los sostiene, terrestre fundamento del bien supremo de la libertad y del aparato legal que ha construido la soberanía popular y que funde vida privada y vida cívica en un mismo gesto de autonomía. (Toulouse, museo Paul-Dupuy.)

Según esta vista de conjunto, que se extiende por dos siglos ¿qué se puede advertir? En esencia, un desajuste; en todos los niveles de existencia y de aspiración, la sociedad tradicional no es ni homogénea ni unánime. En la cima hay una minoría privilegiada que puede reconsiderar la división entre los dos terrenos principales, privado y público, de la humana condición, una vez aplacada la angustia de la salvación eterna; con sus contradicciones y sus dificultades en la vida diaria. No importa, porque para estos favorecidos, que cuentan con la garantía de la ley y de las instituciones, acceder a la vida privada y disponer de ella es signo de libertad. Sin embargo, para el vulgo que vive modestamente, sobre todo en el campo, no es así; las obligaciones del trabajo y de la familia no le conceden gran libertad de innovación, a menos de que corra el riesgo de la ruptura, esto es, del desarraigo, con todas las precariedades y degradaciones correspondientes ¿acaso no se ha comprobado casi siempre que fuera de esas certezas no hay salida? Por consiguiente es cosa suya arreglárselas y sacar partido de los hilos flojos de la trama para experimentar a su vez la complicidad electiva de trabajos o proyectos comunes, la satisfacción de gustos comunes, en la danza, el juego y la caza. Las ocasiones no faltan en sociedades que saben medir el tiempo y amaestrar la necesidad. No obstante, es obvio que entonces la vida privada no se concibe ni se practica individualmente; en donde se la puede observar en las situaciones y en los tiempos que se sustraen a las imposiciones colectivas, por lo general a la vista y conocimiento de todos; lo que, obviamente, no excluye la búsqueda ocasional de intimidad (conyugal) o de secreto. Quizá sea en el manejo del dinero, que se atesora, se esconde y se lega, y en la paciente meditación de los negocios que se van a efectuar en donde resida, en este aspecto, lo íntimo del individuo.

Cuando Georges Sturt estudiaba el sistema de vida campesina en su *Change in Village,* al asignar a la vecindad como relación activa regular sus rasgos esenciales, planteaba el problema de la existencia de vida privada en las formas tradicionales de sociedad. Los modos de pensar, los ritos y los intercambios de bienes y servicios eran tan rituales que las vidas particulares reflejaban una vida común que las animaba a todas y las requería constantemente. Sin embargo, cada cual tenía sus trabajos, sus responsabilidades particulares y sus afectos propios. No porque sus vínculos personales fueran evidentes para todos y porque se parecieran a los de los demás dejaban de tenerlos, con la envoltura de cierta familiaridad, modelada por las ventajas y las oportunidades: una esfera de vida privada, pero que no estaba separada de la comunidad indispensable[32].

Notas

[1] La expresión fue recogida por Stendhal en una carta de 1823; véanse al respecto las sucesivas definiciones de los diccionarios de Furetière, de Trévoux, la *Encyclopedie,* y Larousse.

[2] Thérese d'Avila, *Autobiographie, Oeuvres complètes,* Bibliothéque européenne, 1964.

[3] Carta del presidente Brosses a Monsieur de Neuilly, *Epistoliers du XVIII siècle,* la Renaissance du Livre, s. f.

[4] Tristan L'Hermite, *Le Page disgracié,* Presses universitaires de Grenoble, 1980.

[5] Chevalier de Fonvielle, *Mémoires historiques,* París, 1820.

[6] G. Hérail, *Mémoires,* copia manuscrita depositada en la biblioteca municipal de Toulouse. Él y Fonvielle vivieron su juventud durante los últimos veinte años del Antiguo Régimen, pero describieron sus recuerdos, uno al principio de la Restauración, el otro en 1793, dentro de una corriente inspirada por *Las Confesiones* de Rousseau y por un cambio de valores relacionado con la Revolución.

[7] Parecidas son las aventuras del joven conde de Losse-Valence, que cuenta doce años en 1778, y al que encuentran en París del brazo de una buscona: había sabido aprovechar las vacaciones del colegio de Juilly para engañar a su familia y tomarse libertades, A.D., Haute-Garonne, serie E, 182.

[8] Procesos criminales sin signatura.

[9] N. Z. Davis, *Les Cultures du peuple. Rituels, Savoirs et Resistences au XVI siècle,* París, Aubier, 1979. Respecto a Languedoc, N. Castan, *Justice et Répression en Languedoc à l'époque des Lumières,* París, Flammarion, 1980.

[10] Madame de Maintenon, *Lettres, Avis et Entretiens sur l'éducation.* París, Hachette, 1885.

[11] Diderot, *Lettres à Sophie Volland,* París, Gallimard, 1938; madame de Charrière, *Caliste, lettres écrites de Lausanne,* París, Ed. des Femmes, 1979.

[12] Madame Roland, *Mémoires,* París, 1821.

[13] Fondo Pollastron, A. D., Haute-Garonne, serie E.

[14] G. Hérail, op. cit.: «Mi madre se puso muy contenta de tener una amiga que le permitiera salir algunas veces para divertirse.»

[15] A. Fargue, *Vivre dans la rue à Paris au XVIII siècle,* Gallimard, Julliard, Archives, 1979.

[16] F. de Salles, *Oeuvres,* París, Gallimard, col. «Bibl. de la Pléiade», 1969.

[17] Madame Roland, *op. cit.;* véase también George Sand quien, en *Histoire de ma vie,* cuenta que ella vivió esas mismas satisfacciones de la amistad en el convento de las Inglesas a principios del siglo XIX y lamenta que en dicho lugar no se transgredieran más los niveles sociales.

[18] Es el caso de madame Louvois, citado por A. Corvisier, *Louvois,* París, Fayard, 1983.

[19] Duc de Saint-Simon, *Mémoires,* París, Gallimard, col. «Bibl. de la Pléiade», 1983-1985; Louis XIV, *Mémoires et Lettres,* París, Taillander, 1927, y G. Mongrédien, *Louis XIV,* París, Albin Michel, 1962.

[20] N. Elias, *La Société de cour,* París, Calmann-Lévy, 1974.

[21] D. Roche, *Le Peuple de Paris,* París, Aubier, 1981.

[22] Véanse al respecto las numerosas obras de Mirabeau.

[23] Él, que veía en la multiplicación de los muebles con secreto un signo de la corrupción del siglo; y, también, sin duda alguna, de la privatización de su uso, Diderot, *op. cit.*

[24] A. D. Haute-Garonne, subserie J., fondo Maniban; S. Clair, *Jospeh Gaspard de Maniban, premier président du parlement de Toulouse,* tesis de la École des chartes, depositada en el A. D., Haute-Garonne, ms. 306.

[25] M. Taillefer, *La Franc-Maçonnerie toulousaine, 1741-1799,* Commision d'histoire économique de la Révolution française, 1984; R. Forster, *The Nobility of Toulouse in the XVIIIe Century. A Social and Economic History,* Baltimore, Johns Hopkins University Press, 1960.

[26] *Cf.* J. F. Marmontel, *Mémoires d'un père pour servir à l'instruction de ses enfants,* París 1807, 4 vol.: «No puedo expresar cuánto agrado y encanto tuvieron para nosotros la vida y la sociedad hasta la época de la Revolución.»

[27] Madame Campan, *Mémoires,* J. Chalon ed., 1979; príncipe de Ligne, *Mémoires et Lettres,* París, 1923; conde de Tilly, *Mémoires,* Melchior-Bonnet ed., 1965.

[28] «Pronto los intereses de la causa pública y las preocupaciones por la suerte del Estado se apoderaron de mi espíritu, mi vida privada cambió por fuerza (...)», Marmontel, *op. cit.*

[29] Quiero dar mis más efusivas gracias a Ch.—L. d'Orgeix que ha tenido la amabilidad de dejarme consultar su archivo personal: *livre de raison* y correspondencia de la familia Gounon-Loubens.

[30] J.-J. Rousseau, *Du contrat social,* Mignot ed., s. f., y Saint-Just, *L'Esprit de la Révolution,* Plon, col. «10/18», 1963.

[31] Las cartas de J. M. de Gounon desde el ejército de los Pirineos orientales abundan en observaciones personales acerca del desenvolvimiento de la guerra revolucionaria visto por un soldado-ciudadano; verdaderamente, es poco entusiasta.

[32] E. Goffman, *La Mise en scène de la vie quotidienne,* t. II, *Les Relations publiques,* París, Ed. de Minuit, 1973.

Amistad y convivencia social

Maurice Aymard

Siguiendo el modelo de los antropólogos, durante los últimos veinte o treinta años los historiadores de la edad moderna han dado mucha importancia, casi demasiada, a la familia. A ello les invitaban las abundantes fuentes, que no dejan de hablar de la familia y de organizar alrededor de la misma todo el espacio de la vivencia diaria, de la arquitectura doméstica, de las relaciones sociales, de las reglas jurídicas, de las imposiciones y de las opciones económicas. Así pues, la historia de la vida privada podría incluso reducirse a una historia de la familia que se basara en tres temas primordiales: su inserción en los círculos, más amplios, del parentesco y de la alianza; sus relaciones, por lo general tensas, con todo lo que no sea ella misma —las demás familias, con las que continuamente pasa de la rivalidad al acuerdo, la comunidad aldeaniega y, cada vez más, esas instituciones ambiciosas y con pretensiones abusivas que se llaman Iglesia y Estado, y que se aplican en reglamentarla y controlarla—; y, por último, la lenta emergencia del individuo que termina imponiendo, en parte contra la familia, en parte a través de la misma, derechos con mayor margen de autonomía que se consideran nuevos. Lo privado, según su definición etimológica *(privatus* = limitado) está caracterizado por cierto número de barreras concéntricas, algunas de las cuales perduran mientras que otras se desplazan y adquieren más importancia. Y ello a costa de conflictos sucesivos, datables y significativos, hasta la obligación impuesta al individuo de «murar su vida privada», fórmula ésta cuya paternidad es atribuida por Stendhal a Talleyrand, en una carta de 31 de octubre de 1823[1].

Sin embargo, nada es más engañoso que esta jerarquía demasiado simple y esta historia que se basa en el afianzamiento y luego en la desintegración del «monopolio familiar». Entre la familia y el resto de la sociedad, y para el individuo al margen de la familia y, llegado el caso, contra la misma, nunca faltaron las mediaciones, los inter-

El dueño de la casa recibe a las visitas sin ceremonia alrededor de una mesa preparada para la ocasión en una antecámara. La existencia de cierto desorden, la libertad de actitudes y de gestos, y los visitantes que entran sin que nadie se altere sugieren, pese a las posturas de los personajes, la nueva familiaridad de la convivencia social masculina. (Robert de Tournières, *Almuerzo con jamón.* Versalles, museo Lambinet.)

La acentuada sensiblería de la madre y del ama, y la amenidad bucólica del escenario no consiguen ocultar la brutalidad mortal de una práctica —dar los niños a criar— que se democratiza en las ciudades grandes en el siglo XVIII y que, para algunos, pone en entredicho la existencia misma de relaciones afectivas entre padres y niños pequeños. (París, Bibl. nac.)

mediarios ni los recursos, que ya en la época moderna, y sin duda alguna antes, son múltiples y cambiantes. La familia no apura la esfera de lo privado, ni la de la afectividad, ni siquiera la de la formación de la personalidad. Cuanto más que el individuo no pasa con su familia todo el tiempo que va desde su nacimiento hasta la edad adulta. Efectivamente, la familia aprendió muy pronto a transmitir tal o cual cometido suyo, o varios de ellos. Da a los niños a criar, antigua práctica urbana que, entre los siglos XVII y XVIII, tiende precisamente a «democratizarse» en las ciudades grandes, hasta el punto de que las clases populares ven en el abandono provisional o definitivo de los niños una solución menos costosa que permite que las instituciones de caridad[2] se hagan cargo de los gastos de la crianza. Los pone de aprendices o los envía al colegio, les «coloca» (hecho cuya «normalidad» en la Inglaterra del siglo XVII tanto sorprende a los viajeros italianos) o acude a protectores, ya sean o no parientes. La educación, la formación profesional y la socialización del niño o del adolescente hacen intervenir a personas que no son la familia y lugares que no son la casa. Y ello no sólo en cuanto a los varones, a ejemplo del Rousseau de *Las Confesiones:* en la Inglaterra de 1600, «pasar un período sirviendo era el método habitual de preparar a las hijas de la aristocracia para la única vocación que les estaba permitida, el matrimonio», y ciertas casas, como la de la condesa de Huntingdon, «cuya capacidad de instruir (las) (...) era tan reconocida como la de lord Burghley para instruir a sus hermanos», obtenían así una reputación considerable[3].

De este modo el individuo se encuentra con que acumula experiencias, que a veces quedan en el olvido, y vínculos, que a veces se desharán cuando se case, aunque hay otros que le acompañarán a lo largo de toda su vida, estructurando o vivificando su espacio personal y social de un modo que no por silencioso, por secreto o simplemente por estar al margen de la escritura —antes de que se generalicen la correspondencia, los recuerdos y los escritos íntimos— es menos real. Estos vínculos se combinan con los que nacen de la familia y del parentesco, para crear alrededor de cada individuo un conjunto de relaciones horizontales —con igualdad de edad, sexo o situación— o verticales; o, si se prefiere, simétricas o asimétricas; ora conciliadas o conciliables, ora conflictivas. Cada relación crea su sistema de derechos y deberes, en los que una casuística cada vez más sutil intenta poner orden: un orden jerárquico que proporciona la solución racional y razonable para todas las situaciones. El artículo «Amistad» de la *Enciclopedia,* redactado por el caballero de Jarcourt, constituye en este aspecto un modelo del género. Mal que le pese a la tradición estoica, que gustaba de plantear los problemas en términos de todo o nada, no hay definición ni código único, sino «deberes de la amistad» que varían «según su grado y su carácter: lo cual produce tantos grados y caracteres distintos, como deberes».

Así pues, en esta *«carte du Tendre»* (1) de nuevo género, se distinguirá cuidadosamente «el amigo con quien no se tenga otro empeño que los simples pasatiempos literarios» o aquel «a quien hayamos cultivado por lo grato y lo agradable de su trato», del «amigo hombre de buen consejo» quien tampoco puede aspirar a esa «confidencia que sólo se hace a amigos de familia o de parentesco». Por un lado está el recuerdo de una norma: la fundamental desigualdad del intercambio basado en lo que se da —esperar o exigir «siempre menos que más», dar «siempre más o menos». Por el otro, el deseo de una igualdad que la amistad debería «bien encontrar, bien crear», aunque, de hecho «no la da más (...) que la semejanza de sangre», pues entre personas «de rango muy distinto», la amistad no permite pasar del «respeto» a la «familiaridad» más que el parentesco; ahora bien, ha de permitir la «satisfacción mutua», *«la douceur»* que consiste en mostrarse mutuamente los pensamientos, gustos, dudas y dificultades, pero siempre en la esfera del carácter de la *amistad* que esté establecido. Por tanto, ésta se configura de acuerdo con los cuatro tiempos del sistema de actitudes elementales analizadas en relación con el parentesco por Alfred R. Radcliffe-Brown[4] —respeto, broma, evitación y familiaridad— y sistematizados por Claude Lévi-Strauss[5] —reciprocidad y mutualidad, deuda y crédito.

Pese a esta casuística ejemplar, los historiadores, al igual que, salvo contadas excepciones, la mayoría de los antropólogos anteriores a Robert Brain[6], apenas han estudiado la amistad en sí misma y, en cambio, el amor, por razones obvias relacionadas con preocupaciones contemporáneas, atraía su celosa curiosidad y además contribuía a crear confusión, ya que tomaba prestado el vocabulario de

Antes de que existan el café y el club, la tienda del librero y la del mercader de estampas o de cuadros son, en el siglo XVII, los lugares favoritos para el paseo, el encuentro y la charla con los conocidos. (S. de Bray. Amsterdam, Rijksmuseum.)

la amistad: la Iglesia prefería hablar de amistad «carnal», y el pudor, de amistad «entrañable», a fin de reservar el amor sólo para Dios. Hay que reconocer que, aun estando reglamentada y codificada, la amistad no se identifica con ninguna institución estable y «visible» de las sociedades de la Europa moderna, antes de la aparición, discreta primero y luego a la luz del día, de las «sociedades» basadas en una adhesión individual, «voluntaria, optativa y flexible[7]», cuyo modelo lo constituyó durante mucho tiempo la masonería. Esto no impide que interfiera, de manera secreta o declarada, en el funcionamiento efectivo de la mayor parte de las instituciones sociales, cuando no en todas, hasta el punto de volverlas contra sí mismas —por ejemplo, cuando un conflicto divide a una familia o a una comunidad en dos grupos opuestos cuya cohesión descansa total o parcialmente en la amistad—, o de vaciarlas de su contenido —por ejemplo, en todas las sociedades, ya sean o no contemporáneas, en las que los «amigos de los amigos» bloquean desde el interior los sindicatos y los partidos, la administración e incluso el poder político, esté o no esté sujeto a elección[8]—.

De hecho, la amistad es imposible de analizar, pues oscila entre dos polos extremos y contradictorios. Uno, en el que, vulgarizada, se funde con las prácticas generales de la sociabilidad y compromete tanto a grupos como a individuos. Otro, en el que, exaltada, se presenta como una constante universal que, como el amor, no tiene otra historia que la del individuo y comparte con él, en su confrontación con el tiempo, las ambiciones y la fragilidad del sentimiento. Ahora bien, nuestros textos pasan continuamente de una a otra sin aparente dificultad.

Parientes, vecinos y amigos

En ciertos aspectos la amistad hace con la familia el perfecto matrimonio de la época moderna, el matrimonio de conveniencia, cuyo éxito está garantizado «en el exterior» por todo lo que no sean los sentimientos personales de ambos cónyuges: la concordancia de condiciones y de fortunas, la decisión de los padres, el interés de los linajes... De ahí que Adovardo y Lionardo, primos de Lorenzo Alberti, el padre de Leon Battista, enfermo y preocupado por el porvenir de sus hijos, sin pretender competir con el hermano de aquél, Ricciardo, puedan garantizarle: «Querremos que todos nos reconozcan como tus buenos y muy leales parientes, y si la amistad tiene más fuerza que el parentesco, haremos que nos reconozcan como amigos verdaderos y rectos.» Y Lorenzo jura inmediatamente tenerles la estima que debe tener a «parientes queridos y amigos verdaderos», personas «a quienes estoy unido por la sangre y con quienes siempre a lo largo de mi vida me he esforzado en unirme más por la benevolencia y el amor»[9].

Se pretende relacionar este estrecho entrelazamiento del parentesco y la amistad con la existencia, consolidada por el derecho en la Francia de derecho romano o en ciertas regiones de Italia, de un sistema de «casas» —*ostal* o *casa*— que agrupa a un número variable de corresidentes bajo la autoridad casi absoluta de un jefe único. Este es el caso de la Toscana de la *mezzadria.* También es el caso de Montaillou, en donde, según Emmanuel Le Roy Ladurie, la *domus* es el «centro de un cruce de vínculos» en los que «entra el parentesco, y también la alianza, que se establece entre dos *domus»,* pero en los que «entra además la amistad, que nace de enemistades comunes y que, llegado el caso, se concreta en la concesión de la categoría de compadre o comadre», y «por último (...) la vecindad»[10]. Esta red refuerza su coherencia con el ejercicio activo de la solidaridad: dificultades económicas, cuidado y tutela de los huérfanos, aprendizaje y formación profesional, arbitraje de las divergencias de intereses y, también, claro está, la inevitable venganza entre familias[11].

Sin embargo, los dos términos de parientes y amigos aparecen unidos también en la Normandía consuetudinaria: no es raro ver que, hacia 1700, en esta región las capitulaciones matrimoniales de los cónyuges se redactan «en presencia y con consentimiento de sus parientes y amigos»[12]. En estos casos el tercer término, el de «vecinos», no suele estar lejos. *Parenti, vicini* e *amici,* repiten las fuentes italianas. Desde luego, esta asociación remite a la frecuencia de una

Entre el ámbito privado de la vivienda y el ámbito público de las calles y plazas existe una red de patios y de callejuelas que constituye un espacio intermedio que todas las familias comparten, sin aparente necesidad de aislarse, con sus vecinos y amigos. (Pieter de Hooch, *Reunión familiar*. Viena, Kunsthistorisches Museum.)

endogamia comunal que aún hoy, en ciertas regiones de Francia, lleva a los habitantes de un mismo pueblo a considerarse «a priori» parientes[13]; pero, sin duda, incita a ir más lejos, como sugiere la propia letra de las solicitudes de los campesinos de los valles alpinos de la diócesis de Como cuando piden, en el siglo XVI o en el XVII, dispensas de consanguinidad a la autoridad eclesiástica[14].

En ellas se insiste, en efecto, en la necesidad de restablecer una alianza que ya queda lejos y que se considera necesaria en la relación de vecindad y de amistad. Esta última no es ni «un suplemento» ni un «lujo», sino uno de los elementos de los vínculos sociales que existen y que son necesarios entre las familias, y por esa razón es frágil, «necesita continuas verificaciones, espaciadas, que se concretan en el intercambio de mujeres». La amistad compromete a familias enteras más que a personas y a éstas últimas a través de las primeras. Dado que está basada en el cálculo, confirma y fortalece el parentesco y la alianza, de los cuales es expresión en el terreno de los hechos, de los comportamientos y, sobre todo, de los deberes recíprocos durante dos o tres generaciones. Además, la amistad, al igual que el parentesco y la alianza, inspira una auténtica carrera para conservar y aumentar, mediante la renovación y la acumulación, ese capital primordial: así como un matrimonio consanguíneo permite que las personas «se unan más aún por el parentesco», así también permitirá que se «renueve» o «aumente» aún más la amistad entre «buenos amigos de siempre», o, a la inversa, que se ponga fin a una enemistad, o, como en Normandía[15] que se prevenga un conflicto. En efecto, el peligro está siempre presente, peligro que es preciso conjurar y que pudiera parecer paradójico en pueblos de unas decenas de familias en donde el ideal es «casarse entre sí», pues «no se va a tomar mujer a otros lugares y la gente de los pueblos vecinos no viene a tomar mujer aquí»[16]. Sin embargo, esta misma endogamia es fuente de escisiones que sólo la amistad, factor de conocimiento y de intimidad, puede ayudar a superar. Además, como expresa el caballero de Jarcourt, la amistad es objeto de múltiples gradaciones que van de «la amistad de sombrero» (porque, para saludar, se toca o se alza éste) a la «estrecha familiaridad».

Versión rústica de la misma realidad, idealizada por el pintor urbano: en la época del buen tiempo, una vez terminadas las faenas, es agradable reunir ante las casas, y no en habitaciones oscuras y llenas de humo, a todos los parientes y amigos e incluso a todo el pueblo, para comer y beber, hablar y bailar, y sentirse entre los allegados. (David Teniers, *Comida campestre.* Museo del Prado.)

Amistad y amistades

Por consiguiente, la amistad está en todas partes, corriente y necesaria, plural e inserta en la trama habitual de las relaciones sociales que se centran en la familia, y contribuye a estructurarlas o simplemente a engrasarlas, disminuyendo al mismo tiempo sus costes; pero también es excepcional y singular, pues compromete a personas que se han elegido libremente, sin más objeto que ellas mismas, y las aísla del resto de los hombres; y tan poco frecuente que Montaigne, orgulloso del vínculo que le ha unido a La Boétie, podrá

decir «que es mucho si el azar lo logra una vez en tres siglos». Efectivamente, hay amistad y amistades, y la primera se caracteriza en contraposición con las segundas, en un ámbito en que el modelo cultural de inspiración estoica, aprendido a través de la literatura latina, se adapta a las realidades de la época que regulan las relaciones entre los hombres y entre los hombres y las mujeres[17].

¿Es la familia ámbito de «la amistad natural»? «De los hijos a los padres existe de preferencia respeto», y «la mucha disparidad» que les separa prohíbe a los padres que comuniquen «sus secretos pensamientos» —para evitar «engendrar una confianza indecorosa»— y a los hijos, formular «advertencias y amonestaciones, que es uno de los primeros servicios de la amistad». En cuanto a las relaciones entre hermanos, pese a lo bello que es este nombre, «lleno de dilección», resiste mal al clima de competición y de conflicto que crea «esa mezcla de bienes, esas particiones, y que la riqueza de uno haga la pobreza del otro». La familia es jerárquica, por tanto descansa en la desigualdad, la mantiene y la reproduce, y al tratar de mitigarla la dramatiza.

Con las mujeres, hay dos posibilidades: el amor y el matrimonio. El primero, aunque sea fruto «de nuestra elección», lo cual le da una ventaja decisiva respecto de los vínculos familiares, que pueden unir «a seres de temperamentos opuestos», está sujeto sobremanera al ritmo del deseo, «fuego temerario y voluble»: a la inversa de la amistad, «el goce lo pierde porque su fin es corporal y está expuesto a la saciedad», y «se desvanece y languidece» cuando entra en el terreno de la amistad (a menos que incite a la venganza, como la de madame de La Pommeraye contra Monsieur des Arcis en *Jacques, el fatalista)*. El segundo, «es un pacto del que sólo es libre el principio (...) y (...) que ordinariamente se hace con otros fines» y sufre las repercusiones de demasiados elementos exteriores. No obstante si «se pudiera componer trato tan estrecho, libre y voluntario, en el que no sólo las almas tuvieran ese entero goce, sino que también los cuerpos tomaran parte de la alianza, en el que el hombre estuviera empeñado por entero: es cierto que la amistad sería más plena y más completa». Sin embargo, para un Montaigne que, sin duda alguna, no cree en la igualdad entre los sexos, son las mujeres quienes no son aptas para la amistad: no tienen ni la «habilidad» ni «el alma lo bastante firme para soportar la presión de lazo tan apretado y duradero».

Bien mirado, «la licencia griega», aunque «nuestras costumbres la consideren, con razón, aberrante», le parece más rica en promesas, pese a «la disparidad de edad y a la diferencia de oficios entre los amantes». Ello, siempre que tal modo de relación se muestre capaz de superar esas diferencias iniciales, de pasar de la «belleza externa» a la «belleza interna...» y espiritual, y de desembocar, en corazones «más generosos», en una auténtica relación de educación, de imitación y de perfeccionamiento mutuo. De este modo, puede llegar a convertirse en «un amor que termina en amistad».

El aprendizaje de la lectura y de la escritura, ya se haga entre padre e hijo o entre preceptor y alumno, es un asunto de hombres que subraya la jerarquía de la autoridad y del saber, y prepara para los oficios y responsabilidades del adulto. (Jan Vermeer, *La lección.* Londres, National Gallery.)

Cambio de estilo y de sensibilidad: la vestidura romana cuadra perfectamente con una conversación que se muestra pura y desinteresada, y que disfruta de la serenidad y del silencio del escenario campestre: las virtudes estoicas son características de las personas cultivadas. (François Chauveau, *Las delicias del espíritu.* París, Bibl. nac.)

Ahora bien, si se propone la amistad como referencia última en el terreno de una afectividad que se identifica con el ejercicio de nuestra «libertad voluntaria», es porque habla el lenguaje del amor. Nace de un flechazo, en el primer encuentro, «entre dos hombres hechos», que se niegan a «ajustarse al patrón de esas amistades lánguidas y regulares, que necesitan de tanta precaución de larga y previa conversación»; se basta a sí misma y mediante la unión íntima y total de dos voluntades —«no nos reservábamos nada que nos fuera propio, ni que fuera suyo o mío»— crea la identidad de dos seres; es exclusiva e indivisible, porque es superior a todas las demás obligaciones: es imposible «repartir» la amistad, pues habría que elegir; sin embargo, permanece en el terreno de lo inexpresable sin poder justificarse más que con el clásico «porque era él, porque era yo». Y, para que no falte nada: «Nos buscábamos antes de habernos visto.»

Se podría caer en la tentación de elegir entre estos dos extremos, de contraponer la «modernidad» de Montaigne a la «tradición» de esas «amistades» estrechamente relacionadas con el parentesco y la vecindad, y determinadas por la opción y los intereses del grupo familiar; y, también, intentar sugerir una trayectoria lineal de las segundas a la primera. En tal caso, en la línea de llegada se encontraría la libertad, aleatoria y desinteresada, del individuo, que la élite culta reivindica y practica con anticipación; y en la línea de salida, las imposiciones del grupo, a las que el individuo deberá someterse en cualquier caso y de las que intenterá por todos los medios sacar provecho para sí, cuando ello sea posible. En consecuencia, podría pensarse que la amistad se anticipa al amor en el ejercicio de esta libertad, pues las elecciones que implica no provocan automáticamente conflicto e incluso pueden conciliarse sin esfuerzo con las obligaciones debidas a la familia. La libre elección del amigo, menos peligrosa para la familia que la libre elección del cónyuge, habría precedido a ésta y le habría abierto el camino.

Pero esto sería falsear las perspectivas: La amistad por La Boétie se inserta en la más pura y antigua tradición estoica, y la trama habitual de los «tratos y conocimientos entablados por alguna casualidad o conveniencia», a los cuales se contrapone y que exigen «prudencia y precaución», porque «el lazo no está atado de manera que no hayamos de desconfiar en absoluto», no se organiza alrededor de la familia de Montaigne. Dicha trama nace asimismo de las preferencias y de las decisiones del hombre maduro, comprometido en la vida política de su tiempo. Lleva la marca de un temperamento «muy capaz de hacer y mantener amistades raras y exquisitas», que se «ata con tanto apetito a las uniones que son de (su) gusto», pero «para las amistades comunes (...) algo estéril y frío.» Lo que no le impide apreciar también el «ameno trato (...) de las bellas y honestas mujeres.»[18] Sin embargo, el modelo a que Montaigne se refiere, el de un «alma con distintos grados que se sienta bien en todos los lugares a que su destino le lleve» y capaz de utilizar con tino y sin esfuerzo todos los niveles de la sociabilidad, prefigura en muchos puntos esa disolución de la amistad en la promiscuidad afectiva, difusa e indiferenciada que, para los antropólogos, caracteriza a la sociedad contemporánea, en la cual se yuxtaponen los egoísmos de un «gran número de individuos»[19].

Así pues, más valdrá evitar la trampa que nos tienden los discursos sobre la amistad, ya sean anticipadores o pesimistas, literarios o científicos. Cada época y cada sociedad tuvieron el suyo, y seguramente encontraríamos en ellos esa tensión entre los dos polos de la amistad, el singular y el plural. Con toda probabilidad, los cambios y las rupturas se sitúan en otro ámbito, el de las prácticas sociales precisas y concretas, prácticas que establecen cuáles son los lugares y las edades, los ritos y las reglas, y los derechos y los deberes de la amistad, y que orientan los comportamientos y las estrategias ocasionales de los individuos y los grupos. La evolución de estas prácticas sociales entre los siglos XVI y XVIII se produce lentamente y las verdaderas rupturas se sitúan más atrás: la familia lleva la

Sin embargo, ¡cuánta fascinación ejerce en la misma época esa ambigüedad (¿es verdaderamente nueva?) de las relaciones entre hombres, que el espíritu del siglo XVIII fomenta, condena y supone por doquier!

En el marco ordenado del jardín a la francesa, los juegos del placer y de la fiesta agudizan la tensión entre una cortesía estrictamente codificada y la celosa defensa del secreto de cada persona. Hay que vivir en público, a la vista de los demás y del rey, pero disimulando: *larvatus prodeo* (Hyacinthe Rigaud, *Arco de triunfo*. París, biblioteca de Artes decorativas.)

batuta desde hace mucho tiempo. Mediante la persuasión, la domesticación o la imposición la familia se esfuerza en formar a sus miembros para los cometidos y tareas que garantizan la propia continuidad de la misma y sus relaciones con las demás familias y con los grupos más amplios, como la comunidad o el Estado.

Las sociedades occidentales, ya sean rurales o urbanas, fingen que ignoran toda amistad entre individuos que son considerados iguales si la familia no la ha organizado. Puesto que se concibe como relación de reciprocidad perfecta entre los individuos, la amistad se produce «por añadidura» y sólo podrá afianzarse fuera de la familia o en las instituciones que también marcan una ruptura temporal o duradera: la escuela, los grupos de edad, el ejército. La amistad implica un espacio de libertad: no hay amigos elegidos desde el nacimiento (como en las sociedades no europeas que nos describen los etnólogos) por los padres, los allegados o el azar que hace nacer a dos niños el mismo día. Dos padres pueden prometerse a sus hijos en matrimonio ya en su más corta edad, para consolidar su amistad, y concertar más tarde ese matrimonio, aun cuando sus situaciones relativas hayan cambiado, como hacen en 1698 Dreux y Chamillart, ambos consejeros del Parlamento y «amigos íntimos» veinte años antes, cuando sus mujeres dieron a luz «al mismo tiempo, un niño y una niña». Sin embargo, no tienen ningún poder sobre los vínculos afectivos que los unirán. El hijo de Dreux resulta ser «hombre muy bueno, pero necio, obscuro y brutal (...) y su mujer no fue dichosa ni por él ni con él, y merecía serlo infinitamente»[20].

Saint-Simon, políglota, estratega y héroe de la amistad

Saint-Simon ofrece seguramente el mejor testimonio de esos múltiples rostros de la amistad, y de la diversidad de sus lenguajes. Testimonio que se empobrecería al reducirle únicamente al episodio del matrimonio fallido con una hija del duque de Beauvillier, y al grito del corazón que le hace declarar «que no eran los bienes lo que me llevaba a él, ni siquiera su hija, a la que nunca había visto, que era él quien me había encantado y con quien yo quería contraer matrimonio, con madame de Beauvillier» (I, p. 116). Recordemos su principio y sus consecuencias. Beauvillier «siempre había tenido presente que mi padre y el suyo fueron amigos, y que él mismo vivió con mi padre de ese modo, cuanto lo permitían la diferencia de edad, de lugares y de vida, y me había mostrado ya mucha atención» (I, pp. 114-115). Beauvillie está casado con una hija de Colbert y ya es ministro de Estado, jefe del consejo de Hacienda y primer gentilhombre de cámara del rey. El resultado será para Saint-Simon el mismo que si el matrimonio se hubiera celebrado realmente: «La conversación terminó con las promesas más afectuosas de un interés y una amistad íntima y eterna y de que me serviría en todo y por todo con su consejo y su crédito, en las cosas pequeñas y en las grandes, y de que en adelante ambos nos miraríamos como suegro y yerno en la más indisoluble unión» (I, p. 121). Esta alianza espiritual dará a Saint-Simon, *por añadidura,* todas las ventajas de otra alianza, real esta vez, con la hija del mariscal de Lorge; pero ello no le impedirá casi llegar a la ruptura con su suegra, ya viuda, que no hará de Saint-Simon el amigo de su cuñado.

Desde el principio, pues, a los dieciocho años, nada más morir su padre, Saint-Simon hace una doble jugada. Había sido preparado para ello desde tiempo atrás. Como naciera en 1675, de un padre casi septuagenario y de una madre que no llegaba a los treinta años, ésta le había repetido sin cesar «la ineludible necesidad de tener algún mérito en que se vería un joven que entra solo en la buena sociedad, hijo de un favorito de Luis XIII, cuyos amigos habían muerto todos o no estaban en condiciones de ayudarle, y de una madre que, educada desde su juventud en casa de la anciana duquesa de Angulema, parienta suya (...), y casada con un viejo, no había tratado más que a los amigos y amigas de ambos, que eran viejos, y no había podido hacerse amigos de su edad» (I, p. 16); ella; además, había perdido a todos sus allegados salvo a «dos hermanos, obscurecidos, y el mayor arruinado». Cuando el patrimonio familiar no basta para responder de la carrera personal, porque hay que gastarlo sin tasa para aparentar, la amistad se combina doblemente con el parentesco y la alianza. En estos casos, la amistad delimita un círculo más amplio y complementario, con el que se pueda contar en un sistema basado en el intercambio, y se transmite como un bien: los amigos del padre y de la madre habrán

La reconciliación es indispensable: el beso —público— entre hombres confirma, ante Dios y conforme a la «moral cristiana», el inicio de la amistad o la vuelta de la concordia; es la ilustración de un ritual y de una cara de la sensibilidad del *Grand Siècle* que a menudo se olvida.

de seguir protegiendo al hijo tras la muerte de éstos. Ese capital, que se constituye a lo largo de una vida (y que en absoluto se adquiere de antemano) mediante el comportamiento y mediante las ocasiones de hacer conocimientos, será administrado y transmitido a los sucesores.

Como cualquier otro, dicho capital se diversifica con cuidado. Es preciso que conste de iguales y de superiores, pero también de inferiores: los mejores amigos, pues, a poco que sean agradecidos, serán deudores eternos. El abuelo de Saint-Simon, casi arruinado, había colocado a sus hijos como pajes de Luis XIII «en donde las mejores familias les colocaban entonces» (I, p. 56): el segundón, gracias a una astucia de escudero, se convirtió en «entero favorito» e hizo su propia fortuna, sin olvidar sus deberes para con su hermano. Pero también tuvo «acierto con varios criados que hicieron fortunas considerables» (I, p. 63): Tourville, el padre del futuro mariscal y marino, uno de sus *«gentilshommes»;* un secretario cuyo hijo, Du Fresnoy, se convirtió en uno de los subordinados de Louvois; dos «cirujanos domésticos» destinados a hacer una brillante carrera, y dos ayudas de cámara «que (le) debieron su fortuna» uno de ellos el padre del célebre Bontemps. Resultado: en cuanto muere su padre, Saint-Simon va a ver a Bontemps y a Beauvillier por la mañana temprano, logra por medio de ellos que el rey le reciba por la tarde y consigue que éste le confirme los gobiernos de su padre: Blaye, que el hermano de madame de Maintenon ambiciona, y Senlis, al que aspira el príncipe de Condé. Había que actuar deprisa.

Cinco años después, en 1698, Saint-Simon repite con un segundo ministro de Estado. Pontchartrain, quien llegará a canciller al año siguiente. Si bien el resultado «le hace tanto honor que no puede evitar sentirse turbado al referirlo», su proceder es de una pasividad ejemplar, y debe serlo: a diferencia de Beauvillier, Pontchartrain no tenía amistad directa con su padre, y cualquier iniciativa por su parte le haría pasar por un intrigante. Por tanto, todo vendrá de Pontchartrain. Primera etapa: el matrimonio de su hijo con una prima hermana (cruzada) de madame de Saint-Simon en 1679. Un matrimonio que deseaban sólo «por la alianza (...) e hicieron todo lo necesario para sacarle fruto». Segunda etapa, asimismo llevada a buen término: hacer que las dos primas sean amigas. «La simpatía de virtudes, de gustos y de temperamentos formó pronto (entre ellas) una amistad que terminó por convertirse en la más íntima, y en la confianza menos reservada que pueda haber entre dos hermanas»: este mismo estrechamiento de vínculos de parentesco existe también entre madame de Saint-Simon y la duquesa de Lesdiguières, «que se trataban como hermanas más que como primas carnales (paralelas, en este caso)» (II, p. 374). Tercera etapa: Pontchartrain pide «con insistencia» a Saint-Simon «el honor de (su) amistad». Una vez pasada la primera sorpresa, dada «la desproporción de edad y de empleos», Saint-Simon comprende que ha de tomar partido: «Le dije que (...) había de saber que yo tenía una amistad que

Un siglo antes, el jardín del palacio constituye el marco casi intemporal de galanteos que, salvo excepción o milagro, no terminan en matrimonio. *(Jóvenes de paseo,* grabado de Saint-Igny con arreglo a Abraham Bosse. París, Bibl. nac.)

siempre sería la primera de todas, la que me unía íntimamente a monsieur de Beauvillier, de quien, yo lo sabía, él no era amigo, pero que si seguía queriendo mi amistad con esta condición, yo me sentiría muy dichoso de dársela, y colmado de tener la suya». Emoción, abrazos, mutuas promesas: «Nos la prometimos uno a otro. Mantuvimos recíprocamente nuestra palabra, por entero: duró recíprocamente hasta que él murió, con la mayor intimidad y la más entera confianza». No bien es informado, Beauvillier la acoge también «afectuosamente», y la aprueba. Sólo él conocerá la noticia: «Lo raro es que Pontchartrain no dijo nada a su hijo ni a su nuera, ni yo tampoco, y hasta pasado el tiempo nadie en la corte sospechó cosa tan singular, es decir, la amistad íntima entre dos hombres tan desiguales en todo» (I, pp. 559-560).

La amistad de Montaigne hablaba el lenguaje de la pasión; la de Saint-Simon, el del matrimonio calculado con esmero, un matrimonio que, como en su propio caso, crea una armonía profunda y duradera. El asunto empieza con la búsqueda de la alianza, continúa con la «amistad íntima» entre dos mujeres —que, de primas, se convierten en hermanas— y termina en un contrato no escrito pero

A ambos lados de las fortificaciones, la explanada va perdiendo paulatinamente su finalidad militar en el siglo XVIII y se convierte en el lugar de moda para el paseo, en el que el azar programado de los encuentros permite que se intercambien saludos y guiños de ojo, reverencias y sucesos mundanos, o que se continúen conversaciones más íntimas (Joseph Vernet, *El puerto de Burdeos visto desde el castillo Trompette,* 1759. París, museo de la Marina) escrupulosamente respetado por dos hombres. Un contrato que obvia su desigualdad, y que no prohíbe ni la intimidad, ni la confianza, ni siquiera el secreto.

Ahora bien, el mismo esquema se repite en 1702 con otro ministro, Chamillart, encargado de la Hacienda desde tres años antes, que había logrado la amistad del rey por su habilidad en el billar (como el padre de Saint-Simon había logrado la de Luis XIII por su habilidad para presentarle, cuando estaba de caza, un caballo de relevo al que pueda saltar sin apearse), y también la del duque de Chevreuse y su cuñado Beauvillier, por su esmero al resolver intercambios de propiedades. Primera etapa: de nuevo un matrimonio, el del cuñado de Saint-Simon con la tercera hija de Chamillart, que negocia y concierta sin que él lo sepa su suegra, incitada por Lauzun, su otro yerno, mientras que él aconsejaba abiertamente otro matrimonio. Segunda etapa: la visita de parabienes a Chamillart, que está informado del disgusto que le produce esa unión y a quien no conocía más «que como se conoce a los personajes públicos». Sin embargo, «no hay ejemplo de primera conversación tan llena de mutua confianza, propiciada por la de Chamillart, entre dos hombres que tan poco se conocen uno al otro y de edad y empleo tan distintos». Tercera etapa: Chamillart solicita su amistad. «Me comporté con él como en caso semejante lo había hecho con el canciller (Pontchartrain): le declaré francamente mi intimidad con el padre, mi unión con el hijo, la de madame de Saint-Simon y madame de Pontchartrain, primas carnales, pero unidas más estrechamente que dos verdaderas hermanas, y le dije que si, con esta condición, deseaba mi amistad, yo se la daría de todo corazón. Esta franqueza le emocionó (...); nos la prometimos, y siempre la mantuvimos afectuosa y fielmente en todo momento hasta que él murió». Queda informar a Pontchartrain y a su hijo, que lo acogen como Beauvillier cuatro años antes. El resultado confirmará las expectativas: el matrimonio y la carrera de su cuñado fracasan y la mariscala de Lorge, despechada, se aparta del mundo; pero Saint-Simon tiene «la satisfacción de la confianza de Chamillart, de los servicios que pude prestar a mis amigos y obtener para mí», sin hablar del montón de datos «sobre la corte y el Estado»: Saint-Simon, curioso empedernido y apasionado, se ve en el centro de una prodigiosa red y tiene la habilidad de añadirle una amplia gama de amistades femeninas: las hijas de Chamillart, las damas de la reina, la duquesa de Villeroy, y otras, que le «instruían de mil frivolidades de mujeres, a menudo más importantes de lo que ellas creían» (II, pp.146-150). Sólo le falta la amistad de Torcy, el cuarto ministro, quien, sin embargo, es sobrino de Colbert: pese a que tienen amigos comunes, los Castries, su amistad habrá de esperar a 1721 y al conflicto de Torcy con el cardenal Dubois, que dará a Saint-Simon la posibilidad de redimir con su elegante mediación su vieja hostilidad contra los secretarios de Estado. «Mi proceder conmovió vivamente a Torcy y hasta su muerte nos tratamos con la mayor intimidad.» (VI, pp. 714-718). Esto supuso que el ministro confiara a Saint-Simon sus *Memorias* y copia de las cartas que se abrían bajo su dirección en el correo: un regalo inestimable para su información.

La prodigiosa eficacia de esa dialéctica de la franqueza y de la confianza para anular o superar las desigualdades de edad, situación y poder podría hacer dudar de la «sinceridad» de Saint-Simon; sin embargo, obedece a reglas precisas del mecanismo social en el mundo cerrado, y muy jerarquizado, de la corte, de las familias, y de las redes de clientela que se mueven a su alrededor. La clave del éxito es el cálculo, pero a veces la prudencia aconseja arriesgar todo para ganar todo —este es el sentido de la franqueza—, y también hay que saber decir no; por ejemplo, ante las demostraciones de amistad del duque de Maine. Tal como se presenta, tiene una admirable coherencia, y es preciso tomar al pie de la letra el ritual minucioso de esas declaraciones apasionadas, de esas peticiones, de esos cumplidos y de esos compromisos que se contraen y que se mantienen toda la vida: es el ritual ejemplar de la amistad.

Pruebas suplementarias, por si fuera necesario: esa red constituida con paciencia, que proporciona a Saint-Simon su puesto en la corte, no apura en él el campo de la amistad: medio en secreto, y en cualquier caso al margen de los rumores de Versalles, ha mantenido otros vínculos personales. Un amigo personal de su padre que ha seguido siendo amigo suyo: el célebre Rancé, reformador de La Trapa (a cinco leguas de su propia tierra de La Ferté-Vidame), a donde se retira periódicamente. El obispo de Chartres, su «diocesano», que también fue a verle «con un amigo de (su) padre»: «Poco a poco se hizo la amistad entre nosotros, y la confianza.» Y el conde de Charmel, que se había apartado del mundo para ocuparse de la salvación de su alma y a quien veía en La Trapa (I, pp. 560-561).

En el lado opuesto, sus relaciones con el duque de Chartres, más tarde duque de Orleáns, el futuro Regente, ocupan obviamente un puesto aparte; debido a su origen, pues se trata de una amistad que viene de la infancia, y de los juegos en común en el Palais-Royal: «En cierto modo me había educado con él, que me llevaba ocho meses, y si la edad autoriza a esta expresión tratándose de jóvenes tan desiguales, nos hermanaba la amistad»; pero una amistad diferente, que el libertinaje del joven duque pone en entredicho tras el matrimonio de cada uno de ellos «mi vida no le convenía más de lo que a mí la suya: hasta tal punto que la separación había llegado a ser total», (II, p. 77): será precisa la mediación de amigos comunes, encargados en esta ocasión de llevar la petición expresa del duque de Orleáns, y la repetida insistencia de éste para que «la antigua amistad de juventud» se reanude. «Mi vuelta a la antigua amistad fue fruto de las muchas muestras de afecto con que me honraba, y pronto fue su sello la confianza absoluta, que duró hasta el final de su vida sin interrupciones (...)» (II, p. 78) pese a que las relaciones se debilitaron en la época de mayor poder del cardenal Dubois. En 1712, Saint-Simon sabrá hacer el gesto simbólico, cuando su «amigo», acusado por los rumores de haber envenenado al delfín y a su esposa, se vea abandonado por toda la corte: «... fui entonces el único, digo exactamente el único, que siguió viendo al duque de Orleáns, según mi costumbre, tanto en sus aposentos como en los del Rey, que siguió hablando con él en esos lugares y sentándose con él en un rincón del salón (...).» Pese a todos los consejos de Beauvillier, de Pontchartrain y de todos sus demás «amigos y amigas» que le dicen que camina hacia su perdición «con una conducta tan opuesta a la general (...) me mantuve firme: me pareció que lo conveniente ante tan grandes infortunios no era sólo no abandonar a los amigos cuando no se les creía culpables, sino también acercarse a ellos cada vez más (...)» (III, p. 1224).

Saint-Simon, al igual que Montaigne, se aleja a su modo del modelo familiar de la amistad, el del sistema parientes-vecinos-amigos que se presenta como el más general. Desde luego, ha recogido la herencia paterna y le ha sacado partido, pero también la ha enriquecido y diversificado de manera considerable mediante adquisiciones personales que obedecen a objetivos propios: el área de la amistad coincide con la del parentesco y la alianza, pero sin englobarla enteramente. Por ejemplo, queda excluida, por razones fáciles de adivinar, la mujer de su tío paterno, Louise de Crussol, «altanera y pérfida, que jamás había podido perdonar a mi padre que se casara de nuevo» (y que tuviera un heredero varón), «que le separó de su hermano cuanto pudo» (I, p. 232) y que había encontrado «el modo de hacer que la mayoría de los bienes de mi tío pasaran a los duques de Uzès» (hermano y sobrino de ella) «de hacer que mi padre y yo pagásemos la mayor parte de las deudas, y de dejar las demás sin saldar» (I, p. 56). Queda también excluido su cuñado, el duque de Brissac, esposo —enseguida separado por ser «demasiado italiano»— de su hermanastra, la cual, al morir sin hijos en 1684, hizo a su sobrino legatario universal. También quedan excluidos, como hemos visto, su cuñado De Lorge y su suegra, ya viuda. Nunca llegó a estar verdaderamente incluido Lauzun, su cuñado por alianza. Y sus vínculos con los dos yernos de Colbert, Beauvillier y Chevreuse, no le dan acceso al sobrino del ministro, Torcy, pese a que ambos son primos de éste por alianza. Ni siquiera la amistad con Pontchartrain parece relacionada con la mediación de Jérome Bignon, consejero de Estado y muy «amigo de su padre», que había aceptado, «pese a no tener parentesco alguno», ser su tutor para el legado Brissac y que se había casado con la hermana del canciller. La amistad puede apoyarse en la alianza o conseguirse a través de ella. Siempre compromete a individuos que busquen las ventajas que ofrece y acepten las obligaciones y derechos que implica.

Familia y amistad: los parentescos espirituales

Esta estrecha mezcla de desinterés ostentoso y de beneficios esperados y almacenados no hace a Saint-Simon un ser aparte en la corte de Versalles: el desenvolvimiento de los vínculos personales de confianza, de intimidad y de «privanza» son indispensables para todos en la corte. Ese espacio experimental combina, como es de prever, varias constantes —las jerarquías del rango y de la fortuna, de las alianzas y de los títulos, cuya estabilidad sólo depende de los nacimientos y las muertes— y una variable, el rey, dueño del poder y de todas las opciones, a quien no es posible acercarse más que a través de intermediarios —sus hijos legítimos o ilegítimos, sus ministros, sus «criados» y sus favoritos o favoritas—. Por sí mismo y por los suyos, el individuo se ve obligado a seguir las convenciones de la amistad en todas sus formas; pero no inventa sus reglas, que están establecidas desde antiguo: se conforma con aplicarlas en unas circunstancias nuevas, con fines diferentes.

Si cambia la variable —la presencia obsesionante y artificial del poder de uno solo— encontramos de nuevo esas mismas reglas y la misma lógica de un control lo más amplio y completo posible del espacio social. Un espacio que se estructura más a partir de la familia que del individuo. La familia, ampliada a las dimensiones del linaje, intentó en los siglos XI y XII adquirir para sí sola ese control, pues en esa época sólo el parentesco y la alianza proporcionaban los auténticos amigos, los «amigos carnales»[21]. La empresa, condenada al fracaso, quedaba reservada para unos cuantos linajes feudales. Por consiguiente, enseguida hubo que adaptarse, y si bien la combinación de parentesco, vecindad y amistad proporcionó la respuesta más duradera, no debe ocultar que se hizo un esfuerzo anteriormente para extender el terreno de la alianza mediante el desarrollo sistemático de los «parentescos espirituales». El ejemplo de los *alberghi* genoveses, entre los siglos XIV y XVI, en los que las «familias» se funden en un conjunto más amplio, toman el nombre del mismo y aceptan las obligaciones de solidaridad y vecindad que en él rigen, detalladas ante notario, representa un caso límite en esta línea.

Con el nombre de parentescos espirituales el antropólogo agrupa un conjunto de instituciones y de prácticas estructuradas cuyo punto común es que toman como modelo a la familia en su vocabulario y su sistema de derechos y de obligaciones, pero que normalmente implican a individuos o a grupos ajenos a la familia, aun en el sentido más amplio de la misma, que la completan o compiten con ella. La adopción, el compadrazgo, el pacto de sangre, el hermanamiento, etcétera, combinan un conjunto de elementos poco más o menos constantes: un compromiso que es «voluntario» o que, en cualquier caso, se decide y se «ritualiza» como si lo fuera (al igual que el matrimonio, con tal que descanse en el *consensus* de los cónyuges) entre individuos aislados o en grupo; un sistema de obligaciones recíprocas, aun cuando no sean iguales y puedan incluso reflejar en sus definiciones variaciones relacionadas con la edad, la posición social, el prestigio personal, etc.; un campo de aplicación: todo aquello a lo que la familia no puede o quizá no pueda hacer frente —el mantenimiento de los hijos, huérfanos o no huérfanos, su educación religiosa o profesional, su inserción en la vida adulta—, y también una solidaridad defensiva que puede extenderse a todos los ámbitos; y, por último, un conjunto de sanciones, reales o simbólicas, en caso de que no se respeten los compromisos adquiridos. Para señalar mejor el carácter total, «para siempre», de tales compromisos su importancia se fijará en el punto más alto posible en las relaciones interpersonales —y a veces el Estado la tolerará, pero nunca la asumirá—. Si bien tienen una forma común, sus finalidades, en cambio, son muy variables: pueden precisarse de manera estricta o ser muy diversas; pueden conciliarse con los intereses de la familia o, a la inversa, ser opuestas a ellos, pues una familia no acepta que la vida o los bienes de uno de sus miembros se pongan a disposición de otra. La apariencia de los compromisos variará con la igualdad o desigualdad de los miembros. Aunque todas estas instituciones y todas estas prácticas se estudian sobre todo fuera de Europa, también están documentadas en este continente con relación a la Antigüedad y a la Edad Media. Sin embargo, tienen un rasgo en común a partir del siglo XVI: no desaparecen, sino que pierden en esencia su carácter institucional, pues quedan reducidas al terreno de lo oral y de lo privado, y se presentan cada vez más como vestigios anormales, explicables por el aislamiento o la tradición y condenados a desaparecer o a integrarse en la lógica de las nuevas reglas sociales y políticas. De hecho, se encuentran sometidas a dos presiones: la de las propias familias, que se esfuerzan por recuperarlas para utilizarlas en beneficio suyo exclusivamente, y la de instituciones como el Estado y la Iglesia que asumen su control para reducirlas más fácilmente; pero marcan profundamente la formulación y, según parece, también el contenido de los comportamientos individuales y colectivos. En estas condiciones, su carácter simbólico se refuerza, hasta el punto de que ya sólo pertenecen al vocabulario (verbigracia, el «pacto de sangre» o «la amistad para siempre»), cada vez más distantes de una meta inmediata y de una finalidad práctica; en cambio, las que resisten a esta neutralización pueden cargarse de una afectividad mayor y más personal: en tal caso, el individuo las utiliza para expresarse libremente.

La adopción, por ejemplo, había desaparecido del derecho francés y no reaparecerá hasta la Revolución, esta vez en beneficio del adoptado y sólo en caso de muerte legal de los padres: los huérfanos quedarán a cargo de «tutores». Sin embargo, es corriente la práctica de confiar el cuidado y la educación de un niño, aunque no sea huérfano, a otra persona, por lo general a un pariente —abuela, tío, tía o primo— y, a veces, a una persona o a una pareja ajena a la familia: con estos «padres adoptivos» o «putativos», los vínculos efectivos de afecto y de agradecimiento prescinden de toda ratificación legal de una situación nueva.

La fraternidad acreditada por el pacto de sangre —la sangre que se bebe directamente de la herida voluntaria o de un vaso— que une a «quienes lo hacen (...) de manera más intensa que la propia consanguinidad» aparece en las leyendas germánicas, escandinavas o irlandesas de la primera Edad Media y luego es recogida por la literatura caballeresca[22]; pero, según parece, desaparece después, pese a la referencia a la Eucaristía o debido a la misma, y todo lo

La pupila: la Iglesia ha prohibido la adopción, que no entrará en el derecho francés hasta la Revolución; pero el tutor tiene todos los derechos, deberes y responsabilidades del padre. (París, Bibl. nac.)

más se localizan algunas huellas aquí y allá; por ejemplo en el oeste de las Tierras Altas de Escocia[23]. No se volverá a descubrir hasta finales del siglo XIX, en los Balcanes: en Bulgaria, donde el hermano de sangre es «no sólo un hermano, sino más que un hermano»[24]; en Albania, en Servia o en Montenegro, donde vendrá a parar en formas de comunidad total de bienes y de mujeres[25].

En cambio, otras prácticas resistieron mejor. Por ejemplo, el hermanamiento, base tradicional de la solidaridad de linaje tanto para los campesinos como para los señores, se apunta tantos, favorecido por la crisis demográfica entre los siglos XIV y XV: «La fraternidad en la región de Cévenne en el siglo XV (...) terminó convirtiéndose en un aspecto esencial de la vida social»[26]. En esta región se multiplican los contratos entre parientes cercanos, entre esposos y entre amigos, y su declive será lento y debido al empuje de las exigencias de la familia nuclear. Lo mismo sucede con la venganza entre familias, la guerra privada, legal en todas partes, y aun obligatoria[27], en los siglos XIII y XIV: resistirá por mucho tiempo a las nuevas pretensiones del Estado de monopolizar la violencia. Y todavía más, tal vez, con el compadrazgo, que establece vínculos de parentesco espiritual, con la consiguiente prohibición de matrimonio entre las familias del niño, las de los padrinos y madrinas e incluso la del sacerdote que haya celebrado el bautizo, y que se extendió por toda Europa, de España a Inglaterra *(godsib*[*ling*] que, por deviración dio *gossip),* de Italia *(compare, commare)* a Alemania *(Gevatter, Gevatterin)* y al mundo eslavo *(Kum, Kuma).* Pero las etapas de la revolución y del declive del compadrazgo son significativas[28].

La primera ruptura coincide con la Reforma. Lutero rechaza esas «relaciones espirituales» como «supersticiones (...) que limitan la libertad del cristiano» y «trampas que aspiran a enriquecer al papa»[29]. La Iglesia Católica tiene que seguir el mismo camino: el dogma tridentino no llega a tanto, pues limita el parentesco espiritual al reducido grupo que componen los padres, el hijo, los padrinos y las madrinas. Por su parte, las autoridades políticas de Europa central, de los príncipes alemanes a José II, basándose en el modelo de las leyes suntuarias, multiplicarán las limitaciones, según el rango y la condición, respecto al número de padrinos y madrinas y al área geográfica y social de procedencia de los mismos. En esa misma época el compadrazgo adquiere gran desarrollo en la América española, mientras que en Europa sólo se mantiene en el sur: en España, Italia y los Balcanes. Por ejemplo, los jesuitas de la «misión volante» lo encuentran en Albania, hacia 1890, llevado al extremo: el parentesco espiritual que se contrae en el momento del bautismo se extiende allí hasta el infinito (aunque la Iglesia nunca pidió más que los cuatro grados y en ese momento se conforma con mucho menos) y el padrino no puede en ningún caso ser un pariente. En «tribus» que practican la exogamia sistemática, todo parece motivo para multiplicar los parentescos espirituales: el pacto de sangre, el bautismo, y también ese otro rito de paso que acompaña al primer corte de pelo de un niño, y para el cual «eligen a la persona con la que tengan más amistad, o con la que quieran entablar relaciones más estrechas; seguidamente tendrán con ella y con sus parientes confianza total, como si fueran de la familia». También los testigos de boda «entran en la gran categoría de los *kumar* con quienes contraen una fraternidad y una amistad particular, que servirá de defensa en casos de *sangue* (venganza entre familias) o de ayuda en otras circunstancias». No hay que sorprenderse, pues, de que en caso de venganza familiar el amigo que se ha comprometido de este modo no pueda en absoluto tomar la iniciativa de perdonar o de dar una compensación financiera... Y nuestros jesuitas concluyen, desengañados, que «estos falsos parentescos (...) gozan de mucha más estima de la que la Iglesia admite», y que por mucho que «se condenen sin cesar estos prejuicios, tendrá que pasar mucho tiempo antes de que desaparezcan»[30].

La mirada del misionero y del etnólogo objetiva en esta época una realidad que ha dejado de ser la suya. Ambos comprenden y justifican, desde luego, la «necesidad» o la «utilidad» de tales prácticas, aun cuando sean excesivas; pero evitan hacerse preguntas acerca del declive paralelo que sufre, en las sociedades que les sirven de referencia, el cometido del padrino como educador religioso, en beneficio de otros cometidos, de protección y de dotación sobre todo, en espera de que el padrinazgo se recupere como modelo de organización de asociaciones criminales que exigen también iniciación, instrucción, respeto y obediencia... No obstante, la relación especial del ahijado con sus padrinos y madrinas no desaparece, incluso es posible que se refuerce y se haga más personal cuando tienda a excluir efectivamente a los padres del niño. Sin embargo, todavía hacia 1845, en el Franco Condado, los habitantes de Broye formaban «una especie de parentesco religioso por el bautismo de los niños. Todo el mundo era compadre y comadre (...)[31]». El debilitamiento de las solidaridades que se esforzaban en estructurar de la manera más amplia posible el espacio social, multiplicando los vínculos entre las familias y entre los individuos, se inicia a partir de los siglos XV y XVI; forma parte de un lento movimiento de reduccion del linaje a modelos de familia más limitados. Esta reducción, apoyada tradicionalmente por la Iglesia, pero fomentada también por el creciente poder del Estado, permite no tanto el afianzamiento del individuo como una nueva caracterización del mismo, más interior y autónoma; le deja un vocabulario, modelos de comportamiento y una nostalgia: el terreno está libre para nuevas fórmulas y, más aún, para nuevas prácticas de la amistad.

Las vías de la asociación: de la fraternidad a la convivencia social

Las asociaciones fueron las primeras que ocuparon ese terreno que había quedado abandonado. Dado que se basan en la adhesión, voluntaria en principio, adoptan el esquema de lo que la familia debería ser y no es, o sólo de manera muy imperfecta; a riesgo de

El taller reúne las edades más diversas, desde niños hasta viejos, en el mismo espacio de trabajo. Sin embargo, no engendra la igualdad, sino que acentúa las jerarquías múltiples de los saberes, las edades y las condiciones. (Grabado de Galle, con arreglo a Stradan. París, Bibl. nac.)

encontrarse con las mismas imposiciones y de exponerse al mismo fracaso.

De ello es ejemplo desde el principio la asociación del *compagnonnage*. En efecto, éste toma su vocabulario de la familia (la *«mère»* (2), la necesaria solidaridad contra los maestros y, con ellos o sin ellos, contra los demás oficios) y su ritual, de la amistad (iniciación, juramento y secreto) para organizar ese período clave del aprendizaje y del acceso a una categoría profesional mediante vías que no son las de la estricta sucesión hereditaria y que, por tanto, implican por lo general que se haya de salvar una barrera. Sin embargo, también permite el mantenimiento en posición inferior de artesanos calificados, quienes, con frecuencia, tienen cerrado el acceso a la maestría por mucho tiempo o definitivamente. Como están separados de la familia de que proceden, no tienen posibilidad de fundar la suya propia y, en el mejor de los casos, están integrados en la del maestro que les da comida y cama y que reivindica sobre ellos la autoridad jerárquica del padre, los oficiales han de inventarse otra familia, que se rija por la perfecta igualdad. De ahí que en una memoria publicada en Lyon en 1572, en la que se recogen «frases enteras de las quejas obreras que circulaban en Lyon en 1539-1540», los oficiales impresores puedan escribir que, en el oficio del libro, «sobre todas las demás Artes, los Maestros y los Oficiales no son o no deben formar más que un solo cuerpo, y ser como una familia y hermandad»[32].

Esta referencia a la «hermandad», a la «cofradía», a la *brotherhood,* constante del lenguaje de las asociaciones religiosas, de las profesionales, o de las que son ambas cosas a la vez, ha llegado hasta el lenguaje y los programas de los sindicatos y partidos del siglo XX, con el sueño de una fraternidad universal que sea la base de la reconstrucción del mundo. Una vez más, a lo que estas asociaciones voluntarias dan prioridad es a la vertiente igualitaria de la terminología de la familia. Sin embargo, esta elección resulta a la par frágil y artificial, ya que esas palabras enmascaran una lucha dentro de los grupos jerárquicos (maestros y oficiales), o entre los individuos («mi querido cofrade y no obstante amigo»), motivada por conflictos que pueden estar relacionados bien con el fin de la propia asociación, que tiene como objeto resolverlos (por ejemplo, los problemas de salarios o de clientelas), bien con su funcionamiento (por ejemplo, el acceso a los cargos y a los puestos). Con todo, las asociaciones de este tipo señalan la realidad de la necesidad de identidad, personal y profesional, de hombres solteros que son muy conscientes de su dignidad y de su competencia. Esa consciencia es más aguda entre los oficiales impresores de Lyon: su dominio de la lectura y de la escritura (aunque sus maestros les consideran *levissime literis tinti,* «apenas teñidos de letras») les lleva a definirse a sí mismos —y cada palabra es significativa—, «como personas libres que se emplean voluntariamente en un estado tan excelente y noble». También desde este punto de vista, las asociaciones de oficiales están cargadas de expectativas a las que no podrán responder.

El trabajo, que se realiza en un espacio abierto a la casa y a la calle y que no vacila en usurpar esta última, crea solidaridades que se liberan con dificultad de las relaciones familiares. (Techo de Poccetti. Florencia, museo de los Oficios.)

Una logia en París en 1740: la iniciación en los secretos masónicos ofrece la ansiada ocasión para un rito de paso que permite acceder a una sociedad de iguales que se hallan unidos por un saber y por unos ideales comunes.

La multiplicación de las logias masónicas dos siglos más tarde suele presentarse como hecho que marca la aparición de una nueva forma de asociación cuyo objeto es estructurar la sociedad civil basándose en la libre adhesión de los individuos, al margen de todo control estatal: el «secreto» que reivindican es precisamente el de «asambleas» no oficiales, «por tanto, privadas» —un ámbito privado que se contrapone a lo público en tal concepto—. Según esto, la multiplicación de logias marca una ruptura con un «ámbito de solidaridades seculares e inalterables —la familia, la demarcación, la corporación y el estamento»—[33]. Estas asociaciones también descansan en el principio de la igualdad social y pretenden confiar sólo al «verdadero mérito personal» —combinación de la «virtud» y del «talento»— todo rango y toda promoción de su jerarquía. Pero si suponen una novedad más que una verdadera ruptura, es porque sus únicos fines explícitos son una fe y una moral, porque sus únicas pretensiones son universales y porque, de hecho, son el ámbito de una sensibilidad y no el instrumento de intereses particulares. Seguramente esto es lo que explica que un Estado tan puntilloso como la monarquía francesa no las viera como «cuerpos» que había que vigilar o prohibir. En cambio el control del Estado es evidente, y anterior, respecto de instituciones como la familia, la comunidad aldeaniega o la corporación, que le resultan más peligrosas porque son más fundamentales y porque están mejor integradas en el tejido social, tejido que reproducen debido a que persiguen precisamente finalidades concretas, materiales y particulares.

Las logias, lugares neutros que no justifican la intervención del Estado mientras no se transformen en «academias políticas», agrupan tanto a hombres solteros —militares e incluso eclesiásticos— como a hombres casados: el papel primordial que titulares de cargos públicos y negociantes desempeñan en su constitución sugiere que responden a un deseo de salirse del marco estrictamente local, y a las necesidades de categorías sociales que tienen mayor movilidad y que están destinadas a cambiar de posición. Pero no se presentan ni como sustituto de la familia, ni como complemento de la misma, al servicio de sus intereses; son exteriores, ajenas e indiferentes a la familia. En realidad no imponen ninguna ruptura con otras solidaridades anteriores o exteriores ni suponen ninguna elección respecto de ellas, sino que prefieren situarse en otro plano. Su ideología bastante vaga fundamenta una sociabilidad razonable y restringida entre individuos que se han «elegido» y que no se habrían hallado si no se hubieran buscado. Tal sociabilidad recoge las formulaciones de la amistad y alguna de sus prácticas y obligaciones, pero con el fin de vulgarizarlas y de fundir la libertad del individuo, recién conquistada o afianzada, en la armonía de las relaciones interpersonales e igualitarias. La amistad de las logias —una «amistad fraternal», que pone a todos los cofrades en el mismo plano, en espera de los «amigos del género humano»— es funcional: no sólo se busca sino que se impone y se reglamenta. De este modo, es la organización la que adquiere identidad, más que sus propios miembros, lo cual le permitirá evolucionar lentamente con ellos, sin conflictos importantes ni rupturas decisivas.

Introducción del aprendiz de masón en el templo de la Virtud: la iniciación es tambien pretexto para una ruptura moral. Un nuevo saber implica nuevos deberes y nuevo código de conducta. (París, Bibl. nac.)

Sea cual sea su originalidad y su inserción en el movimiento de la Ilustración, la francmasonería forma parte de un movimiento de mayor duración que marca una progresiva mutación de la sociabilidad, o por lo menos de la sociabilidad masculina; porque las mujeres estaban excluidas de las logias, según el *Discurso* de Ramsay (1736-1737), «en beneficio de la pureza de nuestras máximas y de nuestras costumbres»[34]. Lo nuevo es la multiplicación, la aparición a la luz del día y luego, al menos en ciertos casos, la institucionalización de asambleas regulares de amigos que se reúnen por un interés común científico o intelectual, religioso o laico o, a veces, político, o simplemente por el gusto de tener un «trato cortés» o de conversar.

Los príncipes del Renacimiento, ya fueran los Médicis o los Farnesio, dieron ejemplo de estas reuniones exclusivas de un pequeño grupo de humanistas, artistas, aduladores o simples amigos; de este modo, los distinguían del resto de sus allegados y les admitían en su intimidad. Luis XIV convierte la invitación a Marly en un instrumento para gobernar a la nobleza que se amontona en Versalles. Pero la multiplicación de lugares públicos en las ciudades de los siglos XVII y XVIII, sobre todo en las mayores, crea una situación nueva. Fuera de la residencia familiar, las tabernas y las «casas de café» o de «chocolate» ofrecen espacios de reunión que enseguida serán utilizados. La generalización de estas prácticas nuevas, aun

Una sala de café, en Londres, a fines del siglo XVII: el café es la bebida, nueva también, de una distinguida sociabilidad masculina que evita la vulgaridad de la taberna. (Londres, museo Británico.)

siendo inocente, suscita la desconfianza de todos los poderes. La Iglesia está en guardia y multiplica las cofradías de penitentes, a las cuales puede vigilar[35]. Por su parte, el Estado siempre está dispuesto a prestar su apoyo a cambio de ejercer su control: por ejemplo, Richelieu con el cenáculo de hombres de letras que hacia 1629 tomaron la costumbre de reunirse una vez por semana en casa de Conrart y con los cuales el cardenal formó la Academia francesa; Napoleón será más discreto con la Sociedad de Arcueil, constituida por Berthollet y Laplace[36]. Al proceder de este modo, Richelieu se sitúa en el cruce de dos tradiciones: la del control que ejerce el poder monárquico sobre las «asambleas» y «cuerpos», pues se reserva el derecho de autorizarlos mediante cartas patentes, con objeto de vigilarlos y de utilizarlos para sus fines —Colbert sistematizará este sueño de una cultura dirigida para mayor gloria del rey[37]— y la del patronazgo aristocrático, de la cual es buen ejemplo en Roma, a principios del siglo XVII, la tutela que ejerce Federico Cesi, pese a

Fundación de la nueva filosofía. Nuestra cuna fue un café: en vez de democratizarse, el escenario se mejora aún más e imita los salones de la aristocracia, cuyos modales y vestimenta han adoptado los clientes, pero en este caso para reformar el mundo. (París, Bibl. nac.)

ser muy joven, sobre la Academia de los Lincei desde su creación: «En ella los vínculos de parentesco y los objetivos diplomáticos pesan más, a la hora de admitir a los miembros, que los criterios estrictamente científicos[38].» También las autoridades municipales ejercen una vigilancia igualmente sospechosa sobre las *«chambrées»* de Provenza en el siglo XVIII, del mismo modo que las madres sobre los muchachos y muchachas, que aprovechan la oscuridad de la velada para empezar a cortejarse.

Sin embargo, el verdadero modelo de las asociaciones libres no vendrá de Italia sino de Inglaterra, con los clubes, cuyo origen parece que se remonta a los siglos XV (con el *Court de bone compagnie)* y XVI (con el *Friday Street* o *Bread Street,* fundado por W. Raleigh, que se reúne en la taberna Mermaid), y que multiplican su número entre los siglos XVII y XVIII. Samuel Pepys y sus amigos van a Wood's, en Pall Mall, *«for clubbing».* La Francia de la Ilustración les imita, pero la experiencia de la Revolución llevará a que después de 1815 se cree un sustituto con el nombre de «círculo» para afianzar más su carácter, que no debe ser político. Las reglas, sencillas, se establecen enseguida: socios exclusivamente masculinos, una vez más, cuya admisión deciden los propios miembros, con arreglo a criterios de igualdad social y cultural; un local ajeno a la vivienda familiar —en contraposición a los «salones»—, que primeramente se sitúa en un lugar público, por lo general en una taberna o café, y que luego, desde principios del siglo XIX, es exclusivo del grupo, que reserva sólo para los miembros el acceso al mismo; y un objetivo de sociabilidad muy general que tenderá a restringirse para especializarse en la reflexión política, en las discusiones literarias, o sobre todo y de modo más trivial, en el ocio de las clases más acomodadas. El club, asociación libre de toda imposición y sin otro objetivo que sí mismo, opta por ignorar los vínculos con la familia y establece, en realidad, un nuevo modelo de sociabilidad restringida, en estado puro. No hay secreto, ni iniciación, ni programa. Se acabó la referencia a la fraternidad. No hay compromiso con otras personas, sino adhesión a un simple código de conducta, idéntico para todos los miembros, que no prohíbe ni impone ninguna relación preferente con ninguno de ellos. La convivencia social se libera de las obligaciones de la amistad y al mismo tiempo, de las de la familia: «La vida inglesa —esa muerte del corazón—, la vida de los clubes y de los círculos», escribirá Baudelaire[39].

Masculino-Femenino

Sin embargo, estas nuevas formas de sociabilidad llevan las marcas de su origen en un punto: su carácter casi exclusivamente masculino, en nombre de una estricta separación de sexos, muestra que, a diferencia de los «salones», por ejemplo, no son sólo microsociedades. Suponen la elección del aislamiento, de la segregación a costa de dos rupturas: con la familia y con esa mezcla de sexos y de edades —hombres y mujeres, niños y adultos— que constituyen el marco de la experiencia cotidiana. Los niños quedan excluidos de estas nuevas formas de sociabilidad, y también los adolescentes, para quienes la admisión en el club y en la taberna supondrá el reconocimiento de su condición de hombre adulto, dueño de sus decisiones y de sus medios de existencia. Las mujeres han sido desposeídas hasta de la palabra «círculo», cuando eran ellas las que constituían los círculos en la corte, desde el de María de Medicis —Luis XIII, según nos dice Saint-Simon (II, p. 412), echaba de menos la «majestad de los círculos de la reina, su madre, entre los que se había criado»; Luis XIV los favorecerá alrededor de la «Delfina» y de la duquesa de Borgoña— hasta el de «madame Bonaparte»[40]. Es cierto que más tarde las mujeres tendrán sus logias o sus clubes, pero siempre cuidadosamente separados, y esta exclusión sistemática sugiere una dimensión distinta en estas asociaciones.

Las razones para explicar o justificar dicha exclusión no faltan: la protección de las buenas costumbres contra la tentación (ésta era la razón que aducía la francmasonería que, en esa época, además,

Recepción de mujeres en la logia de los Mopses: el tema de las logias mixtas inspira las parodias del ritual masónico ya a mediados del siglo XVIII. El abate G.-L. Calabre Pérau sigue la regla con *El secreto de los francmasones* (s.l., 1744), *Los francmasones aplastados* (Amsterdam, 1747) y *La traición del orden de los francmasones y la revelación del secreto de los Mopses* (Amsterdam, 1758). En estas parodias «el placer del Amor» y «el cordón del placer que anuda los corazones» aparecen junto al «vaso de la razón» y a los «distintos símbolos de la amistad»: una pizca de erotismo no puede ser perjudicial. Sin embargo, al justificar la estricta separación de sexos, de rigor en las logias, el abate la vulgariza. (París, Bibl. nac.)

cuenta con muchos solteros y muchos hombres que viajan solos)[41]; la estricta división de tareas y de espacios, que confina a las mujeres en el hogar y les prohíbe el acceso a los lugares «públicos» en donde se reúnen los hombres; la menor libertad de que disfrutan en la práctica, sometidas a la autoridad y a la tutela de su padre o de su esposo; su falta de calificación profesional que, en el caso de que trabajen, les impide acceder a los oficios que permiten organizarse en asociaciones. Lo que hay que preguntarse es si todas estas buenas razones valen verdaderamente para las clases acomodadas, en las que las mujeres, que tienen a su servicio numerosos criados, disfrutan de relativa libertad de movimiento e incluso, cuando menos hasta el siglo XVIII, de costumbres. Madame de Saint-Simon es invitada de ordinario a Marly sin su puntilloso esposo, a quien no se le ocurre quejarse de ello, sino todo lo contrario. La befa de que es objeto esta exclusión de las mujeres confirma que representa un principio fundamental que se ve como tal principio: esto es lo que había comprendido el presidente Maniban cuando desde Toulouse, el 18 de abril de 1742, escribía al cardenal de Fleury «que el día 8 de este mes se ha establecido en una cena de algunas señoras y algunos caballeros de edad madura una orden a la que primero se quería dar el nombre de la Franca Amistad, pero a la que se ha llamado de los Esforzados Caballeros (...) como chanza (...) para contraponerla a la de los francmasones cuyo secreto se ignora y en la que no se admite a mujeres»[42].

Por consiguiente, lo que constituye el peligro por excelencia es, más aún que una sociabilidad femenina paralela, aun cuando sea contestataria, la mezcla de sexos. Es evidente que los hombres desean estar entre hombres, tanto en el ocio (que, si se incluye en el mismo las discusiones políticas, literarias y científicas, es, con el juego, el objeto principal de estas asociaciones, y lo será cada vez más) como en el trabajo. El segundo sigue separando a los sexos, el desenvolvimiento del primero podría haberlos acercado. Ahora bien, ese deseo de los hombres, cual constante duradera, está presente desde el principio en la gran mayoría de las sociedades de jóvenes —*«royaumes», «abbayes»* o *«corps de la jeunesse»*— que desde los siglos XII y XIII constituyeron, fuera de la Iglesia pero en parte a semejanza suya, las asociaciones más antiguas y más generalizadas —pese a que existen algunas incertidumbres respecto de Inglaterra y de España—[43]. En todos los demás puntos la diferencia es total: la edad de los participantes, la libertad de adhesión, la duración de la participación en el grupo, e incluso la procedencia geográfica de sus miembros. Las sociedades juveniles funcionan como solidaridades «temporales»[44] y obligatorias, y se forman en el pueblo o en el barrio; pero son exclusivamente masculinas y, como mucho, se conforman con incluir a las muchachas en las actividades que exijan su presencia, y siempre de manera limitada.

Tradicionalmente se les reconocen cuatro terrenos de actividad. El primero es el control de las costumbres y sobre todo de los matrimonios, en particular mediante la cencerrada; sus víctimas: los adúlteros de ambos sexos, los maridos y mujeres golpeados, los viudos y viudas que se casan jóvenes solteros. El segundo se sitúa en la frontera de lo policial y de lo militar: la amalgama de la cofradía de juventud y de la milicia municipal llega a constituir, en la Provenza del siglo XVIII, un resultado ligado a una «folclorización» de tropas mediocres que el afianzamiento de la paz real, muchísimo mejor armada, ha hecho inútiles[45]. Sin embargo, en Nivelles, en el siglo XVII, en el Brabante que cruzan las tropas de todos los campos, jóvenes y compañías burguesas o *«serments»* multiplican los conflictos entre sí y con las autoridades, y desfilan juntos el día de San Miguel en la plaza mayor; y cuando unos hombres borrachos amartillan sus fusiles, en octubre de 1695, contra los burgueses, se corre a buscar «a los de la juventud», que detienen a dos[46]. Nada hay de extraño en ello: los «jóvenes» son numerosos —a veces casi tanto como los jefes de familia útiles—, están ya organizados y agrupados, más habituados a luchar y dispuestos con gusto a pelearse.

De los dos últimos cometidos de la juventud, uno —la organización de fiestas—, parece que progresa en el siglo XVIII, con la multiplicación, la vulgarización y la laicización de las mismas; en cambio, el otro —la expresión, a través del carnaval y de otros rituales o prácticas de inversión, de una contestación política que adopta la forma de la befa—, parece que desde el siglo XVI está sometido a una vigilancia cada vez más estricta. En todos los casos la *abbaye* de juventud interviene como voz y brazo de toda la comunidad[47]. Tiene todas las apariencias, si no los poderes, de una institución, y sólo nos interesaría de modo indirecto si su estructura de grupo de edad —más que de clase de edad *stricto sensu*— no incitara a ver en ella otras funciones, esenciales para la formación y el afianciamiento de la personalidad.

Jean-Baptiste Chardin, *La madre laboriosa.* (París, Louvre.)

Efectivamente, por un lado, se sitúa entre las dos etapas del paso de la infancia a la edad adulta: la pubertad, anterior al ingreso en sus filas, y el matrimonio —o la emigración—, que marca la salida de las mismas. El creciente retraso de la edad de casarse, más acentuado aún en los hombres que en las mujeres, permite que la *abbaye* cubra un espacio de tiempo que tiende a alargarse y que puede durar sus buenos diez años, entre los quince y los veinticinco. De este modo, la *abbaye* asume una ruptura con el grupo de origen —la familia— y prepara la reintegración de pleno derecho en la sociedad adulta que es la de los jefes de familia: aparecen, pues, las dos etapas consabidas de todo rito de paso[48]. Mientras llega esa reintegración, la *abbaye* constituye una estructura para acoger a los jóvenes, con una posición intermedia reconocida por los iguales —los «jóvenes»— y admitida o tolerada por los «superiores» —los adultos.

Este cometido se ajusta a las prácticas de educación más corrientes. Los niños de ambos sexos son criados juntos por las mujeres hasta los nueve o diez años. Después, los niños pasan de las «manos de las mujeres» a las de los hombres —el padre u otros adultos en los que éste delega su autoridad—, mientras que las niñas continúan en el hogar —o en un hogar ajeno elegido expresamente— el aprendizaje progresivo de las tareas y de las responsabilidades domésticas. La separación máxima de los sexos coincide con este largo período intermedio comprendido entre los diez y los veinte o veinticinco años.

Sean cuales sean las funciones que le reconoce o tolera la comunidad, la «juventud» ha de intervenir y, por ende, ha de socializar el comportamiento de sus miembros en dos grandes grupos de conflictos. El primer grupo opone a los varones jóvenes, excluidos del poder, del matrimonio y de los bienes, a sus padres, que son los amos en todas partes —y en la Francia de derecho escrito, los amos absolutos— del casamiento de estos jóvenes, de sus condiciones materiales y de la elección de la pareja: los cometidos que se le reconocen a la «juventud» organizada sugieren que los padres prefirieron asociarla a la vida de la colectividad antes que ceder de ningún modo en todos estos terrenos. Respecto al segundo grupo de conflictos, que opone y divide a las familias, los «jóvenes» disponen de un poder potencial de mediación o de rechazo: el ejercicio de este poder entre dos (por medio del amor o de la amistad), valorizado por la literatura y tradicionalmente condenado al fracaso (de Romeo y Julieta a la fuga de Jacques y Daniel en *Los Thibault),* tiene un polo opuesto, que hasta ahora ha quedado en la sombra: el ejercicio colectivo que de él se hace.

En realidad y sobre todo, la organización de la juventud tiene asignado, y, según parece, con el acuerdo más o menos tácito de los adultos, un último cometido primordial: que los varones jóvenes aprendan y asuman sus papeles sexuales en la sociedad en que están destinados a vivir y que les presenta «una condición masculina caracterizada e institucionalizada»[49]. De ahí que se insista en la diferencia e incluso en la agresividad respecto al otro sexo. Agresividad que el individuo solo también puede expresar: por ejemplo, el joven Valentin Jamerey-Duval, a los quince años, pide a sus sucesivos amos —granjeros, pastores, molineros, etc.— tener que obedecerles sólo a ellos y nunca a sus mujeres. En vano, desde luego, lo cual le obliga regularmente a dejar su puesto: «Sin conocerlo (el otro sexo), me había figurado que una liga defensiva de la protección de un hombre me pondría a cubierto de sus ataques»[50]. Pero el grupo, que canaliza esta agresividad y que a veces la desata, dispone, para expresarla, de un dispositivo más amplio y más eficaz, y también más movilizador y más coactivo respecto de los miembros que caigan en la tentación de vacilar. La elección de las víctimas de sus cencerradas es denotativa de las intenciones subyacentes. En efecto, ¿por qué la toma con el viudo y la viuda que se casan con un soltero o una soltera, mientras que para la mayoría de los jóvenes la vía de ascenso social más deseada es el matrimonio con una viuda más rica que ellos, en primer lugar la de sus maestros, en el caso de los artesanos? ¿Por qué la toma, sin hacer distinciones, con el adulterio que, cuando es masculino, solamente afecta a los «jóvenes» si atañe a una soltera, y cuando es femenino, puede redundar en provecho suyo? ¿Por qué dedica esa atención tan especial a las parejas en que las mujeres pegan a sus maridos? Es probable que se quisiera condenar cualquier pretensión femenina de llevar los pantalones[51], pero el hecho de recordar la jerarquía de los sexos y de los papeles que les corresponden implica también la denuncia de la «abdicación» del hombre y, quizá también, del placer perverso que le produce. Los grabados que muestran a los maridos recibiendo azotes con los calzones bajados evocan la azotaina que mademoiselle Lambercier propinó a Jean-Jacques cuando aún era niño: «Tras la ejecución, me pareció que había sido menos terrible sufrirla que esperarla, y lo más raro es que este castigo me hizo tomar más afecto aún a la que me lo había impuesto (...): pues había hallado en el dolor, incluso en la vergüenza, una mezcla de sensualidad que me había dejado más deseo que temor de sufrirlo de nuevo de la misma mano (...). Como mademoiselle Lambercier había advertido sin duda por algún indicio que este castigo no conseguía su fin, declaró que renunciaba a él. (...) Hasta entonces dormíamos en su cámara. (...) Dos días después nos mandaron dormir en otra cámara, y en adelante tuve

«El marido sostiene la rueca»: durante toda la edad moderna, la inversión de tareas entre esposos es tema obligado de un montón de estampas de todo tipo. La edificación a través de la ridiculización pone a las mujeres en su sitio —un sitio inferior—, pero también obliga a los hombres a mantener sus papeles. (París, museo Carnavalet.)

«El calzón quitado, seréis azotado»... «Ya es suficiente, tengo el culo ensangrentado»... La mujer que azota a su marido es el *non plus ultra* de estas estampas; pero también sugiere que en el hombre golpeado hay una curiosa mezcla de placer y de aceptación de una condición que se asemeja más aún a la del niño que a la de la mujer. (París, Bibl. nac.)

el honor, sin el cual me habría pasado muy bien, de que me trataran como un muchacho. ¿Quién hubiera pensado que este castigo infantil que recibí a los ocho años de una mujer de treinta determinaría mis gustos, mis deseos, mis pasiones y a mí mismo para el resto de mi vida (...)[52]?»

Jamerey-Duval, Rousseau: los individuos —y, en ambos casos, individuos singulares que reivindican su condición excepcional de «bastardos sociales»[53] para asumirla mejor— aprenden en el siglo XVIII a decir claramente, o mejor dicho a escribir —lo cual es la vez más y menos— lo que antes pertenecía y en otros ámbitos sigue perteneciendo —sobre todo entre los grupos, conservadores por naturaleza— a la esfera de lo omiso, de lo que no se expresa con la palabra sino, todo lo más, con el gesto. La *«abbaye* de juventud» está destinada a dispersarse cuando se casen sus miembros, sin que se pueda saber si ha conseguido crear vínculos duraderos entre ellos, o si siquiera lo ha intentado. Su organización, su jerarquía, la discontinuidad e incluso la brutalidad de sus intervenciones no creaban un ámbito muy favorable al desenvolvimiento de relaciones de intimidad afectiva entre dos o entre varios. En realidad, funciona como instrumento de socialización y como tal instrumento será contestada, marginada o «folclorizada» por la acción de los adultos.

Las autoridades se dotan de sus propios medios de control y ya no tienen necesidad de que la «juventud» les preste ayuda en caso de problemas graves. Entre la milicia de fines del reinado de Luis XIV y la generalización del reclutamiento, acaparan, no sin resistencia de los interesados y de sus familias, el control exclusivo de la utilización militar de los jóvenes, y les imponen sus procedimientos de alistamiento, de organización y de estructuración. Estas mismas autoridades, ya sean municipales o eclesiásticas, toleran cada vez menos las cencerradas y «otras mojigangas», que les parecen otros tantos «desórdenes»: sólo la preparación de las fiestas se salva, a lo sumo, de sus prohibiciones. Nuevos grupos, de base profesional o social, o fundados en la vecindad, recuperan o imitan en la ciudad la estructura de las sociedades juveniles e incluso terminan admitiendo a hombres casados. Por añadidura, a dichas sociedades se les van negando o retirando paulatinamente sus funciones de educación y de socialización, en las que les hace la competencia el desenvolvimiento paralelo de instituciones nuevas cuyo objetivo explícito es la «disciplina»; tales instituciones son, por orden de aparición, el aprendizaje profesional, el colegio y el ejército. La parte que se dejaba a la espontaneidad y a la autonomía del grupo de edad se restringe por efecto del mayor control de los adultos sobre la formación de los niños y de los adolescentes: un control que no sólo tiene la ventaja de la fuerza y de la imposición, sino también la de la eficacia y la especialización. Como consecuencia de ello, los lugares, las edades, las prácticas y hasta las finalidades de la amistad sufrirán una profunda modificación.

Los tiempos de la adolescencia

Cuando Philippe Ariès contestó a las críticas de Natalie Davis acerca de las relaciones entre *«abbayes* de juventud» y una «adolescencia» en la que él veía un descubrimiento o una creación del siglo XVIII, subrayó la mutación que había supuesto en «la educación, esto es, la transmisión del saber y de los valores», ya desde la Edad Media, el aprendizaje, que, al generalizarse, «tiende (...) a destruir (...) el sistema de las clases de edad» y «fuerza a los niños a vivir en medio de los adultos, que de este modo les comunican la experiencia y la corrección»[54]. Por su parte, Alan MacFarlane piensa que lo que él considera debilidad del sentimiento de la continuidad familiar y de los vínculos afectivos entre padres e hijos en la Inglaterra medieval y moderna, se explica por la costumbre en todos los niveles sociales, del campesinado a la aristocracia, de «colocar» muy temprano al niño como criado, obrero agrícola, aprendiz, «alumno» o paje en otra familia[55].

Sin embargo, en ambos casos la «educación» sigue realizándose dentro de una familia, en la que, como mucho, el carácter jerárquico —la autoridad del padre— se ve reforzado a expensas de los sentimientos y de los vínculos horizontales entre «iguales», miembros de la misma generación; aunque no lo bastante para no dejar cierto margen de libertad y la posibilidad de reconstituir esos vínculos con otros muchachos de la misma edad, aisladamente o en grupo. El hecho de que estos chicos se encuentren en la misma situación y alejados de la familia de origen puede hacer los vínculos más fáciles y más necesarios: la amistad de Jean-Jacques y de su primo hermano Bernard, «que no abusaba demasiado de la predilección que tenían por él en la casa como hijo de mi tutor»: «En poco tiempo sentí por él más afecto del que había sentido por mi hermano, y nunca se borró»[56], data de su estancia común en casa de los Lambercier en donde habían entrado juntos como pupilos.

La adolescencia —ese invento del siglo XVIII, según Philippe Ariès—, es ante todo una larga espera que no puede justificarse sólo para el aprendizaje. El término de la misma es la muerte del padre. Mientras tanto, no queda más que jugar a ser como un adulto y remedar sus ocupaciones y sus juegos. (Grabado de Engelbrecht. París, Bibl. nac.)

El colegio marcará una ruptura más profunda cuya historia tiene una influencia decisiva en la época moderna. Su nacimiento —en realidad, se trata de un ajuste gradual a partir de una innovación inicial, en un ambiente de gran demanda por parte de las familias y de mucha competencia entre las ciudades, los Estados, las confesiones, los sectores religiosos y los sectores laicos—, su implantación nacional e internacional, los individuos que lo componen, la organización, el ambiente y la finalidad de los estudios que ofrece, y la imitación de que es objeto por parte de otras instituciones educativas especializadas se han venido estudiando desde hace unos treinta años[57]. Lo esencial, lo que a nosotros nos interesa, es el nuevo control de la infancia y de la adolescencia que el colegio ofrece como modelo educativo, en lugares separados y si cabe cerrados, bajo la autoridad exclusiva de un grupo coherente de especialistas adultos, modelo que para las familias es a la vez tranquilizador y fascinante. Este programa educativo supone: la reunión de los alumnos en un solo establecimiento en donde podrán seguir todo el ciclo de nuestra actual enseñanza secundaria, desde el sexto grado hasta la Lógica y la Física; la división de los alumnos por clases, según las exigencias

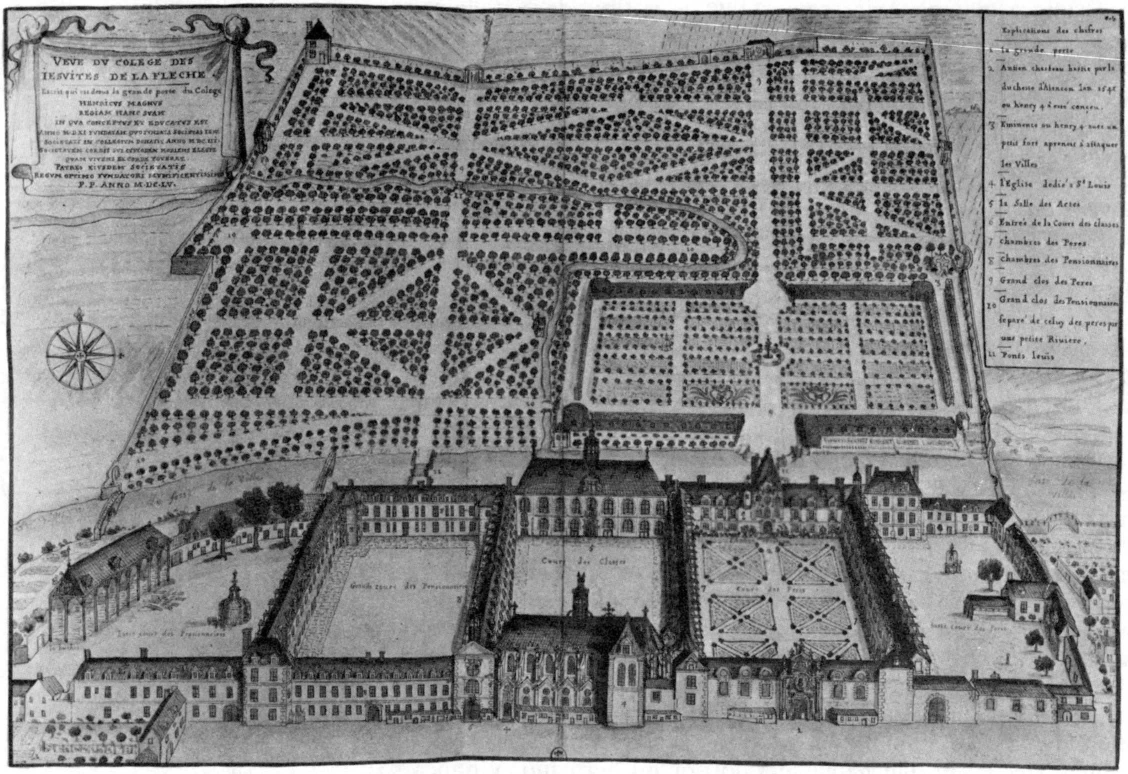

El colegio de La Flèche: institución modélica de la primera mitad del siglo XVII, la Flèche reproduce en el campo el modelo del convento aristocrático y lo convierte en lugar de preparación para la vida adulta. El orden de los días y la vida disciplinada acompañan y ayudan a asimilar los conocimientos que necesita el «perfecto caballero». (París, Bibl. nac.)

racionalmente formuladas de un programa de estudios y de un aprendizaje progresivo de los conocimientos; una disciplina que aspira a ser total y constante —día y noche—, de la que es modelo el internado y que sirve de referencia aceptada o impuesta entre los «pupileros» y otros «pedagogos» que acogen a los externos; y, por último, una pedagogía que hace hincapié en la modernidad de los contenidos, en la eficacia de los métodos y en la calidad, tanto en el aspecto religioso como en el moral y el intelectual, de los resultados finales; resultados que permitirán a los jóvenes hacer buen papel en la sociedad y ejercer los cargos y profesiones que las familias desean y a los que pueden tener acceso por su posición, su fortuna, su red de relaciones, o por puro azar.

Como es de suponer, la distancia entre los principios y la realidad será grande, sobre todo en cuanto se dejan a un lado los establecimientos más prestigiosos: sólo los centros más grandes ofrecen todo el ciclo de estudios con personal de suficiente calidad hasta el final, la diferencia de edades dentro de la misma clase es bastante pronunciada hasta el siglo XVIII y la disciplina tarda tiempo en vencer una violencia que se expresa diariamente en las peleas y que a veces, durante más tiempo aún en Inglaterra que en Francia, llega hasta la rebelión: una rebelión contra la que ha de intervenir el ejército[58].

No obstante, la propia ambición del colegio hace que éste se base en una ambigüedad que genera tensiones muy fuertes. Por un lado, tiende a instituir clases de edad homogénea y, obviando los vínculos familiares e incluso las desigualdades sociales, a darles una cohesión que nunca habían tenido en la vida corriente; en este aspecto, repite la experiencia de la formación guerrera de la caballería, aunque en mucho mayor grado y para una gama de grupos sociales y de ocupaciones ulteriores mucho más amplia. Por el otro, trata de quebrantar la solidaridad entre los alumnos mediante la competencia, la vigilancia constante, el fomento de la delación y los castigos corporales (que siempre son aplicados por uno de los propios alumnos) a fin de establecer un solo vínculo, vertical en este caso, entre cada alumno y el maestro: ambición que será también, en el paso del siglo XVIII al XIX, la del nuevo y «moderno» sistema penitenciario, y con efectos del mismo tipo.

Como siempre, las familias se sitúan en una posición intermedia, o mejor dicho juegan con dos barajas, preocupadas por el momento presente, interesadas por el futuro. Apoyan la disciplina escolar pues, en su opinión, garantiza la rentabilidad de la inversión, siempre costosa, que han realizado; pero esperan que, después del colegio, dicha inversión obtendrá resultados que suponen la formación de vínculos duraderos dentro del mismo. Realidad francesa: en el colegio, los niños hacen «conocimientos y amistades ventajosos que a menudo duran hasta el final de sus vidas», escribe en 1687 P. Coustel[59]. Realidad italiana también, a la que se añade además la indiferencia, normal en un país dividido políticamente, en cuanto al lugar y la situación de la carrera futura; muestra de ello es una

En el siglo XVII los alumnos más ricos tienen todavía su cámara y sus criados; pero en este dormitorio común del Colegio de Navarra, al que sucederá la Escuela politécnica, el dormitorio expresa mediante sus filas de células una voluntad de aislamiento y de vigilancia tanto de día como de noche. (París, Bibl. nac.)

carta, con fecha de 7 de octubre de 1705, de un senador de Bolonia, Vincenzo Ferdinando Ranuzzi Cospi, a su hijo, Marco Antonio, al que ha matriculado en el colegio de Parma: «Pensad que si en ese colegio hacéis amistades con compañeros que saldrán de allí en la misma época que vos, si Dios os da la larga vida que os deseo (...) que saldrán de allí, digo, prelados, cardenales, embajadores, generales del ejército, y hombres de tanta importancia que, gracias a la amistad que hayáis podido hacer con ellos, podrán ser la fortuna de la casa en que Dios os hizo nacer.»[60]

El compromiso entre la solidaridad contestataria de los jóvenes y la obediencia al maestro, que las palabras de este padre de familia esbozan (pues había hecho suyo el mensaje publicitario de los responsables del colegio) prefigura el fenómeno de las promociones. Éstas son clases de edad, en el sentido propio del término, que no se extinguen ya con el final de la adolescencia, sino que, pese a no tener existencia institucional reconocida, acompañarán al individuo durante el resto de su vida. Su contenido se precisará aún más con la multiplicación de escuelas religiosas y laicas que prolongan el colegio con el fin de dar una formación profesional para carreras concretas: noviciados y seminarios (desde fines del siglo XVI), «colegios de marina» y «compañías de cadetes» desde fines del siglo XVII, «escuelas militares» desde mediados del siglo XVIII: la Escuela militar de París fue fundada en 1751 siguiendo el modelo de las academias de San Petersburgo y de Berlín, con posterioridad a la Escuela de ingeniería militar de Mezières (1748) y con anterioridad a la de artillería de La Fère (1756). La multiplicación de estos centros, que combinan la educación escolar y técnica y la fusión en un mismo molde de individuos procedentes de medios distintos, anuncia un programa de formación común y selectiva de los mandos del Estado.

Esto sólo atañe por el momento a una élite, pues, incluso en las capas sociales más acomodadas, los métodos tradicionales, o los que se han renovado en el siglo XVIII, como el preceptor o la formación en el propio lugar de trabajo, siguen teniendo sus partidarios. Ahora bien, las cifras de que disponemos —los 48.000 alumnos en todos los colegios de Francia en 1789, o los 40.000 de los colegios jesuitas ya en 1627-1629— pueden inducirnos a error, puesto que, al igual que las universidades inglesas de principios del siglo XVII[61], estos colegios acogen en realidad a dos categorías de alumnos: los que son primogénitos y los que no lo son. Los primeros pueden seguir sólo una parte de los estudios, no terminar el ciclo o, en cualquier caso, conformarse con una formación humanista general: su carrera, salvo en ocasiones excepcionales, se la deberán a su familia, cuya continuidad han de garantizar. Los segundos sólo podrán contar con su propio éxito profesional, en la Iglesia, el ejército, la administración y los cargos públicos, en el caso de Francia, y también en las profesiones liberales y los negocios, en el caso de Inglaterra. Las carreras de los segundones, que por lo general serán carreras de solteros, les permitirán que conserven y mantengan sus amistades

Con estas escuelas especializadas el Estado monárquico retira a las familias la responsabilidad de la formación de los mandos del ejército y la toma a su cargo. Sin envilecerse, puesto que están entre iguales, los futuros mandos aprenden a obedecer y a maniobrar como los soldados a quienes habrán de mandar. (París, Bibl. nac.)

juveniles con sus iguales, quienes seguirán el mismo camino. Si tienen suerte, también les permitirán que saquen beneficio de las amistades que hayan sabido trabar con los «primogénitos» y con los segundones de familias más ricas que las suyas.

El colegio crea, debido a sus propias imposiciones, un ámbito favorable para que prosperen las amistades totales y apasionadas. Al aislar a la adolescencia la convierte en la edad por excelencia de un sentimiento cuyos contenido y lenguaje quizá sigan siendo los mismos (no es posible saberlo), pero que tiende a cambiar desde el punto de vista del entorno social, espacial y temporal: este sentimiento ya no debe nada a la familia, por lo menos al principio; su último semblante podrá ser el desinterés absoluto, a veces duradero, pero también podrá ocultar atracciones que a los maestros les parecen en seguida turbias; tiene la posibilidad de durar, si no la garantía; su experiencia, anterior al amor desde el punto de vista cronológico, representa el primer descubrimiento de «la otra persona» y, en tal concepto, puede desempeñar un papel crucial en la caracterización de la identidad personal.

Saint-Cyr. Al igual que sus hermanos en la Escuela militar, las muchachas que entran en Saint-Cyr, pobres pero de buena familia, aprenden entre ellas a hacer todas las tareas domésticas a fin de saber dirigirlas una vez casadas. Saber hacer para saber mandar.

Otra novedad: el hecho de que entre esas mismas categorías sociales se generalice respecto de la educación de las niñas la utilización de los conventos y, posteriormente, la de las nuevas congregaciones religiosas creadas para hacerse cargo de la enseñanza entre los siglos XVI y XVII (Ursulinas, Salesas, Damas de San Luis de Saint-Cyr) sitúa por primera vez a ambos sexos en el mismo plano: «La condesa de La Marck (...) hija del duque de Rohan (...) era amiga íntima de madame de Saint-Simon, y también lo era mucho de madame de Lauzun (su hermana), antiguas compañeras de convento.» Los lloros de ambas hermanas al morir la primera, en 1706, disgustarán al rey, «que conocía poco las leyes de la naturaleza y las emociones del corazón», mientras que Saint-Simon se siente «muy conmovido» por las amargas lágrimas de su esposa (II, pp. 554-555).

Es obvio que todos estos cambios no han hecho más que iniciarse, y el siglo XIX será mucho más expresivo acerca de las amistades de colegio o de convento que el siglo XVIII. No obstante indican una dirección, la de una modificación de las reglas del juego en favor de la ampliación de los horizontes de la vida social. A través de la amistad entablada libremente —«reconocida» en el caso de Montaigne y La Boétie, buscada y prometida mutuamente en el caso de Saint-Simon y sus amigos de la corte—, el adulto afirmaba su autonomía respecto del círculo construido pacientemente alrededor de la familia y respecto de los vínculos superficiales y necesarios que acompañan a toda sociabilidad. Ahora bien, a partir del siglo XVII en Inglaterra y del XVIII en Francia y en el resto de Europa, esos mismos hombres adultos se esfuerzan precisamente en organizar, codificar e institucionalizar esa sociabilidad, en hacerla agradable y sosegadora: un ámbito que les permita sentirse en igualdad con otros hombres. Optan por la convivencia social.

No obstante los círculos familiares no desaparecen; siguen siendo la norma necesaria para la mayoría de la población, sobre todo en el campo. En cambio, la creatividad y la fuerza de expansión de los parentescos espirituales parecen en vías de extinción: por ese lado predomina la moderación y la prudencia. En efecto, de ahora en adelante la familia tendrá como principal interlocutor no ya a otras familias, sino al Estado, que, a cambio de su protección, la obliga o la anima a encerrarse en sí misma y a cortar los múltiples vínculos que la rodean. El tiempo de la amistad se convierte así en un paréntesis nuevo entre infancia y edad adulta en el que se inserta una adolescencia prolongada: tiempo de espera y de formación, y también de las opciones y de los compromisos personales que, al ser decididos libremente, podrán ser duraderos; eso lo decidirá cada cual.

Aparentemente, el carácter, la moral y la manera de vivir de Boswell no tienen nada que ver con los del reverendo William Johnson Temple. Ambos se conocieron en la universidad de Edimburgo, nunca dejarán de escribirse y de confiarse uno al otro durante treinta años, y Boswell designará como albacea de su tetamento a Temple, quien el día 24 de junio de 1767 le escribía: «Vuestra amistad es, creo yo, la única dicha de mi vida; pues las personas de mi familia son en verdad mis peores enemigos: un padre cruel, un hermano ingrato (...) ¡Oh Boswell creedme, os quiero como a mí mismo, y cuando muera, agradeceré a Dios, por encima de todo, que me haya dado vuestra amistad.»[62]

Notas

[1] E. Littré, *Dictionnaire de la langue française,* artículo «Privé».

[2] V. Hünecke, «Les enfants trouvés: contexte européen et cas milanais, XVIIIe-XIXe siècle», *Revue d'histoire moderne et contemporaine,* XXXII, 1, enero-marzo de 1985, pp. 3-29. Acerca de esta diferenciación de los cometidos de la familia y acerca de la transferencia de los mismos, E. Goody, *Parenthood Social Reproduction. Fostering and Occupational roles in West Africa,* Cambridge University Press, 1982.

[3] I. Pinchbeck y M. Hewitt, *Children in English Society,* t. I, *From Tudor Times to the Eigtheenth Century,* Londres-Toronto, 1948, p. 28.

[4] A. R. Radcliffe Brown, «La parenté à plaisanterie» (1949), *Structure et Fonction dans la société primitive,* París, Ed. de Minuit, 1968, trad. fr. de *Structure and Function in Primitive Society,* Londres, 1952.

[5] C. Lévi-Strauss, «L'analyse structural en linguistique et en anthropologie» (1945), *Anthropologie structurale,* París, Plon, 1958, pp. 37-62.

[6] R. Brain, *Amis et Amants,* París, Stock, 1980, trad. fr. de *Friends and Lovers,* Londres, Hart-Davis-Mac Gibbon, 1976.

[7] M. Fortes, *Kinship and the Social Order,* Londres, 1969, p. 63; citado por H. Sindzingre, «Amis, parents et alliés: les formes de l'amitié chez les Senufo (Cote-d'Ivoire)», comunicación en el coloquio *L'Amicizia e le Amicizie,* Palermo, pp. 24-26, noviembre de 1983, que se publicará en las actas de este coloquio y en la revista *Cultures.*

[8] J. Boissevain, *Friends of Friends. Networks, Manipulations and Coalitions,* Oxford, Basil Blackwell, 1974.

[9] L. B. Alberti, *I Libri della famiglia,* presentación de Ruggiero Romano y Alberto Tenenti, Turín, Einaudi, 1969.

[10] E. Le Roy Ladurie, Montaillou, village occitan de 1294 à 1324, París, Gallimard, 1975, p. 83.

[11] *Ibíd.,* pp. 84-85, y Ch. de La Roncière, «Une famille florentine au XIVe siècle: les Velluti», *Famille et Parenté dans l'Occident médiéval,* Roma, École française de Rome, 1977, pp. 228-248.

[12] J.-M. Gouesse, «Parenté, famille et mariage en Normandie au XVIIe et XVIIIe siècles. Présentation d'une source et d'une enquete», *Annales ESC,* XXVII, 4-5, julio-octubre de 1972, p. 1145.

[13] J.-L. Flandrin, *Familles, Parenté, Maison, Sexualité dans l'ancienne société,* París, Ed. du Seuil, 1984, 2.ª ed., p. 40.

[14] R. Merzario, *Il Paese stretto. Strategie matrimoniali nella diocesi di Como. Secoli XVI-XVIII,* Turín, Einaudi, «Microstorie», 3, 1981, pp. 23-26.

[15] J.-M. Gouesse, art. cit., p. 1146.

[16] R. Merzario, *op. cit.,* p. 105.

[17] Montaigne, *Essais,* I, 28, «De l'amitié».

[18] *Ibíd.,* III, 3, «Des trois commerces».

[19] R. Brain, *op. cit.,* pp. 301-302.

[20] Saint-Simon, *Mémoires,* edición a cargo de Gonzague Truc, París, Gallimard, col. «Bibl. de la Pléiade», 1953-1958, t. I, pp. 659-660. Todas las referencias de las citas de Saint-Simon se indican en el texto entre paréntesis y remiten a la edición citada.

[21] M. Bloch, *La Société féodale. La Formation des liens de dépendance,* Paris, Albin Michel, col. *«L'evolution de l'humanité»,* XXXIV, 1949, t. I, 2.ª ed., p. 192.

[22] L. Hellmuth, *Die germanische Blutsbruderschaft,* Wiener Arbeiten zur Germanischen Altertumskunde und Philologie, 7, Viena, 1975.

[23] H. Tegnaeus, *La Fraternité de sang. Étude ethno-sociologique des rites de la fraternite de sang, notamment en Afrique,* París, Payot, 1954, p. 25.

[24] S. Ciszewski, *Künstliche Verwandschaft bei den Südslaven,* Leipzig, 1981, p. 47.

[25] L. Hellmuth, *op. cit.*

[26] E. Le Roy Ladurie, *Les Paysans de Languedoc,* París, SEVPEN, 1966, t. I, p. 166.

[27] M. Bloch, *op. cit.,* t. I, p. 215.

[28] S. W. Mintz y E. R. Wolf, «An analysis of ritual co-parenthood (compadrazgo)», *Southwestern Journal of Anthropology,* VI, 4, 1950, p. 341 sq., y S. N. Eisenstadt, «Ritualized personal relations. Blood brotherhood, best friends, compadre, etc.: some comparative hypotheses and suggestions», *Man,* 96, julio de 1958, pp. 90-95.

[29] Luther, «Tischreden: Anton Lauterbach's Tagebuch aufs Jahr 1539», *D. Martin Luther's Werke,* Kritische Gesambautausgabe, t. IV, 1916, Weimar, citado por S. W. Mintz y E. R. Wolf, *art. cit.,* p. 349.

[30] G. Valentini, *La legge delle montagne albanesi nelle relazioni della missione volante, 1882-1932,* Florencia, «Studi Albanesi, Studi e testi, 3», 1969, p. 25.

[31] A. Van Gennep, *Manuel de folklore français contemporain,* t. I, *Du berceau à la tombe,* París, A. Picard, 1943, p. 233.

[32] N. Z. Davis, *Les Cultures du peuple. Rituels, Savoirs et Résistance au XVIe siècle,* París, Aubier, 1979, trad. fr. de *Society and Culture in Early Modern France,* Stanford University Press, 1975, 4.ª ed., p. 18.

[33] R. Halevi, *Les Loges maçonniques dans la France d'Ancien Régime. Aux origines de la sociabilité démocratique,* París, Armand Colin, «Cahiers des Annales», 40, 1984, p. 11.

[34] G. Gayot, *La Franc-Maçonnerie française. Textes et Pratiques,* París, Gallimard-Julliard, col. «Archives», 1980, p. 69.

[35] M. Agulhon, *Pénitents et Francs-Maçons de l'ancienne Provence,* París, Fayard, 1968.

[36] *Íd., Le Cercle dans la France bourgeoise, 1810-1848. Étude d'une mutation de sociabilité,* París, Armand Colin, «Cahiers des Annales», 36, 1977, pp. 19-20.

[37] D. Roche, *Le Siècle des Lumières en province. Académies et Académiciens provinciaux, 1680-1789,* París-La Haya, EHESS-Mouton, «Civilisations et sociétés», 62, 1978, p. 18.

[38] J.-M. Gardair, «I Lincei: i soggetti, i luoghi, le attività», *Quaderni storici,* XVI (48), III, diciembre de 1981, p. 768.

[39] Baudelaire, *La Fanfarlo,* 1847, citado por M. Agulhon, *Le Cercle* (...), *op. cit.,* p. 52.

[40] M. Agulhon, *Le Cercle* (...), *op. cit.,* p. 23.

[41] G. Gayot, *op. cit.*, p. 69.
[42] *Ibíd.*, p. 123.
[43] N. Z. Davis, *op. cit.*, pp. 166-172.
[44] R. Mandrou, *Introduction à la France moderne. Essai de psychologie historique, 1500-1640,* París, Albin Michel, col. «L'évolution de l'humanité», 1961, pp. 184-187.
[45] M. Agulhon, *Pénitents et Francs-Maçons* (...) *op. cit.*, pp. 947-950.
[46] X. Rousseaux, «Criminalité et répression en milieu rural et urbain. Le cas du Brabant wallon au XVII siècle», comunicación presentada en la reunión de los días 11 y 12 de enero de 1985 del Groupe international de recherches sur l'histoire de la justice et de la criminalité, París, Maison des Sciences de l'homme, p. 13.
[47] N. Z. Davis, *op. cit.*, p. 171.
[48] B. Bernardi, *I Sistemi delle classi di età. Ordinamenti sociali e politici fondati sull'età,* Turín, Loescher, 1984, p. 20.
[49] F. Young, *Initiation Ceremonies: A Cross-Cultured Society of Status Dramatization,* Indianápolis, Bobbs-Merrill C°, 1965, p. 30.
[50] V. Jamerey-Duval, *Mémoires, Enfance et Education d'un paysan au XVIIIe siècle,* presentación por J. M. Goulemot, París, Le Sycomore, 1981, p. 150.
[51] O. Niccoli, «Lotte per le brache. La Donna indisciplinata nelle stampe popolari d'*Ancien Regime», Memoria,* 2 de octubre de 1981, pp. 49-63.
[52] J.-J. Rousseau, *Les Confessions, Œuvres completes,* París, Gallimard, col. «Bibl. de la Pléiade», 1959, p. 15.
[53] V. Jamerey-Duval, *op. cit.*
[54] Ph. Ariès, *L'Enfant et la Vie familiale sous l'Ancien Régime,* París, Ed. du Seuil, nueva ed., 1973, p. VIII.
[55] A. MacFarlane, *The Origin of English Individualism;* the family, property and social transition, Oxford, Blackwell, 1978.
[56] J.-J. Rousseau, *op. cit.*, p. 13.
[57] Ph. Ariès, *op. cit.;* G. P. Brizzi, *La Formazione della classe dirigente nel Sei-Settecento. I seminaria nobilium nell'Italia centro-settentrionale,* Bolonia, Il Mulino, 1976; F. de Dainville, «Collèges et fréquentation scolaire au XVII siècle», *Population,* XII, 3, julio-septiembre de 1957, pp. 467-494.
[58] Ph. Ariès, *op. cit.*, p. 356.
[59] P. Coustel, *Regles de l'éducation des enfants,* París, 1687, citado por Ph. Aries, *op. cit.*, p. 422.
[60] G. P. Brizzi, *op. cit.*, 165.
[61] L. Stone, *The Crisis of the Aristocracy, 1558-1641,* Oxford, Clarendon Press, 1965, p. 689.
[62] J. Boswell, *Boswell veut se marier, 1766-1769,* París, Hachette, «Les papiers de Boswell», 1959.

Familias. Viviendas y cohabitaciones

Alain Collomp

El pintor Alberto Durero nos dejó varios dibujos, en muchos casos coloreados con acuarela, que representan casas de pueblos o de barrios de ciudades alemanas, austriacas e italianas y que datan de fines del siglo XV o de los primeros años del siglo XVI. Imágenes de gran valor por sus cualidades artísticas, pero también por la agudeza de la mirada de Durero y por la minuciosa observación de los detalles de estos dibujos, ya figuren casas, un bosquecillo de árboles, una liebre, o dos peonías medio marchitas. En los dibujos de edificios, nos hallamos ante una representación exacta de los materiales de construcción: ladrillos vistos o recubiertos de enlucido en las lindas casas de entramado leñoso del barrio de la capilla de San Juan, en Nuremberg, con sus tejados de pronunciada pendiente[1]; casonas aisladas unas de otras, de planta cuadrada, con sus inmensas techumbres de paja, apelotonadas en un vallecito a la sombra de un bosquecillo de árboles centenarios, en el pueblo de Kalchreut[2]; casas de piedra con tejados de poca inclinación, apiñadas unas contra otras dentro de las murallas del pueblo fortificado de Arco, en Italia[3]. Esta última acuarela deja adivinar la admiración del artista germánico al pintar una vegetación de colores nuevos (esas hojas azuladas de los olivos), y al reproducir la luz del campo meridional que acaba de descubrir. Estos bosquejos de casas tomados del natural, Durero los volverá a utilizar, a veces, en grabados; por ejemplo en *El hijo pródigo* (hacia 1498). La escena bíblica sirve de pretexto para mostrar el patio de una granja alemana, rodeado de edificios con los muros horadados por escasas ventanas, o simplemente por ventanillos, con achaparradas puertas en los exiguos pisos bajos e inmensas techumbes de paja.

Ventana estrecha que da menos luz que el fuego del hogar, mobiliario somero: la reunión de estos seis niños de corta edad y de estas dos mujeres constituye un cuadro de género popular (la suciedad, el desorden) más que la representación exacta de un grupo familiar en el siglo XVIII (Michel-François Dandré Bardon, *El Hogar*. Marsella, museo de Bellas Artes.)

Representaciones. De la casa al interior doméstico

Todas estas imágenes son un documento precioso sobre la construcción de las casas de burgueses o de humildes campesinos de principios del siglo XVI. Las casas de la región de Nuremberg se asemejan mucho en su forma, volúmenes y materiales, a las de los pueblos germánicos y alsacianos de dos o tres siglos más tarde; y las casas de pueblos italianos dibujadas por Durero durante su primer viaje a Venecia presentan ya las características de las casas que se construyen en Italia o en la Francia meridional todavía en el siglo XVIII. Así pues, los grandes tipos regionales de construcción doméstica que se inventarían hoy en Italia, en Francia[4], y también en Inglaterra a partir del conjunto de edificios que aún existe y que, por lo general, es de construcción más reciente, se encuentran ya en la pintura alemana o flamenca de principios del siglo XVI. Ello indica la permanencia secular de las técnicas de construcción de las casas, y de sus características, desde luego con transformaciones, con mejoras entre los siglos XVI y XIX, pero, todavía más, con caracteres estables, en cada región, tanto de tipo cultural como material. Pero los dibujos y acuarelas de Durero que representan viviendas nos dejan fuera de unas casas en las que nos está vedada la entrada.

Peeter Brueghel o la granja flamenca

Un poco más tarde que Durero, Peeter Brueghel, llamado «el Viejo», también pinta con precisión casas de pueblos flamencos, construcciones de entramado leñoso y adobe (algunas pocas casonas son enteramente de ladrillo con la fachada rematada por hastial en escalera), y grandes techumbres de paja. Pero, afortunadamente, Brueghel nos deja penetrar a veces en ciertas moradas. Conocemos la *Visita a la granja* por dos copias de los hijos de Peeter Brueghel «el Viejo», una de Brueghel «el Joven», pintura policroma sobre tabla, otra de Brueghel de Velours[5], con arreglo a un original perdido del padre, seguramente una grisalla. En ambas versiones, muy parecidas, nos encontramos en la amplia sala de una granja. En ella tenemos el inventario descriptivo de un mobiliario campesino de la segunda mitad del siglo XVI, con el gran arquibanco con respaldo y brazos; la silla baja y el silloncito de niño; la cuna, en primer plano, en la que está durmiendo un perrito; la mesa redondeada, cubierta por un mantel blanco (el mantel blanco que encontraremos de nuevo en los interiores campesinos de los hermanos Le Nain), sobre la que hay unas escudillas con sopas de leche (los moradores tienen vacas, pues un hombre y una mujer están haciendo mantequilla en la mantequera). Lo más sorprendente es el fogón central, en el mismo suelo, en el que se calienta un enorme caldero colgado de grandes llares. La madre que da el pecho al niñito se está calentando, con la mano extendida hacia la lumbre, al igual que el segundo de los

Tres burgueses que visitan a unos campesinos flamencos, a fines del siglo XVI, son motivo para mostrar la sala grande de una familia rural del Norte. La mesa está puesta, con las siete escudillas de los miembros de la casa. En primer plano, los tres niños, el más pequeño en brazos de su madre que se calienta en el extraño fogón central, sobre el que pende un inmenso caldero. (Jan Brueghel de Velours, *La visita a la granja.* Viena, Kunsthistorisches Museum.)

tres niños, sentado en el silloncito con los pies y las piernas al aire. El padre, que parece el amo de la casa (menos joven que la madre), recibe a tres visitantes. En segundo plano, detrás de lo que parece ser una familia conyugal de un matrimonio con sus hijos pequeños, pueden contarse otras cinco personas que, según parece, forman parte de la gente de la casa: un hombre sentado en el arquibanco; otro, el único sentado a la mesa, que está bebiéndose la sopa; el hombre y la mujer atareados con la mantequera; y, por último, una joven en el hueco de la puerta (una puerta de madera maciza coronada por un montante de vidrio emplomado), que entra o sale, no se sabe.

Estamos en la sala de una granja flamenca en el momento de la comida. Los adultos se hallan absortos en sus ocupaciones, salvo el de más edad, quien, como el mayor de los niños (también con las piernas al aire), está vuelto hacia dos de los visitantes. Nada se sabe de los vínculos que pueden unir entre sí a los distintos protagonistas de esta escena campesina (¿están emparentados?). En esta ocasión, es probable que el cuadro no se pintara para dar un inventario documental o pintoresco de un interior campesino, sino con un objetivo alegórico, seguramente, que pretende ilustrar algún proverbio o una escena bíblica, cosa frecuente en la pintura flamenca del siglo XVI, y que tiene una finalidad moralizadora. Los visitantes son burgueses acomodados, como su indumentaria indica. ¿Visitan a una recién parida o quizá, como se ha supuesto, van a ver al niño mayor, que da la impresión de estar conversando con la señora en primer plano, y que podría ser su hijo o algún pequeño pariente al que se está criando en casa de estos campesinos?

En las escenas de género de los pintores flamencos de los siglos XVI y XVII, cuadros que corresponden a la gran demanda existente entre los compradores de la época, el interés puramente documental se sitúa, por lo general, en segundo plano. Detrás de la pintura real de aspectos diarios de la vida campesina o burguesa, suele ocultarse, tanto en los interiores de Vermeer, como en esta *Visita a la granja* de Brueghel, y según un lenguaje más o menos codificado que los aficionados conocen, un significado en cierto modo sentencioso. Los objetos usuales que se encuentran reunidos en estas escenas de interior aparecen en ellas con un fin simbólico concreto, como en las naturalezas muertas de la época, con frecuencia pinturas de «vanitas». Sería peligroso ceñirse demasiado al valor documental de estos objetos y valorar excesivamente estas representaciones de interiores campesinos o burgueses como documentos auténticos, «tomados del natural», que nos restituyen con exactitud la vida diaria de los campesinos o de los comerciantes flamencos.

Los interiores campesinos de los hermanos Le Nain

El mismo riesgo de interpretación errónea existe, respecto a Francia, en el siglo XVII, con esas pinturas de «interiores campesinos» de los hermanos Le Nain. La célebre *Comida de campesinos* de 1642, o *La Familia de campesinos* del museo del Louvre[6] no son representaciones reales de grupos familiares de residencia. Los hermanos Le Nain tenían demasiado talento y también demasiado sentido de la comercialización de sus obras para que se les puedan atribuir preocupaciones de índole social (o solamente sociológica) en la figuración de los campesinos que representan. En *La Familia de campesinos,* la reunión de esa delgada anciana de labios fruncidos y de esos hombres maduros con un hombre más joven y unos niños serios que están tocando el violín y el flautín, evoca, más que la representación de un grupo familiar bajo el mismo techo, el tema de las edades de la vida, tan caro a los pintores italianos desde Tiziano hasta los caravaggistas.

En estos cuadros, el desarrollo de la comida apenas está sugerido. Los hermanos Le Nain evitan la sobrecarga un tanto ordinaria de detalles culinarios y prefieren aligerar la composición y darle un sentido simbólico casi irreal y atemporal. En la *Comida de campesinos,* pintan un mantel —y no una mesa puesta— paño blanco demasiado grande para el banco sobre el que se halla extendido, sólo con la jarra de vino, una hogaza de pan y el cuchillo que

Los hermanos Le Nain pintaron en varias ocasiones grupos de campesinos sentados a la mesa que reúnen a varias generaciones de adultos con niños. Aquí, la mujer está de pie, y los hombres, sentados, comparten el pan y el vino, quizá de manera simbólica, en esta sala en donde se come y se duerme. *(La comida de campesinos.* París, Louvre.)

empieza a cortarlo; en otros cuadros, la escudilla de estaño sobre su correspondiente plato, una sola cuchara.

El escenario de los interiores campesinos de los hermanos Le Nain siempre es el mismo: el techo tiene una extraña elevación; la chimenea, grandes dimensiones. La habitación parece amplia, más decorado teatral que pintura verídica de las ahumadas chozas de campesinos pobres. El mobiliario es escaso: uno o dos bancos, algunas sillas y banquetas. La cama, o camas, que siempre estaban colocadas en las salas de las casas campesinas, raras veces se hallan representadas en el cuadro. Sin embargo, en un rincón de la *Comida de campesinos* puede verse un tornalecho de columnas con su gotera en tela de terciopelo.

En la ciudad

Los interiores flamencos y holandeses pintados en esa misma época ofrecen representaciones más precisas del mobiliario y de la arquitectura de las casas. Pieter de Hooch nos hace entrar en las salas de familias de la ciudad, o en aposentos en hilera cuando se trata de las familias más acomodadas. La luz del norte que penetra por ventanas altas, se refleja en el damero de suelos refulgentes de limpieza y realza la pátina de los muebles. La *alcôve* cerrada se halla en el rincón sombrío. La holgura, el orden tranquilo, cierto sentido del bienestar y de las comodidades son evidentes. Otros pintores flamencos, Adriaen Brouwer, David Teniers, se inclinan hacia el género popular y pintoresco. Sus interiores son sucios, desordenados, el mobiliario se limita a algún tonel partido por la mitad que sirve de mesa, y a troncos que hacen de asientos.

Escenas de género populares pintadas de cualquier modo por A. Brouwer, esbozos de viajes de Durero, proverbios ilustrados de los Brueghel, tranquilas composiciones de los hermanos Le Nain, que, como *La lechera* o *La callejuela* de Vermeer, supieron fijar el instante para la eternidad: todas estas imágenes pintadas constituyen documentos fascinantes para el historiador; pero, como fuentes, resultan insuficientes para llegar a conocer cómo vivían los labradores flamencos y alemanes de los siglos XVI y XVII, o esos campesinos de la región de Laon que pintaron los hermanos Le Nain. De manera más general, aprehender la composición del grupo de personas que vivían bajo un mismo techo en los pueblos y burgos de Europa occidental, sobre todo de la Francia rural, entre el siglo XVI y principios del siglo XIX, saber en qué tipo de casas se cobijaban esas familias campesinas según la época y el lugar, exige recurrir a otras fuentes, principalmente a fuentes escritas.

Una sirvienta vista de espaldas (su rostro se refleja en el espejo) está ocupada barriendo el refulgente suelo de dameros de mármol en este interior flamenco de burgueses urbanos acomodados. (Pieter Elinga Janssens, *La barredora*, detalle. París, Louvre.)

Modos de habitar

¿Cuántas personas viven juntas en esas casas bajas hechas de madera, de adobe y de paja, en los pueblos de la región de Auge o de Sologne? ¿Cuántas en esas casonas de entramado de madera con galería y patio interior, en los pueblos de la llanura alsaciana? ¿Cuántas en esas estrechas casas de piedra, dispuestas en altura y apretadas unas contra otras en los pueblos de Provenza? No se trata sólo de contar el número de personas que componen el grupo doméstico, variable en cada casa a lo largo del tiempo, con arreglo a los nacimientos y defunciones, a los casamientos y partidas, sino sobre todo de conocer los vínculos de parentesco que las unen entre sí. ¿Las familias campesinas de Francia, Inglaterra o Alemania presentaban en todas partes la misma estructura, entre los siglos XVI y XVIII, «reducidas» a la familia simple, llamada «nuclear», que se compone únicamente del padre, de la madre y de sus hijos?, ¿o bien vivían en grandes grupos de apariencia patriarcal?

Sin embargo, saber cómo se reparten el espacio interior de las casas los distintos miembros de un mismo grupo familiar, para dor-

Este otro interior flamenco es más sencillo. El suelo es de baldosas. La madre está despiojando a la niña delante de una cama enteramente cerrada con cortinas. Pieter de Hooch utilizó este mismo interior en escenas de género diferente. *(La despiojadora.* Amsterdam, Rijksmuseum.)

mir, comer y trabajar no basta para comprender el funcionamiento de sistemas familiares que pueden diferir de un país a otro, de una región a otra; del mismo modo que la forma y estructura de los edificios puede variar en el tiempo y en el espacio. Los distintos sistemas familiares van unidos no sólo a condiciones económicas, sino también jurídicas. El derecho familiar y sus variaciones, esa «geografía consuetudinaria» que ha estudiado Jean Yver[7], las modalidades de la transmisión de patrimonios de padres a hijos influyen en el tamaño y estructura de las familias.

La casa campesina no es únicamente un edificio en donde reside un grupo familiar. Por lo general, cobija también los animales que pertenecen a dicho grupo, las reservas alimentarias, las cosechas entrojadas y los instrumentos de trabajo. Es, a la par, una unidad de residencia y una unidad económica de producción, la *domus* de la que habla Emmanuel Le Roy Ladurie en relación con el pueblo de Montaillou[8], el *ousta* u *ostal* de las regiones de la lengua de oc, el *Hof* de Alsacia y de las regiones germánicas, entidades que engloban, a la vez, los edificios y las tierras de cultivo, pero, también, el patronímico que se relaciona con ellos y, algunas veces, como en Alsacia, el blasón de la familia ocupante. En las divisiones del espacio aldeaniego, la casa, *domus, ousta* u *Hof* designa el conjunto de bienes privados que posee la unidad familiar, en contraposición a los lugares y bienes comunes del conjunto de los habitantes del pueblo: vías de paso, pastos comunales, hasta eras comunes, como

se encuentran en las tierras de caserío muy concentrado, en Provenza o en Languedoc.

Una vivienda evolutiva

Las superficies construidas pertenecientes a una unidad familiar no eran inmutables. La asignación de cada parte podía cambiar en el transcurso de las generaciones, con arreglo a las necesidades. En el siglo XVII, al igual que se hace actualmente, se transformaba una parte de troje en cámara suplementaria que se añadía a las preexistentes. En otros lugares, se dividía una vivienda en dos tras haber hecho partición entre padres e hijos, o entre hermanos. Se construían edificios suplementarios en el mismo patio, para cobijar a los ancianos padres que se retiraban de la explotación o para acoplar a un hijo que se casaba. Cuando, en 1788, el matrimonio Jargot, jornaleros del pueblo de Courcelles, situado en la comarca de Auxois, en Borgoña, casa a su primogénito, éste se queda a vivir con ellos en su casa. En las capitulaciones matrimoniales prevén también que su segundo hijo Jean se instale «en una casa recientemente construida». Por último, los padres reservan para su hijo menor, Simon Jargot, «un pequeño espacio para construir un henil lindante con otro espacio situado en el dicho Courcelles que constituye su dote, en el que puede construir una casa»[9]. De este modo, a la casa única de los padres vienen a unirse otras dos viviendas haciendo que los tres hijos de Jargot vivan en inmediata vecindad.

Asimismo, Anne Zinck[10] ha observado en Azereix, pueblo pirenaico formado por casonas con recinto familiar, el aumento del número de hogares, que pasan de 116 en 1636 a 171 en 1792, pero sin que el espacio global de las construcciones de casas en el territorio del lugar se haya agrandado: «Es en el recinto familiar en donde el hijo, el hermano y el yerno han edificado una nueva casa.»

La vivienda en los pueblos de Francia o Alemania no era en absoluto fija. Varias razones contribuyen a explicar este interesante movimiento de construcción o de abandono dentro de los espacios del pueblo. Algunas obedecen a consideraciones de índole económica y demográfica. Siguiendo las fases de expansión y de estancamiento (en las que entran en juego tanto condiciones meteorológicas como acontecimientos políticos; por ejemplo, en Lorena, las guerras de principios del siglo XVII), pueden observarse períodos de construcción intensa, de abandono y de reconstrucción de los edificios privados. Causas menos evidentes, que obedecen no ya a las condiciones de la coyuntura económica, general o regional, sino al propio desarrollo de los ciclos familiares dentro de las casas, ocasionan también transformaciones sucesivas del espacio edificado. Se hallan relacionadas con las modalidades de las particiones familiares, generación tras generación, y con las estrategias de casamiento de los hijos, y son responsables de esas divisiones de casas y de esas construcciones cuyo objeto es que la familia conserve a algunos de los hijos, que ya han dejado la casa paterna, cerca de sí, dentro de la misma comunidad aldeaniega. Estas razones exigen que no se

La escena bíblica grabada por Durero a principios del siglo XVI sirve de pretexto para describir un arrabal de Alemania del sur, con su iglesia, sus grandes techumbres de paja y sus muros de adobe o de ladrillo con escasos vanos. (*El Hijo Pródigo*. París, Bibl. nac.)

En este patio de granja que agrupa varios edificios, vivienda y trojes, se hallan reunidos algunos mendigos; uno de ellos se dirige hacia la entrada de la casa. (Hans Van Dalem, *Patio de granja con mendigos*. París, Louvre.)

separe el estudio de los aspectos materiales de la vivienda (tipología de las construcciones, plantas de los espacios interiores, mobiliario y utilización que de él se hace) del estudio del grupo de personas emparentadas que viven juntas en las casas. Establecer las relaciones entre la vivienda y el grupo familiar respetando las realidades geográficas, (selección de materiales con arreglo a los recursos locales, imperativos de índole climática), históricas (entre principios del siglo XVI y finales del siglo XVIII) y sociales (los labradores acomodados y los comerciantes no viven del mismo modo que los jornaleros), requiere que se tengan en cuenta los diversos aspectos de las estructuras familiares y de las formas que adopta la vivienda rural en Francia y en los países vecinos.

Casas de pobres

Las casas de los campesinos del siglo XVII, y todavía menos las del siglo XVIII, no son siempre «chozos ahumados», malas construcciones de entramado leñoso con los muros de barro seco mezclado con paja o brezo y cubiertas con una techumbre de paja de centeno o de cañas u otros vegetales que crecen en el terruño. Son construcciones reducidas, precarias («como las paredes de estas construcciones están hechas de adobe, hay que arreglarlas todos los años; una construcción nueva necesita reparaciones al año siguiente de haberla levantado»[11]), que en pocas horas quedan destruidas por el fuego, y que disponen de una sola habitación para albergar a las personas, mal iluminada por pequeños vanos. El párroco del pueblo de Sennely, en Sologne, en los últimos años del reinado de Luis XIV, subraya la incomodidad de las casas de sus feligreses, «a quienes no agradan los techos elevados (...). Les agrada tocar con la cabeza en las vigas de sus cámaras». Y, a propósito de la luz añade: «debieran abrir sus casas con grandes ventanas para darles aire, en vez de que sean oscuras y más propias para servir de calabozos a criminales que de moradas a personas libres.»[12]

En casas con una sola pieza habitable sólo podía albergarse un grupo familiar reducido, limitado a una viuda o a una pareja con sus hijos más pequeños, y los mayores tenían que alquilarse en otro lugar, en casas más ricas, o emigrar lejos para buscarse el sustento. No se plantea ni por asomo que en esas casuchas se cobije una familia amplia de tres generaciones, o siquiera que los hijos sigan viviendo en ella si son numerosos, ya que no se les puede alimentar, pues una vivienda tan modesta corre pareja con la mediocridad de los bienes y de los recursos. Este tipo de habitación no era propio de una región concreta de Francia o de otro lugar, sino que existía en muchos pueblos entre los siglos XVI y XVIII, en número variable según las provincias y las épocas (las guerras, los saqueos y los años de escasez hacían que aumentara). Tan miserables condiciones de residencia coexistían, en un mismo lugar, con casas más amplias y

Grupo de casas campesinas del centro de Francia, como las *«barriadès»* de Auvernia, con frecuencia aldea familiar que reúne varias viviendas de familias emparentadas. (Extraído de Barthélemy Faujas de Saint-Fond, *Indagación sobre los volcanes apagados de las regiones de Vivarais y de Velay*. París, 1778.)

Esta escena callejera del carnaval parisiense tiene como centro a un joven que está haciendo juegos malabares con utensilios de cocina. La mujer que toca el tambor estaría fuera de lugar en un carnaval más mediterráneo, pues dicho instrumento está muy relacionado con los hombres y con el poder. La pintura nos muestra cómo el juego carnavalesco instaura un momento de comunicación libre entre los sexos, que aparecen aquí en grupos diferenciados de manera bastante clara. (Étienne Jeaurat, *El carnaval de las calles de París,* 1757, detalle. París, museo Carnavalet.)

En el reverso: verano, en los Países Bajos. La puerta de la casa está abierta de par en par, así como la ventana que da al campo (puentecito en escarpa sobre el canal, como los que todavía hoy pueden verse). La joven burguesa limpia las coles; la sirvienta va a salir. Otra escena de género más, que no nos deja conocer el recado, tal vez galante, que lleva la criada. (Pieter de Hooch, *Joven burguesa con su sirvienta.* Lila, museo de Bellas Artes.)

espaciosas, reflejo concreto de la desigualdad de condiciones socioeconómicas de las familias que componían una comunidad aldeaniega. Encontramos estas casuchas ya aisladas en diferentes puntos del lugar, ya agrupadas. En Auvernia, en el siglo XVIII, las casucas de los braceros, «cuando forman *barriades,* se disponen en filas de viviendas medianeras en las que cada una de ellas presenta en fachada una puerta y una estrecha ventana, y, en la parte posterior, el vano del granero»[13]. En Córcega, a fines del siglo XVIII, «algunos campesinos no tienen más albergue que casuchos de una sola habitación, de mampostería en seco»[14].

Estudios arqueológicos efectuados en Sicilia, en el pueblo de Brucato (provincia de Palermo), han revelado la permanencia, desde el siglo XVI hasta el XIX, de la vivienda de una sola habitación que cobija a las familias pobres de los asalariados agrícolas (los *braccianti)* —caso de la inmensa mayoría de los habitantes de los pueblos sicilianos. En esas casas adosadas —como las *barriades* de Auvernia— de un solo piso, el espacio de la única habitación está dividido en dos partes: la más sombría, la más alejada del vano que da a la calle, sirve para que duerman las personas y, llegado el caso, los animales; la parte más clara, la más cercana a la calle, agrupa alrededor del hogar las funciones de preparación y consumo de alimentos. Tanto las observaciones arqueológicas como los documentos escritos indican también que existe una apropiación, para actividades domésticas, del espacio abierto que se halla ante cada casa en la calle del pueblo[15]. Las casas de una sola habitación de los braceros de Auvernia, de los jornaleros de Córcega, de los *braccianti* sicilianos y de los pobres trabajadores agrícolas de Languedoc o de Sologne permiten, pese a su exigüidad, que se desarrolle el ciclo familiar durante algunas generaciones.

Si bajamos aún más en los grados de pobreza, en los campos ingleses de los siglos XVI y XVII y en Francia, especialmente en las provincias del oeste, encontramos tipos de vivienda todavía más modestos y más precarios. Con ocasión de la asamblea de los Estados generales de 1649, los habitantes de Saint-Christophe-en-Roc, cerca de Saint-Maixent, en la Gatine de la región de Poitou, redactaron unas «peticiones» en las que expresaban su miseria y su angustia: «No son más que cerca de 90 hogares y la mayor parte mendigan y buscan su pan (...). De manera que ahora no se ven sino cuadrillas de pobres (...) y todos comúnmente duermen sobre la paja y se han visto precisados a hacer pequeñas chozas en medio de los campos, por no tener medio de encontrar albergue.»[16] Cabañas en el lindero del bosque, pequeñas chozas en medio de los campos, casuchas derruidas en los aledaños del caserío aldeano son cobijos que no pueden cumplir la función de habitación para un grupo familiar de estructuras estables. En la composición de los grupos sociales aldeanos (y no sólo en la agitada época de la Fronda, en la que los habitantes de Saint-Christophe redactan sus quejas) la clase de los mendigos tiene una importancia regular en muchas regiones, y esto todavía a fines del siglo XVIII, como prueban las

Esta rica granja del siglo XVIII consta de varios edificios, uno de ellos de dos pisos. El aparejo de los muros es esmerado y las techumbres van cubiertas de teja. (Pintura anónima del siglo XVIII, *Una granja en otoño,* detalle. Reims, museo Saint-Denis.)

En los pueblos y burgos del este de Francia, al igual que en los de ciertas regiones meridionales en donde la vivienda se abre directamente a la calle, las casas de los «más sobresalientes» ofrecen umbrales ricamente decorados, con blasones, iniciales de los propietarios, divisas o imágenes piadosas.

relaciones fiscales que han llegado hasta nosotros. Maridos lisiados y mujeres enfermas, padre ciego y mendigo que vive con su hijo peón, estas familias desintegradas viven en el pueblo, en esas cabañas y chozas, en parte de la caridad del lugar. Muchos, cuando el hambre aprieta, huyen, solitarios o en hordas, con o sin vínculos familiares, errando hacia otros campos y, sobre todo, hacia las ciudades, en donde les encierran.

Si queremos comprender la variedad y la complejidad de los distintos modos de compartir el espacio construido, de la manera de vivir bajo el mismo techo, calentarse en el mismo fuego y comer en la misma mesa, con arreglo a las estructuras del grupo de residencia, es indispensable que subamos en la escala social hasta esos labradores de las llanuras de Isla de Francia, de Flandes o de Lorena, hasta esos *«ménagers»* propietarios del Languedoc o de Provenza que explotan sus tierras, hasta esos artesanos rurales, maestros de oficios, o hasta los viñadores de Borgoña o de Val de Loire. El edificio que cobija a sus familias es más espacioso,

En las tierras frías del este de Francia, en las tierras germánicas y en los cantones suizos, se utilizan estufas de loza vidriada, el *Stüb,* nombre que también se da a la habitación en que se colocan. (París, Bibl. nac.)

por lo general, y consta de varias piezas habitables y de dependencias, trojes, establos y lagares.

Casas de ricos

Muy cerca de París, en Villejuif, un inventario del año de 1647 da la composición de la casa de un labrador. Consiste «en una cocina baja sobre la calle, al lado una escalera contigua, al otro lado una gran puerta para carros, dos grandes cámaras arriba y una cámara pequeña, con el granero arriba, otra sala baja al final de la cocina»[17]. Casa en altura, de dos niveles, con granero, construida en piedra, como es frecuente en Isla de Francia; casa y dependencias con tejado, signo evidente de cierto acomodo, ya que las techumbres de paja, sobre todo en el siglo XVII, son, con mucha diferencia, las más frecuentes en la mayor parte de los pueblos de la mitad norte de Francia.

Respecto de los materiales de construcción de las casas, es conveniente que se revise el esquematismo de una dicotomía que contrapone casas de tierra o de madera en las tierras del norte (norte de Francia, Flandes, Inglaterra, Alemania) a casas de piedra en las tierras del sur (provincias meridionales francesas, España, Italia). Las casas de Bretaña y de Cornualles son de granito; y las de Borgoña, de piedra caliza; las de Isla de Francia, de morrillos. Imperativos relacionados con la presencia o ausencia de tales materiales, madera o piedra, dictaron la selección de uno u otro para la construcción. Tampoco pueden aplicarse con demasiado rigor criterios jerárquicos tendentes a dar preferencia a los materiales pesados, la piedra en detrimento de la tierra y de la madera. Todas las casas campesinas de piedra no son opulentas; lo prueban esas casuchas de piedra que hemos visto en Córcega y en Sicilia. A la inversa, casas de adobes y de entramado leñoso, como las de Kochersberg, en Alsacia, o ciertas casas normandas, son espaciosas, incluso lujosas y propias para cobijar a la numerosa criazón de un rico labrador o de un señor.

¿Cómo vivían esos labradores o esos artesanos rurales dentro de sus casas? Guy Cabourdin nos hace entrar en tres viviendas de labradores del pueblo de Anthelupt, cerca de Lunéville. Las casas de los pueblos loreneses están agrupadas, adosadas unas a otras a ambos lados de la larga calle del lugar. Las de nuestros tres campesinos son edificios de dos *«rains»;* es decir, de dos crujías (las de los peones sólo tienen una crujía), que albergan bajo el mismo techo y entre las mismas paredes el espacio habitable para las personas y el espacio que comprende el troje y el establo. Estas familias campesinas del pueblo de Anthelupt, a mediados del siglo XVIII, disponían, las tres, de dos piezas habitables: «En la parte delantera, una habitación que da a la calle, llamada *la belle chambre, la grande chambre* o *le poêle,* y detrás, la cocina.»[18] Esta denominación francesa, *le poêle* (la estufa) propia de Lorena, corresponde al *Stüb* de Alsacia y de las demás tierras germánicas. En su *Diario de viaje a Italia* (1580), Montaigne, cuando atraviesa Lorena, una parte de Alsacia y de Alemania, y los cantones suizos, se maravilla del sistema de calefacción de las casas del este de Europa, adaptado al rigor de los inviernos de tales regiones: «¿Hay algo más perfeccionado que sus estufas, que son de loza?» Sistema ingenioso, ya que el mismo hogar situado entre las dos piezas habitables permite que se calienten ambas a la vez y que se guisen los alimentos en la cocina; ésta es la manera de utilizar plenamente las dos piezas habitables para dormir en ellas, mientras que, en otras regiones en donde el único fuego de chimenea está en la sala, en invierno hay tendencia a apiñarse para dormir en esta única habitación caldeada.

En las tres casas de los labradores de Anthelupt, se ponen camas a la vez en la *belle chambre* y en la cocina. Las camas pueden estar colocadas en *alcôves.* En Alsacia, entran dos camas gemelas en la *alcôve* grande, casi una habitación separada dispuesta en el amplio *Stüb,* en donde duermen el jefe de familia y su mujer. En otros lugares, las camas ocupan los rincones sombríos de la sala, y raras veces, el centro de la habitación. Como sucede con los demás muebles de la casa, mesas y asientos, se observa que existe una evolución de la cama entre los siglos XVI y XVIII. El lecho, en un principio de forma rudimentaria, simples tablas cubiertas por un jergón que suelen denominarse *châlit,* adopta gradualmente los aspectos más elaborados y más costosos que, por lo general, presenta a fines del siglo XVIII: cama con columnas de madera torneada, con goteras hechas de tapicería de Bérgamo o de sarga de vivos colores, por lo general verdes, con tornalecho, y una ropa de cama que consta de uno o dos colchones de lana, almohadas de pluma, sábanas y cobertores.

Respecto de la segunda mitad del siglo XVIII, el análisis de los inventarios *post mortem* en varias regiones muestra la importancia que concedían los campesinos a la buena calidad de su lecho. Gérard Bouchard se extraña con razón de que en las pobres aldeas de Sologne que ha estudiado las camas de los pobres tengan un elevado valor relativo: «En una muestra de cincuenta peones, la cama representa siempre por lo menos el 40 % del valor total de los bienes.»[19] Las distintas maneras de confeccionar las camas de un país a otro responden a necesidades y gustos varios. La permanencia de los diferentes hábitos de dormir es un carácter cultural propio que se mantiene durante siglos. Ya Montaigne observaba, con divertida concisión *(Ensayos,* libro III, cap. XIII, «De la experiencia»): «Enfermaréis a un alemán si lo acostáis sobre un colchón, como a un italiano sobre plumas y a un francés sin cortinas ni fuego.»

Dormir en promiscuidad

¿Cómo se reparten las camas en la vivienda rural? En las casas de una sola habitación, la respuesta es sencilla: la cama o camas están colocadas en esa única habitación, en la que duermen, comen y viven todos los miembros de la familia. Entre los campesinos pobres es muy frecuente que la única cama sirva para albergar el sueño de toda la familia. El conde de Forbin, caballero provenzal de alto copete, viaja por la posta de Blois a Poitiers el año de 1683; «perdido del camino, por la noche, con niebla» en los marjales de Poitou, llega ante la casa de un campesino: «Le pregunté al entrar si no podría encendernos fuego y hospedarnos en su casa por esa noche. "¡Ay de mí, señor!, vos mismo lo veis, nos respondió, no tengo sino esta miserable cama que sirve para mí, para mi mujer y para mis hijos."»[20]

Incluso en las casas más amplias —con varias piezas habitables— de labradores o de burgueses, en el medio rural (y seguramente en el urbano) todavía en el siglo XVIII la cama o camas se encuentran en la misma habitación en que se vive, se hace lumbre, y se preparan y consumen los alimentos; y esto sucede lo mismo en Lorena que en la Alta Provenza o en Borgoña, e incluso en las casonas de la región de Béarn o en las de los valles pirenaicos en el siglo XIX —F. Le Play hace la observación hacia 1850 respecto a su familia Mélouga[21]. En una jerarquía de la ocupación de las distintas habitaciones de la casa, es casi seguro que acostarse en la sala, calefactorio o estufa, es privilegio del jefe de familia y de su mujer. Esto se observa entre los propietarios acomodados de las amplias casas de la zona de Kochersberg, en Alsacia, y en las casas de cuatro piezas habitables de los pueblos de la alta Provenza. En Varzy (Borgoña), en el siglo XIX, los inventarios *post mortem* de las casas burguesas lo muestran con claridad: «Los utensilios que sirven para preparar y

Adriaen Van Ostade realizó con trazos rápidos bosquejos a pluma en los que se muestra la vida diaria, como este interior que reúne al grupo familiar alrededor del hogar. La cama con sus goteras de tela y la tabla en la que se está secando la ropa están muy cerca de la fuente de calor. *(Interior de granja.* París, museo de la Escuela Superior de Bellas Artes.)

guisar los alimentos están inventariados en la cámara en donde el difunto ha muerto. Parece que era en ella en la que se estaba habitualmente, la cámara para todo, y correspondía al calefactorio de la gente humilde.»[22] Un viajero parisiense, inspector de los impuestos sobre la sal, refiere en sus *Memorias* de viajes por Alsacia su impresión de aversión olfativa respecto del *Stüb* alsaciano de la gente humilde: «Es casi imposible soportarlo, pues viven en él, en él comen, secan su ropa blanca y guardan productos de la tierra, lo cual es causa de una hediondez detestable.»[23]

El apiñamiento de las camas en la habitación o habitaciones depende del número de personas que vivan en la casa. Las tres familias de labradores loreneses del pueblo de Anthelupt, en la década de 1750, constaban, respectivamente, de tres personas (los padres y un niño pequeño), seis personas (los padres y cuatro hijos entre los ocho y los veintidós años), y diez personas (los padres y sus ocho hijos, que contaban entre diez meses y veinte años). Como las tres casas tenían dos habitaciones cada una, es fácil imaginar lo apiñados que estaban en la de Jean Homand y su mujer, Anne Damien, pues los hijos más pequeños tenían que dormir en la cámara de los padres y los de más edad en la otra habitación, y no en camas con columnas, sino en tarimas y en jergones miserables. Cuando la habitación única es bastante amplia (cosa frecuente), no se vacila en meter en ella abundante mobiliario. En un pueblo de la zona de Mâcon, en el inventario *post mortem* de un tonelero, en 1674, el notario enumera respecto de la habitación principal y única pieza habitable, que tiene chimenea, cuatro camas con sus cortinas, pero también cinco arcas que se cierran con llave y dos artesas para amasar pan[24]. Sin embargo, no se conoce la composición del grupo familiar que ocupaba o había ocupado antaño esas cuatro camas en la misma habitación de la casa del tonelero.

En esa misma zona, pero mucho más tarde (1780) y en un medio social burgués, el inventario de los muebles que quedaron por muerte de la viuda de un administrador de la Secretaría de Guerra nos informa de que la viuda dormía en una de las cámaras, en un lecho con cuatro columnas, y de que en la misma cámara se hallaba colocado otro lecho «en donde duerme la pastora». Tal vez, en este caso, la viuda fuera muy vieja y la presencia de una criada que compartía su habitación no tuviera otra razón de ser que el cuidado nocturno de una enferma. Las dos hijas de la casa, aún solteras, dormían en otra cámara, cada una en un lecho con cuatro columnas. En la cocina o sala de esta casa no hay camas, signo de burguesía y también consecuencia de que varios hijos, ya casados, se han marchado de la casa familiar. A fines del siglo XVIII, el individualismo, que se expresa en el aislamiento nocturno, no existe todavía; entre estos burgueses de la zona de Mâcon, se marca, de manera un tanto simbólica, por el uso de otros muebles de la casa. El notario que redactó el inventario no olvida precisar que uno de los armarios es el de la madre, otro, el de la hija mayor, y el tercero, el de la hija menor. Los armarios, que se cierran con llave, reemplazaron durante el siglo XVII, o ya en el XVIII, a las arcas con cerradura y son muebles en donde pueden guardarse efectos personales, vestidos, ropa interior y ropa de cama y mesa, que forman parte del ajuar de las muchachas. Seguramente refugio del individualismo femenino más que práctica matrimonial, el arca (o el armario) perteneciente a la muchacha será transportado a casa de su marido el día de la boda, pues constituye una buena parte de la dote.

La promiscuidad de las camas sirve en este caso de pretexto para describir una escena un poco licenciosa, género estimado en el siglo XVIII. (Con arreglo a Baudouin, *El centinela dormido*. París, Bibl. nac.)

El apilamiento de los lechos en una misma cámara aparece documentado con frecuencia respecto de las posadas u hosterías (aún hoy se puede encontrar en los pequeños hoteles de provincia). Montaigne, seguramente por comparación con las hosterías que había conocido en otros lugares, elogia, en su *Viaje a Italia,* la comodidad de las que encontró en la Suiza alemana, algunas de las cuales ofrecían una «estufa» para cada cama y galerías practicadas con el fin de evitar que uno tuviera que llegar a su habitación cruzando otras. El conde de Forbin relata, de nuevo en sus *Memorias* (1677), una de las noches que pasó en una hostería, en Montargis: «Llegó el momento de acostarse. Nos metieron a los cuatro en una cámara con tres lechos.» Los cuatro; esto es, el conde de Forbin y tres compañeros que había encontrado por el camino: un canónigo de Chartres, de origen provenzal, y dos «señores» desconocidos, con indumentaria de oficiales, que resultaron ser salteadores de caminos, uno de los cuales será ejecutado en París, en la plaza de Grève, poco tiempo después.

En las casas rurales, si bien se está obligado a vivir varios en una misma habitación por lo menos es entre personas que son parientes cercanos. En la ciudad, la promiscuidad es, a veces, una necesidad que va unida a la pobreza y a la dificultad para alojarse. En Ruán, en el siglo XVIII, una «señora» tuvo que «colocar su cama» como realquilada en la cámara que ya ocupaba una pareja —«cámara» tenía por lo general, durante el Antiguo Régimen, el sentido de pieza habitable, fuese cual fuese su destino o destinos[25].

Grupos de residencia y estructuras familiares

Las tres familias de labradores del pueblo de Anthelupt, de tres, seis y diez personas, presentaban la estructura simple, «nuclear», de una familia compuesta por el padre, la madre y los hijos. En otras regiones de Francia, Italia o Alemania, encontramos grupos familiares de residencia cuya estructura es más compleja. Como la casa del lorenés Jean Homand, la del *ménager* Joseph Baret, en el pueblo de Saint-Léger, del valle del Var (Alta Provenza) albergaba también en esa misma época a diez personas. Pero la estructura del grupo doméstico es diferente en la alta Provenza y en Lorena, Joseph Baret, en 1782, tiene cincuenta y tres años; su mujer es un poco más mayor; sus cinco hijos, todos varones, cuentan entre catorce y treinta años: estas siete personas forman el *nucleus* familiar, padres e hijos. A dicho núcleo se añaden otros tres individuos: la madre de Joseph Baret, de sesenta *(sic)* años; una mujer joven, Marianne Genesy, la esposa de Claude Baret, hijo primogénito del jefe de familia; y, por último, el hijo de Claude y de Marianne, Joseph Barret, de un año, que lleva el mismo nombre que su abuelo y que, como hijo mayor del primogénito heredero, está destinado a convertirse en el jefe de familia, si Dios le guarda.

Dos sistemas familiares

La variación de la composición del grupo de residencia en casa de Jean Homand, en Lorena, y en casa de Joseph Baret, en la Alta Provenza, corresponde a dos sistemas familiares radicalmente distintos. Aprehender las realidades de su funcionamiento, apreciar lo que contrapone o aleja a ambos exige que se tengan en cuenta varios parámetros. La diferencia de estructura del grupo familiar, simple y «nuclear» en el primero, más compleja en el segundo, incumbe en primer lugar a las maneras de ocupar el espacio habitado. De acuerdo con la complejidad del grupo residencial, la cohabitación de un hijo casado con sus padres implica mayor complicación en el reparto de papeles, complicación que va acompañada de una ritualidad más marcada en las relaciones sociales y en su jerarquización. Se establecen relaciones de subordinación entre padre e hijo, entre nuera y suegra, y ya no sólo entre mujer y marido, como en la familia «nuclear».

Aparte de las modalidades de la cohabitación, los dos sistemas familiares difieren también en las maneras de partir las herencias. Las reglas y las prácticas jurídicas familiares no son las mismas en las regiones en donde predominan las familias simples, que en las regiones en donde son mayoritarias las familias complejas con fases de tres generaciones: en las primeras, el derecho obliga a dividir los bienes en partes iguales entre los hijos, por lo menos entre los varones; en las segundas, el sistema de elegir un heredero que se quede con sus padres y les suceda se halla favorecido por disposiciones jurídicas no igualitarias, que permiten beneficiar al heredero en detrimento de sus hermanos y hermanas. Las diferencias de índole jurídica, dada la falta de uniformidad del derecho durante el Antiguo Régimen (en Francia, la instauración del Código civil tratará de lograrla) son lo bastante grandes de una provincia o grupo de provincias a otra para que se hayan podido determinar las características regionales de esta «geografía consuetudinaria»[26] en materia de particiones familiares y de transmisión de herencias. En Francia, aparentemente, la división es clara: las provincias meridionales, al sur del Loira, practican en su mayoría la partición no igualitaria, con elección de un heredero, mientras que las provincias del norte y del oeste se rigen por un derecho igualitario. En la realidad, el mapa es muchísimo más complicado, con zonas de transición en las provincias del Centro y zonas no igualitarias en provincias o tierras del norte y del este del territorio francés. En la interpretación y utilización que de este mapa puede hacerse, se impone una salvedad: la geografía de las herencias está basada en un análisis de textos jurídicos consuetudinarios que emanan de las diferentes provincias francesas, y sólo refleja características diversas de derecho familiar que no siempre han de concordar con la realidad de las prácticas familiares de las que van a depender las estructuras del grupo residencial. La misma complejidad y los mismos problemas de interpretación del derecho familiar se encuentran en las distintas provincias de Alemania, Italia o España.

Las estrategias familiares que determinan las modalidades de reproducción social y biológica de las sociedades rurales antiguas constituyen respuestas complejas a condiciones a la par económicas y materiales, culturales e ideológicas. Hay regiones de Francia —Normandía, Anjou, los pueblos de *openfield* de la Cuenca de París— en donde, al igual que en Gran Bretaña, desde el siglo XVI y a menudo antes, los padres verán salir de su casa a todos los hijos que en ella nacieron y vivieron. Algunos de ellos dejan a sus padres siendo muy jóvenes y se colocan en otras familias o buscan fortuna y posición en un lugar lejano. Otros, en cambio, permanecerán cerca

Los hermanos Le Nain pintaron varios corros de niños bailando al son del flautín, ante la mirada pensativa de una abuela. *(Los preparativos de la danza.* Col. part.)

Aquí, los niños ya no bailan, a pesar de la presencia del músico, sino que posan para un retrato de familia. El grupo consta por lo menos de dos parejas, una de ellas de más edad. Tal vez se trate de los padres con la hija menor detrás de ellos y la hija casada junto a su marido y a sus hijos. (Le Nain, *Retratos en un interior*. París, Louvre.)

de sus padres en una vivienda construida en una dependencia de la casa familiar, y tal vez mantengan estrechos vínculos con los padres, trabajando con ellos y ayudándoles; pero no estará convenido ni será conveniente que un hijo, al casarse, haga entrar a su mujer en la casa de su padre. Se preferirá retrasar el momento del matrimonio en espera de poder instalarse de modo independiente. La suegra y la nuera no harán la sopa en el mismo fogón.

Hay otras regiones, de Italia, de Francia o Alemania, más numerosas y más extensas de lo que a veces se ha dicho, en donde, en cuanto las condiciones económicas lo permiten, uno de los hijos, nacido en la casa paterna, no la abandona al casarse y sigue viviendo con sus padres hasta que fallecen. Es una manera de garantizar la continuidad de padre a hijo al frente de un bien patrimonial, ya se trate de un feudo ancestral, ya de un cargo en un parlamento, de una explotación agrícola o de un taller de artesano. Este sistema familiar, a la vez de residencia compartida y de transmisión de patrimonios, lleva el nombre de «familia troncal», la *stem-family* de los autores anglosajones.

La familia troncal: lugares y cometidos de sus miembros

La llegada de una nuera que venga a agregarse al átomo de parentesco de su marido (o, más raramente, la llegada de un yerno a la casa de su esposa heredera) plantea problemas de cohabitación particulares en el seno del grupo familiar. ¿Dónde se va a colocar en la casa el lecho nupcial del hijo heredero y de la nuera? Desde luego, no en la sala, en donde duermen los padres; ni tampoco en la cámara o cámaras de los hermanos y hermanas del esposo, cuñados y cuñadas de la nuera. Para que un hijo casado permanezca en la casa de los padres es necesario que una de las cámaras esté vacante, lista para acoger a la joven nuera. En ella, la joven encontrará ya la cama, y en ella se pondrán las arcas que lleva al matrimonio y en las que están guardados los vestidos y la ropa blanca de su ajuar.

La cohabitación de las dos parejas, padres casados-hijo casado, sólo es posible en una casa con dos piezas habitables cuando el hijo que contrae matrimonio es el único que se queda viviendo con sus padres. En realidad, en la mayoría de las regiones en que se practica el modelo de familia troncal las casas son suficientemente grandes para disponer por lo menos de tres o, a menudo, de cuatro piezas habitables.

En un pueblo de la Alta Provenza —no ya en el valle del Var, como era el caso de Saint-Léger, sino en el del Verdon— llamado Saint-André-les-Alpes y situado más arriba de Castellane, de un centenar de casas que componen la población, más de la mitad constan, a mediados del siglo XVIII, de cuatro piezas habitables[27]. Casas en altura, alzadas sobre una estrecha base, completamente ensambladas, que constan por lo general de cuatro niveles: establo y cueva al mismo nivel, abajo; dos pisos de vivienda, «sala y cámara en el primero, sala y cámara arriba», como dicen los notarios; henil en lo más alto de la casa. Cuatro piezas habitables es mucho para campesinos humildes o artesanos de pueblo. Es un lujo en las fases del ciclo familiar en las que el grupo se reduce a padres e hijos; pero es necesario cuando, en las fases de plenitud, se juntan el jefe de familia y su esposa, en la *alcôve* de la sala del primer piso donde hay fuego encendido, una parte de los hijos que aún están solteros, en la cámara de al lado (algunas veces, las hijas y la abuela viuda comparten las camas de una misma habitación) el matrimonio joven, casi siempre en la sala que está encima de la de los padres, y en la cámara de al lado, sus propios hijos. Los inventarios *post mortem* redactados en el siglo XVIII, al igual que los testimonios orales recientes, indican la repugnancia que inspira a las parejas provenzales que hijos ya mayores sigan durmiendo en la cámara en que lo hacen ellos. No obstante, el hijo más pequeño permanece en la cámara de sus padres hasta que deja de mamar, pues los inventarios del siglo XVIII, por lo menos en Provenza, suelen mencionar la presencia de la cuna, con las mantas y sábanas infantiles.

En esas casas ensambladas de los pueblos de la Alta Provenza, así como en las casonas exentas de los valles pirenáicos, la existencia de grupos de residencia complejos, de tres y hasta cuatro generaciones, implica una asignación ritual de los lugares correspondientes a cada individuo o a cada pareja, marcada por una estricta jerarquía. El jefe de familia y su mujer tienen su cama en la que se considera la mejor habitación; por ejemplo, en Saint-André-les-Alpes, en el primer piso, donde se halla la chimenea, hay fuego encendido permanentemente y se tienen vistas a la calle. Esto es tan cierto en los pueblos de Provenza o de Languedoc como en las casonas de la llanura alsaciana.

Durante el desarrollo más o menos lento de las fases del ciclo familiar el envidiado puesto en la cama de la *alcôve* de la sala principal o del *Stüb* alsaciano corresponderá al hijo heredero y a su esposa, al morir el padre. En el interior de la casa se efectúa un movimiento de rotación. Si la madre ha sobrevivido a su marido, una vez viuda deberá ceder su cama a su nuera y a su hijo heredero, e ir a alojarse a otra cámara, sola o, a menudo, con sus hijas solteras, o con sus nietas. Al morir el padre, el hijo hereda a la vez la dirección de la casa y el mejor lugar para dormir.

El sistema de familia troncal provenzal (o italiano o japonés) implica un reparto de papeles entre dos generaciones adultas, tanto entre padre e hijo como entre suegra y nuera. La distribución de tales papeles en la casa, en los campos o en la iglesia, obedece a actitudes rituales, que en cierta medida son una manera de hacer la cohabitación menos difícil y de disminuir las ocasiones de conflicto. Las tareas femeninas están jerarquizadas en todas las casas: la suegra sigue dirigiendo la cocina, la nuera se encarga de los hijos pequeños y trabaja en el campo. El lugar de cada uno en la mesa y la manera como se desarrollan las comidas, en la misma sala en que duerme el jefe de familia y su mujer, obedecen a un orden ritual.

Esta jerarquía de los sitios en la sala en que se come es descrita

La comida del grupo familiar amplio que describe Rétif en *La vida de mi padre* se halla reflejada en este célebre grabado de manera ingenua e idealizada. En la escena domina el retrato del antepasado. (Extraído de Retif de La Bretonne, *La campesina pervertida*. La Haya, 1784, ilustraciones de Binet.)

del siguiente modo respecto de las viviendas alsacianas de Kochersberg: «El amo de la casa tiene el mejor sitio, que permanece vacío en su ausencia, es el ángulo del banco esquinado, que le permite vigilar a la vez, la calle, el patio y los papeles familiares guardados bajo llave en el rincón de Nuestro Señor.» Durante las comidas, «está en la cabecera de la mesa; su mujer, a su derecha; sus hijos, a su izquierda; sus hijas, al lado de la madre; y luego los criados»[28]. Encontramos una descripción poco más o menos idéntica, acerca de las casas de la Borgoña del norte, en *La campesina pervertida* de Rétif de la Bretonne, cuyas primeras ediciones de fines del siglo XVIII incluyen un grabado que representa la escena de la comida familiar.

Se trata seguramente de una visión idealizada, llevada al extremo en Nicolas Retif y en las descripciones de los etnógrafos alsacianos de fines del siglo XIX, que corresponde a un modelo de grandes explotaciones familiares que muy raras veces se encuentra en la práctica. Acerca de los puestos que ocupan las mujeres en la mesa, muchos testimonios prueban que, en la realidad, incluso en esos medios de campesinos acomodados, raras veces se sentaban a la mesa en la que comían los hombres: les servían. Como dice Lazare de La Salle de L'Hermine en las *Memorias* de su viaje a Alsacia: «En cualquier festín, la madre de familia nunca va a la mesa hasta el postre; es decir que, cuando llega a la concurrencia, se estima que no hay nada más que ordenar ni que traer de la cocina.» El jefe de familia corta el pan, escancia el vino, se sirve el primero, seguramente los mejores bocados, y distribuye luego la comida a los demás comensales.

La casa paterna

Sitios asignados en las habitaciones de la casa, ritual en la mesa, aprendizaje, ya en la primera infancia, de actitudes, gestos y palabras, dentro y fuera de la casa (en muchas regiones, los hijos trataban de usted a sus padres): de este modo se elaboraba todo un sistema pedagógico que iba encaminado a inculcar a las generaciones jóvenes el respeto que se manifestaba hacia los mayores, a hacer que los dominados —hijos menores, nuera—, aceptaran las preferencias que se concedían al primogénito y las muestras de deferencia que se debían a los padres. La correspondencia privada de comerciantes de pueblo o de *ménagers* provenzales están cuajadas de esas muestras de respeto y de deferencia entre padres e hijos, entre hijo mayor e hijos menores. Asimismo, en los censos de pueblos como Saint-Léger, el orden de enumeración de los individuos que componen una casa respeta las jerarquías y prelaciones nombrando en primer lugar al padre jefe de familia, que encabeza la lista hasta que muere, seguido de su mujer, y luego de su hijo mayor. Si éste ya se ha casado, la nuera que ha venido a agregarse al grupo familiar de su marido suele aparecer detrás de los hermanos menores del heredero; seguidamente vienen las hermanas del heredero y, por último, los nietos.

Las disposiciones del derecho en materia de herencia dan una base sólida al mantenimiento de la autoridad paterna, en Provenza, Languedoc y Aquitania. El padre, dueño del patrimonio familiar, no sólo tiene entera libertad para favorecer a uno de sus hijos en relación con los demás, bien por testamento, bien por donación inter vivos, sino que sobre todo, tiene la facultad de conservar el usufructo de los bienes que ha prometido por mejora hereditaria en las capitulaciones matrimoniales del hijo al que mantiene consigo —práctica prudente y segura para no quedarse despojado y no soltar las riendas de la familia, con el fin de seguirse haciendo respetar. ¿Por qué este heredero, a quien sus padres «han prometido alimentar y mantener» iba a quejarse de tener que trabajar «en beneficio de la herencia», si ese patrimonio le corresponderá, sólo que más tarde, al morir su padre? «No te quejes, tendrás todos los bienes», dice el padre al heredero que rezonga. El padre solamente consiente en hacer el acta de emancipación para los hijos que han abandonado la casa y

El joven Durero pintó a la acuarela varias vistas de barrios de su ciudad natal, Nuremberg, antes de viajar a Italia. Las casas del barrio de San Juan están representadas minuciosamente, con sus tejados y sus muros de entramado leñoso. (Bremen, Kunsthalle.)

se han instalado fuera, separados de la *domus* paterna. El hijo de familia, como suele designarse al heredero, aunque esté casado y tenga incluso cuarenta años, no goza aún de la libertad de decidir, negociar, o testar. Debe pasar por su padre.

El análisis de las prácticas revela que todavía en el siglo XVIII estos hijos de familia soportaban la autoridad que el padre ejercía sobre ellos, sobre su esposa y sobre sus hijos. El contrato de comunidad que se instituía en el momento del matrimonio del heredero, incluía siempre una cláusula de ruptura: «si acaso las partes no pudieren avenirse», «soportarse», como dicen las fórmulas notariales. En Saint-André-les-Alpes (Alta Provenza), raras veces se encuentra que el hijo heredero y su esposa se separen de los padres. Cuando esto se produce es casi siempre en los meses siguientes al casamiento. Dentro de una casa, se percibe rápidamente si la vida común entre la suegra y la nuera es soportable, si no, el hijo amado se separa de sus padres. Va a cultivar las tierras que su padre prometió darle inmediatamente en caso de romperse la comunidad.

Él y su mujer pasan a vivir a uno de los cuartos de la casa de dos niveles habitables, que se divide con tal motivo, o a una casa vecina que también forma parte del patrimonio familiar. Si, tras la amputación de la parte de herencia que se ha dado al primogénito, las condiciones económicas aún lo permiten, el padre intentará mantener consigo a un segundón que permanecerá en la casa tras su matrimonio, para reproducir de nuevo la comunidad padres-hijos con los restos de la que acaba de romperse.

Para el buen funcionamiento de la familia troncal autoritaria son siempre necesarias unas mínimas condiciones económicas. La *domus* debe disponer no sólo de un número de piezas habitables suficiente para albergar a todo el amplio grupo familiar, sino también de medios de producción y de subsistencia. Es preciso que la «fuerza de la herencia», como dicen las fórmulas notariales sea suficientemente sólida para que cuando se hayan distribuido las dotes de las hijas excluidas y se hayan separado las partes de los hermanos menores, la explotación agrícola (o el tenderete del artesano) pueda alimentar a las cinco o diez personas que van a componer la casa. El sistema de familia troncal florece en las regiones en que los campesinos son dueños de sus tierras (con evidentes excepciones: las extensas familias de las regiones de aparcería en Limousin o en Berry), en las regiones en donde los maestros del artesanado y los comerciantes aldeaniegos disponen de recursos suficientes en dinero, tierras o ganado. El inglés Arthur Young, que viaja a Francia a fines del siglo XVIII, observa: «En todos los lugares de Francia, uno encuentra pequeñas propiedades campesinas, en un grado que no conocemos en Inglaterra. En Flandes, en Alsacia, a orillas del Garona, en Béarn, los pequeños propietarios parecen tan holgados que podría llamárseles *farmers* más que *cottagers.*» Ahora bien, las regiones que cita Arthur Young están precisamente entre las que cuentan mayor número de familias troncales.

En una casa alsaciana, el propietario mandó representar sus iniciales y el emblema de su profesión de panadero.

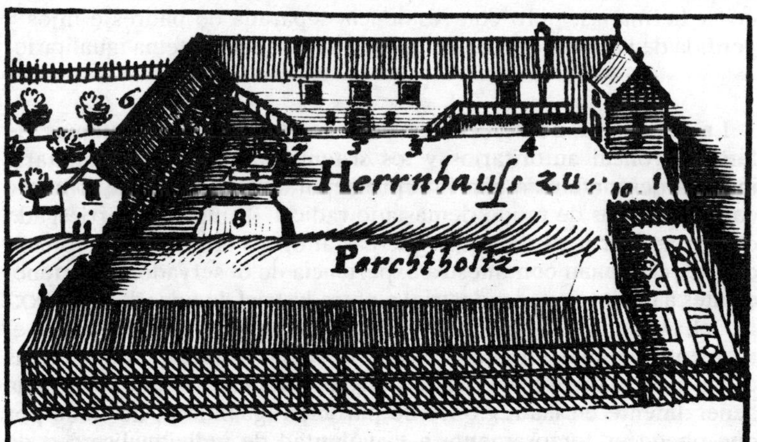

Esta vista de una explotación agrícola aparece en el ángulo superior de un grabado que representa un pueblo austriaco de mediados del siglo XVII. El destino de los distintos edificios está indicado con precisión. (Extraído de Merian, *Topographia provinciarum austriacarum.)*

La familia troncal. Una variante

Existe otro sistema de familia troncal en el que, en la mayor parte de los casos, la elección de un heredero privilegiado va acompañada de la renuncia de los padres a seguir dirigiendo la casa cuando dicho heredero contraiga matrimonio o más tarde. En el este de Europa, en Alemania, Austria y seguramente en Irlanda, cuando el hijo heredero se casa, los padres renuncian a ejercer su autoridad sobre él. Es la «retirada». Al dejar la dirección de la explotación familiar, (el *Hof* germánico, equivalente de la *domus* meridional), los padres habilitan una vivienda aparte de la pareja de los hijos, en una construcción muy cercana situada en el recinto del *Hof,* ya sea un pequeño edificio levantado con ese fin, adosado a la casa principal, como sucede en el siglo XVIII en los pueblos de ciertas partes de Austria, ya sea una simple cámara, *Stüb* o *Kleinstüb* de las casonas alsacianas, *west room* de las pequeñas propiedades irlandesas.

Se separan las viviendas y se separan también los presupuestos de los padres y de los hijos herederos. Para garantizar su sustento en la vejez, los padres, cuando ceden la parte principal de la explotación y de la vivienda familiares, hacen que se precisen en contrato los pedazos de tierra que se reservan y los diferentes elementos que componen una pensión anual «de supervivencia»: granos y otros productos alimenticios, vestidos, combustibles y dinero que deberá pasarles el heredero.

Entre los dos grandes tipos de sistemas familiares, el de Lorena, Normandía o Gran Bretaña (casamiento-instalación independiente de los hijos, que abandonan el hogar de los padres, con partición igualitaria de las herencias, al menos para los varones) y el de la Alta Provenza o los valles pirenaicos (exclusión, mediante donación, de todos los hijos excepto uno, el heredero elegido, que se quedará a vivir con sus padres en el mismo hogar y bajo su autoridad), la solución de los países del este de Europa o de Irlanda, constituye una posición intermedia: es, en efecto, un sistema no igualitario de familia troncal que tiende a que la parte principal del patrimonio se conserve en manos de un heredero único, a expensas de sus hermanos y hermanas, pero con residencia separada de padres e hijos y pérdida de la autoridad de los padres, como en el sistema igualitario.

Sistema igualitario y solidaridad de linaje

La existencia de soluciones intermedias entre los sistemas de familia troncal autoritarios y los sistemas de partición igualitaria invita a desconfiar de una interpretación esquemática que tiende a contraponerlos de modo demasiado radical. También es arriesgado querer aplicar a sociedades agrícolas antiguas criterios anacrónicos que se relacionan con nuestra experiencia de observadores pertenecientes a una sociedad industrial o posindustrial de fines del siglo XX. En el Antiguo Régimen, la separación de padres e hijos en el momento del matrimonio —o, con frecuencia, mucho antes, en las capas más desfavorecidas de la sociedad campesina— que se localiza generalmente en las regiones de partición igualitaria, no tiene por qué obedecer forzosamente a la voluntad de individualismo o de

«Permaneced juntos, hijos míos, que el amor os una.» Los versos de La Fontaine han sido ilustrados en esta escena de esponsales de aldea con todo el «pathos» del pintor y de la época. (Jean Baptiste Greuze, *La prometida del pueblo.* París, Louvre.)

independencia de los interesados; a menudo está relacionada con imposiciones de índole económica. Los distintos sistemas de partición familiar, las distintas estructuras del grupo residencial son, ante todo, respuestas varias a una misma pregunta: ¿cómo garantiza su reproducción a lo largo de las generaciones una sociedad que saca la parte principal de sus recursos y de su sustento del trabajo de la tierra?

En todos los casos y sean cuales sean los modos de explotación del suelo, los grupos territoriales aldeaniegos, antiguos mansos, *paroisses* o feudos, están divididos en varias unidades familiares que disponen de parcelas de tierra, propias o arrendadas, y de una vivienda común para los distintos miembros del grupo familiar. Las modalidades de la sucesión, generación tras generación, en estas unidades territoriales aldeaniegas derivan todas de un mismo principio común, por diferentes que sean de una región a otra (y susceptibles de variar en el transcurso del tiempo). Los sistemas de mejora hereditaria, con elección de un heredero único, tienden a privilegiar una transmisión vertical dentro de unidades domésticas (casas, *oustals, domus)*. En cambio los sistemas igualitarios ocasionan en cada generación una división de las propiedades o de los derechos sobre la tierra, división difícilmente compatible con las condiciones económicas precisas para la supervivencia de las explotaciones familiares; pero esta peligrosa división de las tierras en cada generación se compensa mediante un movimiento inverso de concentración de las parcelas fragmentadas, por compra o intercambio. En las zonas de campos abiertos, en las cuales se ejerce un modo de partición igualitaria, existe un conjunto de reglas jurídicas y de prácticas que son prueba de una gran solidaridad de linaje. Ciertas imposiciones jurídicas y a la vez morales, como el tanteo por razón de parentesco, limitan la dispersión de las tierras fuera de la parentela, y ciertos usos agrarios comunitarios, particularmente desarrollados en las tierras llanas, vienen a reforzar aún más la cohesión de linaje.

Estas cohesiones dentro del linaje no se limitan al ámbito económico; también impregnan la vida social y afectiva. Aunque la residencia se organiza en pequeñas unidades separadas en las tierras igualitarias, existen también las relaciones de parentesco más amplio, debido a la acción de la alianza, de la vecindad y de las solidaridades. Las pequeñas unidades residenciales están englobadas en la red de las relaciones entre padres e hijos, entre hermanos y hermanas, entre cuñados que se reparten o intercambian los lotes procedentes de una explotación y de una vivienda familiares. Las familias nucleares emparentadas permanecen agrupadas en los patios de las casas de Isla de Francia, en los recintos de las granjas de Normandía, en la larga calle de los pueblos loreneses. Entre los viñadores de la Cuenca de París o entre los artesanos de los pueblos normandos, el campo de la alianza matrimonial está recorrido por las mismas líneas de fuerzas endogámicas que en las tierras de mejora hereditaria. En los pueblos de alfareros de la región de Auge, en el siglo XVIII, «las estructuras familiares están metidas en un círculo muy cerrado y endogámico. Los hijos de alfareros, alfareros también, se reparten el patio central: las particiones sucesorias dan fundamento a múltiples servidumbres y derechos»[29].

¿Cuál era la suerte del padre anciano o de la madre viuda una vez que se habían repartido los bienes entre los hijos? ¿Acabar tristemente sus días en solitario viviendo de limosna, cuando los hijos se resistían a pagar la pensión de supervivencia? Hay padres ancianos que imploran el socorro de sus hijos, como esa viuda de un jornalero del pueblo de Avenières, cerca de Laval, quien, en 1730, «por su mucha edad y su enfermedad, ruega a Jean Heaume, labrador, hijo suyo, que consienta en hacerla llevar a su casa y en recibirla en ella con los pocos muebles que tiene, para que pueda estar alojada y alimentada, y tener cama y ropa limpia, ya que no se halla en estado de ganarse la vida»[30].

Queremos creer que otras viudas no tendrían necesidad de hacer este tipo de requerimiento públicamente para que obrasen en su favor los buenos sentimientos filiales. Viendo los censos del siglo XVIII en muchas regiones de tierras igualitarias, puede comprobarse la escasez de matrimonios que viven solitarios. En Longuenesse (Artois), en 1778, existe un matrimonio que vive solitario entre 66 hogares, mientras que el número de casas en las que la pareja cohabita con uno o con los dos padres es de 11. Dos factores demográficos vienen a engrosar la cifra de las familias que se limitan solamente a los padres con sus hijos pequeños: la temprana edad en que fallecen los padres y el tardío casamiento de los hijos.

Es probable que la autoridad de los padres en materia de elección de los cónyuges o en cuanto a decisiones relativas a las devoluciones sucesorias no se pusiera básicamente en entredicho en las tierras igualitarias, lo mismo que en las tierras de familia troncal. Incluso en las regiones en que el matrimonio coincidía con la instalación independiente, la fundación de una nueva unidad residencial y económica dependía de la buena voluntad de los padres. Y si los padres tardaban en dividir sus bienes, el hijo tenía que esperar mucho tiempo, a menudo hasta los treinta años, para casarse y afincarse. En los medios de labradores o viñadores, había hijos que seguían viviendo con sus padres y trabajando con ellos hasta dicha edad.

Los sistemas familiares: las semejanzas

Aparte de las indiscutibles diferencias que existen de una tierra a otra tanto en las maneras de construir las casas y de repartir el espacio habitado como en los marcos jurídicos que regulaban los modos de residencia y de transmisión de bienes, tal vez la vida diaria en las moradas de los granjeros de Isla de Francia no fuera muy opuesta a los de los *ménagers* de Provenza. La gran variedad de tipologías regionales de vivienda campesina que con tanto afán se intenta caracterizar debe interpretarse ante todo como una respuesta adaptada a condiciones ambientales (sol, clima, modos de cultivo) diferentes. Asimismo, las múltiples modalidades de residencia familiar compartida y de partición del patrimonio, al margen de algunos principios jurídicos de origen muy antiguo, son, en realidad, respuestas adaptadas a las condiciones físicas y socioeconómicas de las poblaciones que las han elegido o se las han dejado imponer.

De este modo puede explicarse la coexistencia de distintos sistemas familiares de residencia y de transmisión de bienes en una misma provincia o en dos regiones muy cercanas. Por ejemplo, en una misma región del noroeste de España, Galicia, se encuentran tres tipos de residencia familiar y de transmisión de herencia: en las colinas, la transmisión no igualitaria al primogénito varón, con residencia compartida de las dos parejas casadas del padre y del hijo (familia troncal); en los valles cercanos al mar y en las comunidades de pescadores de la costa, el sistema no igualitario es distinto, pues se designa a una hija como sucesora en la casa de los padres —esta ausencia de «preferencia masculina» es bastante frecuente en varios países del suroeste de Europa—; por último, en las llanuras del sur de Galicia, la herencia de los padres se divide en partes iguales entre todos los hijos, y la residencia compartida de padres e hijos es rara[31].

Las casas de piedra del burgo de Sisteron (Alta Provenza), construidas en altura, se hallan encajadas entre la peña y el río Durance. (Dibujo anónimo, *Aspecto de la villa y Castillo de Sisteron*. París, Bibl. nac.)

Las largas filas de casas del pueblo-calle de Lorena se extienden en el espacio desmesurado de las tierras llanas. *(La Ferie de Gondreville,* con arreglo a Jacques Callot. París, Bibl. nac.)

Último punto común a las casas campesinas de las provincias de familia troncal y a las de las tierras de partición igualitaria: pese a notables diferencias en la estructura de las familias, en ambos casos, las reglas de residencia compartida reducen el grupo doméstico a una dimensión relativamente modesta. Tanto en Francia como en Italia o Gran Bretaña, en los siglos XVII y XVIII el número de individuos emparentados que viven bajo el mismo techo nunca es muy elevado en las viviendas campesinas. Esto es obvio en tierras de partición igualitaria, en donde el casamiento-instalación independiente reduce la familia a la pareja del joven matrimonio, a sus hijos, y a veces, a un ascendiente; pero no hay mucha diferencia, desde el punto de vista numérico, en las *domus* de familia troncal, pues las condiciones económicas de subsistencia del grupo exigen que los individuos que cohabitan en la casa no excedan de cierto número: bien se retrasa el matrimonio del primogénito para que la nuera no entre en la casa paterna antes de que hayan salido algunos de los hermanos y hermanas del heredero, bien, en ciertas regiones, se prefiere instalar fuera a los hijos mayores y dejar al más joven como heredero, báculo de la vejez para los padres.

En las tierras de familia troncal, resulta absolutamente excepcional que dos hermanos casados vivan juntos en la misma casa, incluso después de la muerte de los padres. Estas familias de *«frérèches»* no se encuentran ni en Provenza, ni en los valles pirenaicos, ni en Alsacia, durante los siglos XVII y XVIII. Tal cohabitación sería contraria a la ideología de la familia troncal, que privilegia a un heredero único, y peligrosa para el equilibrio económico y afectivo de la casa. Ni siquiera los hijos menores terminan casi nunca sus días en la casa de los padres: durante el Antiguo Régimen, el celibato definitivo en los medios rurales aldeanos es muy raro, y todavía más entre los varones que entre las mujeres.

Una supervivencia: las grandes comunidades familiares

Todas estas consideraciones explican la dimensión relativamente modesta del grupo de residencia, incluso en las regiones de familia troncal. Muchos historiadores lo han repetido: la «gran familia patriarcal», que agrupa bajo un mismo techo a una numerosa comunidad que abarca a los abuelos, a algunos hermanos y hermanas de éstos, a varios hijos casados y a los nietos, es un modelo mítico que, en Europa occidental y a partir del siglo XVI, no corresponde a ninguna realidad tangible. Durante mucho tiempo se ha citado el único ejemplo bien conocido de familia «patriarcal», la *zadruga* yugoslava, como una aberración que sobrevive de los tiempos antediluvianos; en realidad, en muchas regiones de Europa central y oriental —Hungría, Rumanía y, más aún en Rusia— esas grandes comunidades son todavía corrientes en los siglos XVIII y XIX.

Si se busca detenidamente, no es imposible hallar, todavía en el siglo XVIII, grupos domésticos muy amplios en el corazón del territorio francés, en las provincias del Centro, como Auvernia o Berry, en ciertas partes de Borgoña y del Jura y en Bourbonnais.

La existencia de esas grandes comunidades de hábitat rural se menciona en relaciones de viajes por Francia desde el siglo XVI al XIX. François de Belleforest, que dedica en su *Cosmografía* unas páginas a la región de Limousin, escribe en 1575: «Los habitantes (...) son sanos, alegres, dispuestos y fuertes, y por lo demás tan buenos administradores que, por miedo a que las casas se arruinen, veréis en los pueblos familias tan grandes que un viejo verá a sus hijos hasta la cuarta generación, pues pueden casarse sin dispensa unos con otros, sin que haya habido partición alguna de sus bienes: he visto familias en las que había más de cien personas, todos parientes, que vivían en común, como en una asamblea.»[32] Dos siglos más tarde, en su *Viaje al Jura,* el bretón Le Quinio describe unas comunidades familiares casi en los mismos términos: «Padre, madre, hijos, nietos, biznietos, primos y primos segundos, todos permanecen juntos. Es un árbol genealógico cuyas ramas sólo se separan andando el tiempo, y el patriarca venerable que con la pureza del aire y su vida sencilla y frugal llega casi siempre muy sano al final de una larga vida, ha mandado por mucho tiempo en numerosos vástagos.»[33]

Un número más o menos grande de individuos «que tienen casa y vida comunes con la misma olla, la misma sal y la misma despensa», y que forman una sociedad de personas generalmente emparentadas o unidas por casamiento a la que los textos de la época llaman *«communs», «communes», «parsonniers», «coparsonniers»:* así se definen las comunidades agrícolas del Antiguo Régimen. Comunidades *tacites* o comunidades *taisibles* dicen los textos de los libros de derecho consuetudinario de las provincias del centro de Francia, y también los de algunas del oeste, y los comentarios de los juristas de los siglos XVI-XVII, en particular el célebre Guy Coquille, de Nevers. Este término *taisible* o *tacite* alude a la validez de este tipo de sociedad familiar, incluso si no hay contrato escrito, simplemente por el hecho de tener «casa y vida común durante un año y un día». En la práctica, si bien tal modo de constitución de las comunidades pudo florecer hasta mediados del siglo XVII, luego, bajo la presión de los edictos reales que exigían la inscripción en el registro civil, las sociedades familiares amplias fueron objeto de actas notariales que regulaban tanto su constitución y sus modificaciones (entrada y salida de miembros de la comunidad) como su disolución.

Las comunidades agrícolas amplias, según la época y las regiones, adoptaron formas muy variables, en sus dimensiones (de cuatro o cinco personas a unas cuarenta), en sus fundamentos económicos (comunidades de propietarios, pero también de aparceros) y en las formas de vivienda que cobijan a sus miembros. Las comunidades de propietarios, que son las más corrientes, llevan el nombre de la

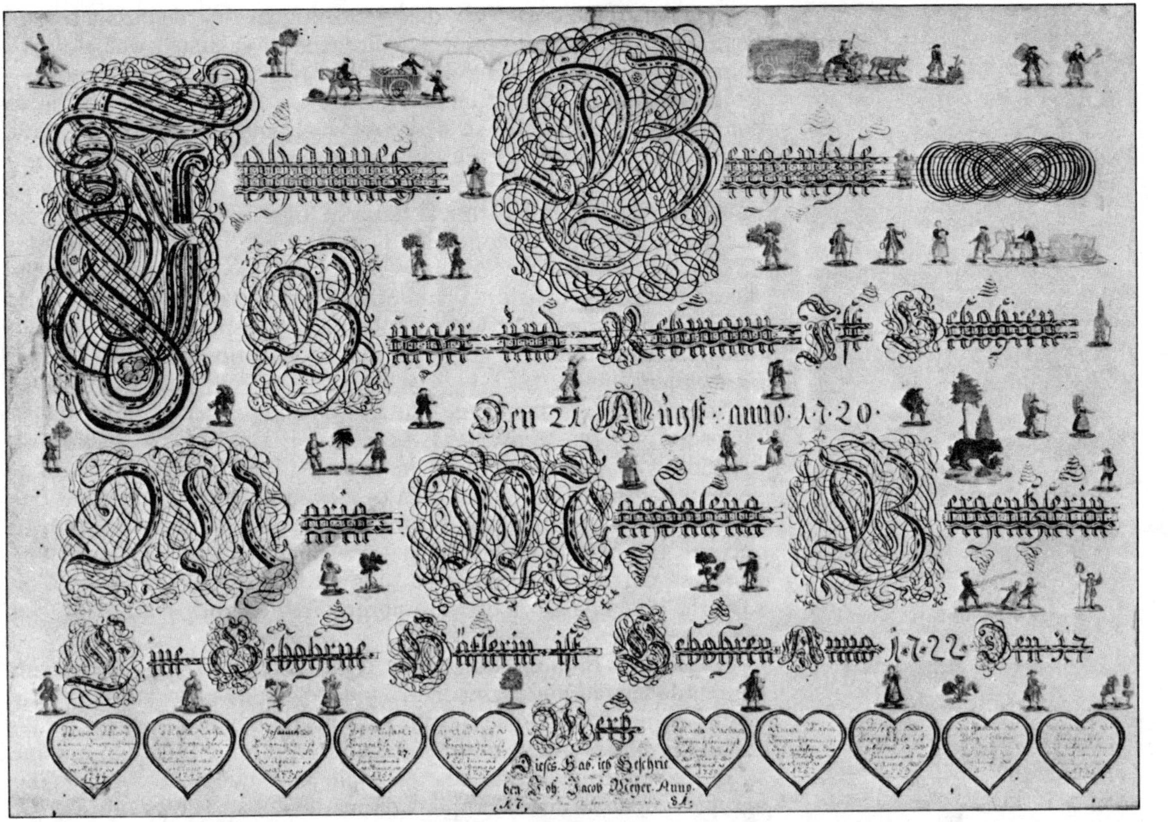

La reconstitución genealógica de la familia alsaciana de los Bergentzle da rienda suelta a la figuración de letras floridas con arabescos de un barroquismo arcaizante. (Estrasburgo, museo Alsaciano.)

familia, patronímico del antepasado que las fundó: la comunidad de los Jault, en la región de Nevers; las comunidades de los Quittard-Pinon (que se hizo célebre en la segunda mitad del siglo XVIII gracias a la atención que le dedicaron los filósofos de la Ilustración), en la región de Thiers (Auvernia), y también en la misma región, la de los Garnier, la de los Pradel, la de los Anglade-Tarenteix, y muchas otras.

La casa común

La vida comunitaria se sitúa material y simbólicamente en una forma concreta de vivienda. La existencia de una «casa común», la «casona común», el *hostel* de los Quittard o de los Pradel es necesaria para el funcionamiento de la comunidad familiar, lo mismo que el refectorio y los dormitorios comunes son necesarios en la comunidad monástica. Se trata de un gran edificio que suele tener forma de casa-bloque y que comprende una sala común a veces de dimensiones gigantescas: 24 por 8 metros en la comunidad de los Jault, en la región de Nevers; 25 por 10 metros en la comunidad de los Legaré, en la misma región; es decir, diez veces la superficie de la sala común de una casa de labrador en Isla de Francia. La sala lleva una inmensa chimenea central, o varias chimeneas laterales. Es el «calefactorio», la habitación en donde comen juntos todos los miembros de la comunidad y en donde se desenvuelve la mayor parte de la vida social; pero es habitual que en ella se instalen camas para el amo de la comunidad, jefe electo, y su familia, pues éste como el jefe de familia de la familia troncal tiene su lugar para dormir en la sala común. Este «amo de comunidad» el *mouisttre* de las comunidades de Auvernia, tiene amplios poderes y sus decisiones no se contradicen. En las agrupaciones numerosas, existe también un «ama de comunidad», quien por lo general, no es la esposa del «amo». Su principal cometido es hacerse cargo de los hijos pequeños de los *parsonniers*.

Además de la sala grande, dotada de chimeneas monumentales, la casona alberga también un número variable de cámaras de dimensiones modestas, para los *parsonniers,* sus mujeres y sus hijos pequeños. En algunas comunidades muy grandes, otras familias que formen parte de la misma comunidad pueden vivir en edificios vecinos. Las plantas de las casonas revelan distribuciones varias: ora existe un corredor a lo largo de todo el edificio que da acceso a las cámaras pequeñas; ora éstas se abren directamente al exterior, por el patio.

Estas casas-bloque, de piedra o de entramado leñoso, de las comunidades familiares del centro y del oeste de Francia, recuerdan por su planta y sus funciones las casonas de madera de las comunidades familiares amplias de Europa oriental; por ejemplo, las que se describen todavía a fines del siglo XIX, que dan cobijo a las agrupaciones familiares amplias de los «Palots» y de los «Matyos», en Hungría[34].

En Francia, las formas de la vivienda de las comunidades familiares podían variar: grandes casas-bloques de planta basilical, características de las grandes comunidades de la región de Navers; en otros lugares, casas largas, de múltiples crujías, que quizá correspondieran a formas de asociación polinuclear; a veces, hasta casas en altura, como en Quercy. Al igual que en el caso de las familias de labradores de Isla de Francia o de labrantines provenzales, las formas de la vivienda de las comunidades agrícolas amplias podían transformarse andando el tiempo mediante añadidos, subdivisiones, abandonos o reconstrucciones.

Además de la casona común que engloba bajo el mismo techo la vida social de todos los miembros de la comunidad y el alojamiento de los mismos, existen otras formas de vivienda de las agrupaciones agrícolas familiares que seguramente reflejan exigencias menos rigurosas respecto de las reglas comunitarias. Los *coparsonniers,* en vez de una casona común, ocupan varios edificios vecinos, pero separados unos de otros. «Es lo que sucede en Boischaut, a principios del siglo XVI, en la Chippaudière, donde reside la comunidad de los Chippault, compuesta por 33 personas, 24 de ellas niños. Dos familias se instalaron en los edificios antiguos, otra en una casa "construida recientemente", la cuarta en una casa con troje construida "para habitar en ella".»[35]

Constitución y disolución de las comunidades «taisibles»

¿Eran estables esas formas menos concentradas de la vida comunitaria?, ¿o presagiaban ya la ruptura próxima de la sociedad familiar? Es posible. El análisis de documentos, por ejemplo los registros de vasallos en las provincias del Centro ha permitido calcular la importancia relativa de las agrupaciones familiares de *coparsonniers*. Los resultados muestran que la forma de residencia más extendida en ciertas regiones, sobre todo en las de Auvernia, fue las unidades agrícolas más o menos amplias, a veces pequeñas, entre hermanos, entre cuñados o entre padres y varios hijos, unidades que podían incluir en el momento de más auge, durante el siglo XV, entre el 60 y el 90 % de los habitantes. El fenómeno sigue vivo todavía en el siglo XVI. En este período, pero también en cualquier momento, muchas comunidades se rompen, sobre todo por razones de índole material (la pobreza, los embargos), mientras que otras se forman. Parece probado que la célebre comunidad de los Quittard-Pinon que, según una tradición mítica de fines del siglo XVIII, se remontaba «a tiempos inmemoriales» (cinco siglos, decían), fue fundada en realidad a fines del siglo XVI por tres hermanos, los hijos de Jean Quittard, labrador del pueblo de Pinon.

En el siglo XVI, o más tarde, de la disolución de ciertas comunidades familiares surgieron aldeas. J. Chiffre refiere dos ejemplos: «En la región de Autunois, la ruptura de la comunidad de la Chèze, entre 1500 y 1514, ocasiona la formación de dos aldeas, la de "Bas de la Chèze" y la de "Haut de la Chèze", las cuales tomarán algunos años después los nombres de los Bonnards y de los Pelletiers que conservarán hasta nuestros días.»

En las regiones en que las comunidades familiares agrícolas estaban muy extendidas, su disolución dejó vestigios en esas aldeítas cuyo nombre es un patronímico. A menudo, dichas aldeas se designan con el patronímico del fundador precedido del prefijo *«Chez»:* Chez-Fiataud, Chez-Blanchet, en la región de Limousin; Chez-Piffetaud, Chez-Gentet, en la de Charente; Chez-Gagnat, Chez-Bariou, en la de Thiers. En otros casos, y con frecuencia en las mismas regiones, la aldea se designa simplemente con el patronímico precedido del prefijo plural *«Les»:* Les Mondaniaux, Les Ferriers, Les Garniers son tres nombres de aldeas aún habitadas de la región de Thiers (la comunidad de los Garniers, muy cercana a la de los Quittard, intercambiaba ordinariamente a sus miembros mediante casamiento en el siglo XVIII). Sin embargo, la existencia de aldeas patronímicas, sobre todo las de la Alta Provenza que están muy extendidas en ciertos valles, pese a manifestar un origen familiar a partir de un antepasado fundador no significa, en absoluto, que la organización residencial se base en una estructura comunitaria amplia, pues, en la Alta Provenza, como en muchas otras regiones meridionales, nunca existieron ni las pequeñas ni las grandes comunidades familiares. Fue la reunión de casas vecinas, relacionadas pero separadas, lo que creó las aldeas patronímicas de Provenza.

Podría atribuirse esta existencia o inexistencia de comunidades *taisibles* a una diferencia de condición jurídica entre los campesinos de las provincias del centro de Francia y los de las provincias meridionales. En el Sur, los campesinos supieron liberarse muy pronto de algunas de las imposiciones feudales que todavía en el siglo XVIII pesaban sobre varias zonas de Auvernia, Bourbonnais o Borgoña. En esas regiones, los derechos de los campesinos sobre las parcelas que cultivaban eran limitados, y existía el riesgo de que las tierras volvieran a manos del señor si no había un heredero directo varón que residiera en casa de su padre. Este peligro que se cernía sobre el régimen de manos muertas, se evitaba mediante «la vida común durante un año y un día», entre individuos que, aun teniendo un parentesco lejano, la habían adoptado. De ahí el florecimiento de las comunidades *taisibles,* en esas regiones de manos muertas; razón que alegan muchos autores, desde el siglo XVIII, pero que seguramente sólo sea una razón entre otras muchas, económicas, sociales, afectivas, de la formación o del mantenimiento de tales comunidades.

Las comunidades agrícolas familiares amplias forman, junto a los sistemas de familia troncal y de familia igualitaria, un modelo de organización social original. La compleja organización de tales comunidades está llena de lecciones; en ciertos aspectos participan del sistema de la *stem family,* y en otros se inspiran en principios más igualitarios. Las comunidades familiares, aun siendo muy amplias, no pueden conservar a todos los hijos de cada rama, por razones económicas y demográficas; en cada generación el *numerus clausus* impone que se excluya a algunos individuos. Tal como escribió Faiguet en el artículo «Moravos o hermanos unidos» de la *Enciclopedia* (t. X) acerca de las comunidades de la región de Thiers: «Cada una de estas familias forma diferentes ramas que habitan una casa común y cuyos hijos se casan entre sí pero de manera que cada uno de los consortes sólo establezca a un hijo en la comunidad para mantener la rama que ese hijo debe representar un día después de la muerte de su padre.» Los hijos que salen de la comunidad, «quedan excluidos de derecho» de los bienes comunes, mediante entrega de una suma fija. Esto recuerda mucho la exclusión de los segundones de la casa de sus padres, en el régimen de familia troncal meridional.

Sin embargo, al contrario que en el sistema de la familia troncal, en donde toda la organización se apoya en la permanencia del heredero y de su esposa en la casa familiar, y en la autoridad del padre, las comunidades familiares de tipo *tacite* se fundan en sociedades de *parsonniers* masculinos y femeninos en las que cada miembro de la comunidad dispone de un número de partes de dicha sociedad que ha aportado al entrar en ella y que hereda de sus ascendientes. La entrada de un nuevo miembro por casamiento constituye para la sociedad una aportación de partes que modifica poco el funcionamiento general de la comunidad. Por lo menos formalmente, la apariencia es la de un sistema igualitario, en la práctica las cosas son más complicadas: en caso de que se entre por casamiento hay una dote de comunidad y una dote personal.

En las grandes comunidades la autoridad no se ejerce de manera patriarcal. El amo de comunidad, cuando es vitalicio, es elegido por otros miembros de la agrupación. Conocemos la personalidad de los amos electos en la comunidad de los Quittard-Pinon, en el siglo XVIII, a través del análisis de las actas notariales de la elección. En 1705, los electores designan a Annet Quittard: sólo cuenta treinta y siete años y no sucede a su padre, sino a su tío Blaise Quittard, aunque éste tenía hijos de la misma edad en la comunidad. Por lo menos entre los Quittard-Pinon, la autoridad suprema no es gerontocrática, ni se transmite por herencia de padre a hijo, por la rama primogénita.

El mito y la utopía

El descubrimiento de las grandes comunidades familiares de la región de Thiers —en primer lugar la de los Quittard-Pinon por Joachim Faiguet de Villeneuve en 1755, en el *Journal économique,* y diez años más tarde en su artículo «Moravios o hermanos unidos» de la *Enciclopedia* que después fue difundido desde el *Sócrates rústico* del médico suizo H. C. Hirzel por el marqués de Mirabeau y otros fisiócratas, contribuyó a hacer de esta forma de organización social y familiar el modelo de los proyectos de asociación que propugnaban economistas y agrónomos franceses. En los últimos años del siglo XVIII se expandió una imagen mítica de la organización patriarcal y democrática de la explotación familiar agrícola que resistió al choque revolucionario.

Los «Estatutos del burgo de Oudun, compuesto por la familia R. que vive en común», de Nicolas Rétif de La Bretonne, forman parte de *El campesino pervertido* que se publicó en 1776. Se trata de una construcción utópica, la de una granja colectiva cuyo modelo explícito son las «familias unidas de Auvernia». Rétif propugna «la entera igualdad entre nuestros hijos», pero pretende «que estén sometidos a los primogénitos del primogénito de nuestra familia». El autor de *La vida de mi padre* imagina la construcción de un edificio que contiene el horno común y una «gran sala capaz de contener a mil personas: será el comedor común».

Legrand d'Aussy, veinte años más tarde, hace una descripción lírica de los Quittard-Pinon como descendientes directos, rubios y de abundantes cabelleras de los antiguos auvernios, en su *Viaje hecho en 1787 y 1788 por la Alta y Baja Auvernia,* publicado en 1795.

En una época de progreso en la que se desarrolla el individualismo, economistas, filósofos y ensayistas dan un realce completamente artificial a las estructuras coercitivas y arcaicas de las comunidades familiares, justo en el momento de su declive.

La familia troncal, en las regiones de Francia, de Alemania, de Italia y de España en las que estaba implantada sólidamente, resistirá mejor, durante el siglo XIX, a las tendencias individualistas y a las incitaciones tendentes a igualar a los herederos. Como este tipo de familia correspondía por lo general a un modo de explotación agrícola de pequeña propiedad familiar que pudo mantenerse aún durante algunas generaciones al no haber partición entre los hijos, el antiguo hábito de elegir a un único hijo como sucesor en la casa paterna se adaptó, en las provincias francesas en que se practicaba, a las disposiciones igualitarias del Código Civil. Los segundones no pedían sus correspondientes partes de herencia y se conformaban con que el heredero pagara las sumas compensatorias. Los vínculos familiares dentro de la casa, entre generaciones sucesivas, al igual que la solidaridad de linaje en los pueblos de las regiones de partición igualitaria, tardaron más tiempo en deshacerse. Los cambios en las estructuras familiares, durante el siglo XIX, son imputables tanto a transformaciones de índole socioeconómica como a una evolución de índole cultural.

Notas

[1] A Durero, *La Capilla de San Juan de Nuremberg,* de hacia 1494, acuarela y aguada, Bremen, Kunsthalle.

[2] *Ídem, El pueblo de Kalchreut,* de hacia 1500, acuarela, Bremen, Kunsthalle.

[3] *Ídem, Arco,* 1495, acuarela y aguada, París, museo del Louvre.

[4] Por lo que se refiere a Francia, se ha publicado, o está en curso de publicación, la serie de volúmenes, por regiones, de la arquitectura rural francesa, museo nacional de Arte y Tradiciones populares, París, Berger-Levrault.

[5] *a)* P. Brueghel, el Joven, *Visita a la granja,* pintura sobre tabla, fechada en 1620, col. part. (reproducida en el *Catalogue de l'exposition Bruegel,* Bruselas, 1980, n.º 90). *b)* J. Brueghel, *La visita a la granja,* cobre, Viena, Kunsthistorisches Museum (en el *Catalogo Bruegel,* Bruselas, 1980, n.º 118).

[6] Le Nain, *Comida de campesinos* (llamado también *La mujer bienhechora* o *Los bebedores), y La familia de campesinos* (antigua colección Marnier), París, museo del Louvre.

[7] J. Yver, *Essai de géographie coutumière,* París, 1966.

[8] E. Le Roy Ladurie, *Montaillou, village occitan, de 1294 a 1324,* París, Gallimard, 1975.

[9] G. Gudin de Vallerin, «Habitat et communautés de famille en Bourgogne (XVIIe-XIXe siècle)», *Études rurales,* enero-marzo 1982, pp. 33-47.

[10] A. Zinck, *Azereix, une communauté rurale a la fin du XVIIIe siècle,* París, 1969.

[11] G. Bouchard, *Le Village immobile: Sennely-en-Sologne au XVIIIe siècle,* París, 1972, p. 95, cuadernos de quejas de los habitantes de Vouzon en 1789.

[12] *Ibíd.,* p. 94, nota 32.

[13] A. Poitrineau, *La Vie rurale en basse Auvergne au XVIIIe siècle,* París, 1965.

[14] P. Arrighi, *La Vie quotidienne en Corse au XVIIIe siècle,* París, 1970.

[15] J.-M. Poisson, «La maison paysanne dans les bourgs siciliens (XIVe-XIXe siècle). Permanence d'un type?» *Archeologia medievale,* VII, 1980, Génova, pp. 83-94.

[16] L. Merle, *La Metairie et l'Evolution de la Gatine poitevine, de la fin du Moyen Age à la Revolution,* París, 1959.

[17] J. Jacquart, «L'habitat rural en Ile-de-France au XVIe siècle», actas del coloquio sobre la calidad de vida en el siglo XVI, *Marseille,* 1977, n.º 109, pp. 69-73.

[18] G. Gabourdin, *Quand Stanislas régnait en Lorraine,* París, 1980, p. 317.

[19] G. Bouchard, *op. cit.,* p. 98.

[20] Comte de Forbin, *Mémoires,* 1729, 2 volúmenes.

[21] F. Le Play, *L'Organisation de la famille selon le vrai modele,* Tours, 1871; 5.ª ed., 1907, p. 143.

[22] R. Baron, «La bourgeoisie de Varzy au XVIIe siècle», *Annales de Bourgogne,* junio-septiembre, 1964, pp. 161-208.

[23] Lazare de La Salle de L'Hermine, *Mémoires de deux voyages et séjours en Alsace, 1674-1676 et 1681,* Mulhouse, 1886.

[24] S. Tardieu, *La Vie domestique dans le Maconnais rural préindustriel,* París, 1964.

[25] J.-P. Bardet, *Rouen aux XVIIe et XVIIIe siècles,* París, 1983.

[26] J. Yver, *op. cit.*

[27] A. Collomp, *La Maison du pere. Famille et village en haute Provence aux XVIIe et XVIIIe siècles,* París, 1983.

[28] M.-N. Denis y M.-Cl. Grohens, *L'Architecture rurale française, Alsace,* París, 1978.

[29] F. Colin-Goguel, «Les potiers et tuiliers de Manerbe et du Pré d'Auge au XVIIIe siècle», *Annales de Normandie,* junio 1975, XXV, 2, pp. 99-111.

[30] F. Lebrun, *La Vie conjugale sous l'Ancien Régime,* París, 1975, p. 64.

[31] C. Lison-Tolosana, «The ethics of inheritance», *Mediterranean Family Structure,* J. G. Peristiany ed., Cambridge, 1976.

[32] F. de Belleforest, *Cosmographie universelle de tout le Monde,* 1575.

[33] J. Le Quinio de Kerblay, *Voyage dans le Jura,* París, an IX (1800), 2 volúmenes.

[34] B. Gunda, «The ethnosociological structure of the Hungarian extended family», *Journal of Family History,* Spring, 1982, pp. 40-52.

[35] J. Chiffre, «La maison commune et les différents batiments de la communauté familiale», número especial «Avec les Parsonniers», coloquio de Clermont-Ferrand, 1981, *Revue d'Auvergne,* 1981, t. 95, n.° 486, p. 273.

Familias.
Lo privado contra la costumbre

Daniel Fabre

Durante mucho tiempo, todo lo que atañe a la alianza estuvo sometido a una vigilancia meticulosa, ante todo en los pueblos, pero también en los barrios urbanos. El momento de la reproducción doméstica no sólo es asunto de los parientes cercanos, sino también de los vecinos y, sobre todo, de los jóvenes del mismo grupo de edad. Este control se ejercerá seguidamente en toda la trayectoria de los esposos, cuidará de definir todo «lo que no se hace» y lo censurará si es necesario. Ciertamente, el rumor y la denuncia, discreta o espectacular, de las desviaciones son moneda corriente, pero hasta el último siglo del Antiguo Régimen la manera más común de publicar y de castigar la infracción de la costumbre, en medios muy distintos, forma parte de los rituales que crean la propia costumbre, rituales que a lo largo de cada existencia personal rigen la transición de una condición social a otra. Efectivamente, en esos momentos de la vida, la caracterización personal depende enteramente del reconocimiento colectivo. El rito, a través de sus oficiantes, asigna un papel y, al mismo tiempo, formula un juicio de conformidad; este es el reverso obligado de su función agregativa. Así pues, a los que cumplen el rito de paso les acomete la habitual ansiedad del neófito que siempre va acompañada por la angustiosa espera de los signos que anuncian la opinión común, pues la cencerrada se cierne constantemente sobre el matrimonio...

Entre los siglos XIV y XVIII estas prácticas se someten a la censura de los poderes religiosos y civiles, que, después de 1650, se ponen de acuerdo acerca de los valores de «buen orden» y «decencia» para prohibir los «injuriosos alborotos» que a veces suscitan los casamientos y las disputas conyugales; más significativo es, en Francia, que el número de denuncias y de casos judiciales empiece a aumentar después de 1740; los destinatarios de la befa se rebelan. Se empieza

Las capitulaciones matrimoniales son un momento decisivo. La futura esposa —en este cuadro atribuido a Quentin Metsys— sólo aporta, al parecer, sus «oros», un cofrecito y unas joyas que seguirán siendo suyos, mientras que disfrutará de la fortuna contante y sonante de su esposo. En segundo plano, el tonto celebra con su boca abierta la entrada de un nuevo adepto en la cofradía de los maridos burlados. (São Paolo, museo de Bellas Artes.)

a repudiar un modelo de control social pero, en contrapartida, esa fractura suscita resistencias e invenciones. Acerca de la dimensión crítica y primitiva de los ritos de paso se abre, pues, un debate que todavía no se ha cerrado; antes de plantear cuáles son sus circunstancias y sus protagonistas, calibremos concretamente su objeto.

Los ritos de presentación

Los «mayos»

Nada más llegar a la nubilidad, la muchacha se ve sometida a una prueba que sirve para reconocer y celebrar el cambio, y que se inserta todos los años en algunas ceremonias estacionales. En primer lugar, la colocación de «mayos» individuales durante la noche del 30 de abril en las fachadas o ante las casas de las «muchachas casaderas», manifiesta, desde luego, el homenaje que los mozos en conjunto rinden a cada muchacha, pero también el juicio que les merece su conducta. En general, hay un código vegetal que ofrece su repertorio de signos conocidos por todos: los arbustos espinosos designan la condición, muy ambigüa, de la muchacha «orgullosa», y el saúco, hediondo y a la vez fácilmente «agujereado», proclama el desenfreno; pero basta que haya una tensión más viva para que entre en juego toda la gama de materias infamantes: aceite de enebro maloliente, estiércol, aguas de estiércol... Incluso hay cosas peores; por ejemplo, en las primeras noches de mayo de 1717, un ferretero de Carcasona encuentra delante de su tienda «huesos y esqueletos de animales como caballos y otros», y «cuernos de bueyes» clavados en su portada. Por la mañana los vecinos se alarman al ver la calle «llena e infectada» de esa carroña. Es la venganza que cinco o seis muchachos del mismo barrio y del mismo ambiente —son hijos de artesanos— se toman de Catin, la hija del ferretero. Todas las noches, después de las nueve, van a abastecerse al vertedero de los matarifes, fuera de las murallas de la ciudad baja, arrastran su botín hasta debajo de las ventanas de la muchacha —le hacen una *«ramade»,* como dicen ellos, utilizando el término que en el occitano local designa la colocación del «mayo»— y cantan canciones suyas «letras injuriosas e infamantes» estigmatizan un escándalo del que no sabemos nada más[1].

Fuera de la ciudad, en un paseo en el que seguramente tenga lugar también «el juego del mallo», se levanta un mayo público y oficial que celebran las autoridades y la música de la milicia. Al fondo, «el común» emprende una alegre danza. (Papillon, *Regocijos.* París, Bibl. nac.)

A principios de mayo, el lenguaje olfativo de la alfombra vegetal califica y clasifica a las muchachas. En época de carnaval, especialmente en los países mediterráneos, el repertorio de la censura es a la vez más amplio y más espectacular; por ejemplo, en Carcasona, de nuevo, pero esta vez en el recinto fortificado, la «virgen necia» del año, representada por un monigote que lleva su nombre, es la protagonista de una canción que detalla con crudeza sus aventuras. Los varones, niños o adultos, la han ensayado en una casucha apartada, sitio habitual de sus reuniones invernales, y la entonan a coro en la explanada de la iglesia, a la salida de la misa mayor el domingo de carnaval.

Es posible que este mayo, que encarna la estación, tenga un destino más personal. Dos mujeres jóvenes miran atentamente a los mozos que levantan el árbol hojoso y adornado con cintas. Los niños de primer término, seguramente llevan el cesto para la colecta de huevos y vituallas. (Mariette, *La Primavera*, París, Bibl. nac.)

Así pues, en esta primera fase de la vida el único objeto de censura es el honor de las muchachas. No se limita a la virginidad, sino que expresa ante todo la opinión general sobre su manera de ser: el vestido, el lenguaje, y, sobre todo, la manera de resistir a los galanteos, el tacto en el reparto de testimonios amorosos, la constancia en la elección... En el momento del matrimonio, el centro de interés cambia y lo que pasa al primer plano es la concordancia de los futuros cónyuges, que incluye todo un conjunto de exigencias.

Cencerradas

La primera es que ambos estén libres para contraer matrimonio, cosa que, obviamente, no se acepta en caso de viudez, a pesar de las recomendaciones de la Iglesia. En tal caso se desencadenan los conciertos de campanas, bocinas, zambombas, tenazas y calderos que, en alternancia con los abucheos, forman la cencerrada. Es verosímil la idea que algunos han defendido de que este alboroto ritual sirve sobre todo para separar al esposo superviviente de su cónyuge difunto[2]; así pues, la integración de los recién casados sólo es posible a costa de esta explosión sonora que pervierte la música

Las bodas de Mopso y de Nisa. Este tema, grabado con arreglo a un dibujo de Brueghel, el Viejo, figura ya en el *Combate de Carnaval y Cuaresma,* en donde la boda se halla presente en el cortejo del rey Carnaval. Ambos personajes deben su nombre a la octava «Égloga» de Virgilio, pero en realidad representan el burlesco casamiento de la mujer salvaje, encarnada, obviamente, por un mozo de rasgos groseros cuya corona nupcial es una criba. La escena se transporta de plaza en plaza y un mocito hace colecta entre el público.

armoniosa de la boda y que también amplifica las prestaciones discordantes con que la juventud masculina marca el ceremonial. No obstante, el aspecto de denuncia de la cencerrada matrimonial está presente. Efectivamente, la alianza de un viudo y de una soltera infringe una regla cuya esencia explica ya en 1818 un capitán de infantería, Deville, al tratar los ritos de la región de Bigorre: «Buscando las causas que pudieron dar origen a este uso, nos ha parecido necesario detenernos en ésta: en un tiempo en que había seguramente menos mujeres que hoy, los hombres, llevados por el deseo de ligar cada uno una mujer a su suerte, debieron de ver con disgusto que quien ya se había cobrado su tributo sobre el sexo quisiera hacerlo de nuevo, en detrimento de los que abrigaban esa dulce esperanza. Como no podían oponerse a ese empeño sin violar las leyes, decidieron exponerlo a la burla del público con el fin de que al menos cualquiera que se atreviera a imitarlo quedará disuadido por esta amenaza» *(Anales de la Bigorre,* Tarbes, 1818). Por consiguiente cada generación «posee» colectivamente a las personas del otro sexo de su misma edad y todo casamiento en segundas nupcias hurta indebidamente un posible cónyuge[3]. Sin embargo, hay otras desviaciones que agrandan o reemplazan esta infracción primordial y que la costumbre puede considerar también motivo de cencerrada. Puede bastar una diferencia de edad demasiado considerable, o una flagrante desigualdad de rango social o incluso el hecho de que el esposo pertenezca a la categoría de los «forasteros» que, como se sabe, puede incluir uno de los pueblos o de los barrios vecinos con los que exista enemistad. Así pues, con ocasión de la boda, la cencerrada va a estigmatizar las uniones que sobrepasan la distancia debida entre los esposos y entre sus familias.

El rito, por efecto de su propia eficacia, devuelve implícitamente la armonía a las discordancias de la alianza al publicarlas con alboroto, pero también ofrece a los cónyuges la ocasión de manifestar su buena voluntad proponiéndoles que modulen ellos mismos la intensidad del abucheo. La cencerrada puede compararse con una contribución que a veces está fijada por la costumbre, pero que en el siglo XVIII suele ser objeto de una negociación particular. La amplitud del juego, su duración y su pugnacidad dependen de esta transacción. En caso de tergiversación, de roñosería o de negativa, el recrudecimiento de la cencerrada puede llegar a un punto extremo. En primer lugar, se manifiesta por una acumulación de agresiones simbólicas. A principios de febrero de 1787 un grupito de artesanos jóvenes de Varages, burgo de alfareros de la Baja Provenza, hostigan a Jean Eissautier, tejedor de su misma edad, y Victoire Roux, prometida del anterior, una viuda de sesenta años. El día de la publicación de las amonestaciones recorren las calles con un estruendo de cencerros y, habiéndose apoderado de la viuda, la pasean encaramada en una carreta. Una semana después, acechan a los esposos, que acaban de firmar las capitulaciones, a la puerta del notario y se divierten haciéndoles chapotear en el agua y en el

Al igual que la boda burlesca de Brueghel, el desfile de la cencerrada, el *Skimmington,* de W. Hogarth, sitúa en el tiempo carnavalesco la cabalgata de todos los cornudos; con cuernos, ruecas o utensilios domésticos, desfilan al son de una música de viento —cornamusa y trompa del castrador de cerdos— que acompasa el vigoroso toque de un caldero. (París, Bibl. nac.)

barro. Por último, el día de la bendición, les cantan canciones satíricas delante de la iglesia[4]. La espiral de la befa llega a veces a movilizar, como actores y espectadores, a comunidades enteras que se dan espectáculos inauditos. Escuchemos al respecto a Prion, escribano del señorío de Aubais, un burgo languedociano de Vaunage, quien narra en su *Pequeña cronología* una memorable cencerrada: «Jueves, 4 de febrero de 1745. El señor Baudran, curtidor de la villa de Sommières, de sesenta y cuatro años de edad, se ha casado en Aubais con la señorita Thérèse Batifort, de cuarenta y cuatro años; suman entre los dos, si se juntan sus edades, ciento nueve años. La señorita dice tener 22 dientes o muelas, y el novio no tiene más que 14, habiéndole podrido la edad los que hubieran podido ser pasaderos. Por estos dos himeneos, el varón es viudo; la juventud de Aubais le ha dado la más extraordinaria cencerrada del mundo. El novio no ha tenido la liberalidad que debía. Por causa de esta mezquindad que les ha ofendido, los jóvenes, en número de 117, se han agolpado y han hecho barreras para que los novios no pudieran salir del pueblo; han desmontado las ruedas (...) del carro de Venus. El señor juez, secundado por sus pastores, ha trabajado en persona a la cabeza de ellos para levantar las barreras que habían puesto en el camino del cortejo nupcial. Los más viejos de Aubais han asegurado que jamás en el lugar habían visto hacer tantas afrentas como han recibido estos novios antañones. Todo el pueblo de Aubais salió de sus casas para recrearse con este espectáculo humillante. Cuando todo el cortejo nupcial ha montado en sus bestias de carga, les han advertido de que todos los pasos de su camino estaban cerrados. El ninfo y la ninfa con su acompañamiento han tomado un camino separado, los mozos que daban la cencerrada, acompañados de los más jóvenes, fueron al encuentro de los recién casados. La cencerrada espantaba a los caballos, los caballeros limpiaron el cieno que les arrojaban; la novia iba con otra muchacha o mujer en silla de alquiler mal chafallada, los descontentos montaron detrás en la silla en número de 10 o 12 y, por este contrapeso, las varas se elevaban por el aire y el caballo de la lanza se encontraba en volandas (...). En el camino entre Sommières y Aubais hay (...) dos castillos llamados Gavernes y Grestin, los carreteros también habían cerrado con las carretas este camino y los pastores se reunieron allí con cencerros; con estos instrumentos y otros de la misma suerte, daban una cencerrada que se oía desde el lugar de Aubais. La gente les voceaba con todas sus fuerzas. Cuando estuvieron cerca de Sommières, encontraron en sus entradas a todo el populacho que voceaba horriblemente con una cencerrada también horrible; en los sitios por donde iban a pasar habían expuesto tumbas llenas de cirios encendidos. En esta villa nunca se había visto alboroto tan impetuoso, los soldados de la guarnición dispararon los fusiles contra los autores de la cencerrada. A estos soldados se les reprobó y al punto fueron encarcelados para que expiaran su crimen (...). El grupo de alborotadores ató con cuerdas los brazos al señor Baudran, el novio, le pusieron a la cabeza de la cabalgada y en esta

Este «vendedor de cuernos» de la primera mitad del siglo XVIII, forma parte de un conjunto, entonces proliferante, de representaciones de la cornudería en tono de chanza. Los letrados y los círculos de jóvenes burgueses participan activamente en estas formas escritas y figuradas del carnaval. En Toulouse, se imprime en 1746 un *Diploma de cornudería;* en Burdeos, Bernadau, futuro corresponsal del abate Grégoire, escribe una de las numerosas *Disertaciones acerca de los cuernos,* lo que prueba también la función ambivalente de tales rituales: afirmar el destino simbólico de los hombres y censurar los excesos reales. (París, Bibl. nac.)

En este grabado de W. Hogarth, al igual que en el precedente, la cencerrada está dedicada a un sastre. Es probable que su mujer le haya golpeado, si se da crédito a los enfrentamientos con palos, huesos y cuchillas que representan los ejecutantes de la cencerrada. Por su función, el sastre, que se ocupa en una tarea de interior que le feminiza, tiene reputación de ser débil y de dejarse dominar fácilmente. (París, Bibl. nac.)

postura le hicieron entrar en la ciudad para que se expusiera a la burla y a las voces de la gente»[5].

«L'asouade»

Cuando la cencerrada llega a semejantes grados, abandona su aspecto furtivo, oculto y nocturno; irrumpe en el recorrido nupcial, lo interrumpe y modifica, y se apodera de uno de los novios al que convierte en grotesco protagonista de otra cabalgada. Sigue en esto el ceremonial de otra sanción simbólica, la que afecta, más tarde, en el transcurso de sus vidas, a ciertas parejas con desavenencias. El caso del marido dominado y golpeado por su mujer, o a veces el caso inverso, aunque mucho más raramente, desencadena el castigo público más ostentoso: *l'asouade,* el paseo en asno. Para que tenga lugar, el desacuerdo conyugal ha de traspasar el ámbito de la casa; al salir a la calle y a la plaza, se expone al juicio público. Sigamos las peripecias de un caso bearnés totalmente representativo. El 19 de abril de 1762 Raymond Blasy «encargado de hacer marcar los tejidos» que se fabrican en este burgo de Coarraze, entra en una taberna para beber algo fresco e inicia con tres comparsas, entre ellos el tabernero, una partida de cartas. Al cabo de un momento aparece Menine, su mujer, y pretextando que alguien quiere hablar con su esposo, intenta arrancarlo del juego. Al darse cuenta de que no hay manera, se abalanza sobre los jugadores, les rompe las cartas y arrastra a su marido hasta la casa. Enseguida, los asistentes, escandalizados por la pasividad de Raymond Blasy, le amenazan con «correr el asno» y la decisión se toma, en efecto, rápidamente. Dos días después, el pregonero de Coarraze anuncia por todos los rincones del pueblo que «el día 24, que entonces era el domingo siguiente, correría el asno la *abbaye* de Magouber y que todo el que quisiera asistir a ello y ver este espectáculo estaba invitado». El pregón se repite al día siguiente, y el domingo por la tarde empieza el desfile. Dos tambores y un grupo de muchachos que preceden a una carreta con cancionistas que van declamando comentarios satíricos rimados abren el camino a los dos figurantes del melodrama «disfrazados con capas y sombreros sin cordones, uno de ellos montado en un asno y el otro en un caballo». La imitación, que se repetirá hasta la mitad de la noche, está determinada exactamente: la mujer —que, por supuesto, es interpretada por un mozo— coge a su pareja por el pelo y la tira del asno; luego, con la rueca que enarbola ostensiblemente, le muele a palos. Un poco más lejos, se representa otro episodio: mientras están jugando a las cartas a lomos del asno, llega otra vez la esposa, estropea el juego con su rueca, se apodera de las cartas y las rompe[6]. Además de los disfraces y de la farsa, hay otro detalle que sitúa el rito bearnés en su contexto ceremonial. Aunque la *abbaye* de Maugoubert que el pregonero invoca no corresponde, en esa fecha y lugar, a una institución real, sirve cuando menos como referencia que situa a *l'asouade* bajo la

En la página de la izquierda: *El suplicio de los cornudos,* delante de una vista de Sevilla (1574), nos presenta una escena judicial que aparece ya en *La Celestina* (1494). En presencia del juez, tres personajes son hostigados por el acólito y abucheados por el público que les muestra los cuernos con la mano. En ellos puede reconocerse a los amantes ilícitos y, probablemente, tras una espesa barba postiza, a la alcahueta. El hombre va tocado con cuernos de ciervo adornados con flores —amarillas, por supuesto; seguramente retama de olor— y con campanillas, distintivos del cornudo. La mujer cabalga delante; embadurnada de miel, va envuelta en el remolino de un enjambre. (Extraído de Georges Bruin, *Teatro de los mapas del mundo*. Bruselas, 1594.)

Esta xilografía florentina nos presenta conjuntamente los dos momentos del destino carnavalesco del rey de la fiesta: la comitiva judicial y el ahorcamiento; pero el proceso que antecede, y que según parece, se difundió sobre todo a partir del siglo XVIII, ha juzgado y ha celebrado al mismo tiempo todas las infracciones a la moral conyugal y sexual, haciendo desfilar con su nombre a los infractores. (Florencia, Bibl. nac.)

autoridad de las alegres cofradías, rectoras en ciertas ciudades —Dijon, Mâcon, Lyon, Roán...— de la organización oficial del carnaval, sobre todo en el siglo XVI. No obstante, en la región de Toulouse y en el norte de la Cataluña francesa, los «tribunales de los cuernos», «sociedades asnales» y «tribunales carnívoros» dirigen después de 1750 este rito de escarnio del marido burlado con que culmina el juego carnavelesco el miércoles de Ceniza.

Rituales de la muerte

Siguiendo el transcurso de la vida, llegamos al último tránsito, seguramente el más singular porque conduce al muerto al umbral del más allá. Desde mediados de la Edad Media, la Iglesia se afanó en controlarlo, siendo los tres momentos más disputados, el velatorio, la expresión de lamentos fúnebres y la comida al regreso del entierro. Sin embargo, algunos indicios muestran que el juicio público conseguía expresarse durante los ritos. Los monólogos fúnebres de la Europa meridional —el *aurost* bearnés, el *vocero* corso...— suponían un auténtico proceso póstumo que era formulado por mujeres especializadas en estas declamaciones[7]. Además, de aquí y de allá, particularmente en el oeste de Francia, han llegado hasta nosotros testimonios orales que dan fe de auténticas cencerradas durante el velatorio y el cortejo fúnebre, cencerradas que, sin duda en casos extremos, afirman una voluntad colectiva de excluir al difunto.

En esta xilografía italiana, al «carro de la muerte», que se encuentra en las creencias meridionales al menos desde principios del siglo XIV, se le da una interpretación macabra y de cencerrada a la par. Los muertos vienen a buscar con alboroto al recién llegado. Un estudio detenido de los rituales de la cencerrada confirma la reiterada presencia de esta comunidad encarnada por la banda de mozos disfrazados, quienes a veces prestan de manera muy explícita sus voces discordantes al cónyuge difunto. (Florencia, Bibl. nac.)

Código e intenciones

Cuando después de 1640 los censores prohíben a la vez no sólo la cencerrada matrimonial, sino todas las «reuniones nocturnas», «canciones deshonestas» y «acciones indecentes» que se efectúan con ocasión de los ritos de paso, comienzan a concebir la idea, aún oscura, de que existe una coherencia y una homogeneidad en el ciclo de ceremonias que acabamos de recorrer rápidamente. ¿Qué es lo que las une, a juicio nuestro, ahora que nos encontramos lejos de esa época?

En primer lugar, una comunidad de lenguaje obvia. Ciertamente existe un mismo código —olfativo, musical, teatral...— para rituales diferentes, pero en ciertas ocasiones puede haber en ellos contraposiciones discriminantes —entre la noche de la cencerrada y la luz del día de la *asouade,* entre el silencio de la alfombra vegetal y todos los demás estrépitos. Además este lenguaje es, a buen seguro, uno de los caracteres particulares de la fiesta: acompaña a los ritos de paso, marca el carnaval y mayo y, por último, acopla el engranaje del tiempo lineal de la vida en el tiempo cíclico del año cuando los juicios particulares se insertan en los rituales estacionales.

Esta unidad sostiene una misma intención y una dinámica semejante. Los rituales proclaman una indignidad en la que está de acuerdo toda la gente del lugar, aunque no todos participen activamente en la acción. Esta complicidad, de la que da fe el hecho de que apenas existan enfrentamientos internos debidos a estos asuntos, se apoya en la total transparencia que caracteriza las relaciones en las sociedades de ese tiempo. El rito designa lo que todo el mundo sabe; convierte este conocimiento implícito y discreto en un espectáculo que no pretende cambiar el curso de los hechos, pero que basta para asentar de modo duradero una reputación. Por añadidura, como ya hemos mostrado, los medios de que dispone la befa se gradúan sutilmente: las materias de la alfombra de mayo, el estrépito de la cencerrada, la duración y repetición de la *asouade,* y la posible acumulación de todo ello dependen exactamente de la amplitud del escándalo y de la recepción inmediata del ritual. Cada uno de los casos que han llegado hasta nosotros es un suceso en sí; su desarrollo singular se elabora a partir de las reglas, en un frente a frente en parte imprevisible. Primero, la decisión no tiene nada de automática; no todas las chicas fáciles, todas las segundas nupcias ni todos los maridos dominados provocan la ceremonia punitiva, ni mucho menos. Sólo la conjunción de quejas de distintas procedencias, relativas a la historia de un individuo y de su familia, merece el juicio; de ahí viene la evidente discordancia entre el pretexto que se invoca —por ejemplo, un matrimonio demasiado exogámico— y los cargos que el abucheo o la canción compuesta expresamente para la ocasión enumeran siempre dando a la infracción de la costumbre una manifestación más completa y más agresiva. En 1769, la violentísima cencerrada que lapida la puerta y quema el seto de un modesto bracero en Montréal de Aude denuncia, a primera vista, el hecho de que el futuro yerno de éste sea forastero, oriundo de Lézignan, a quince leguas del lugar; pero los autores de la cencerrada se desgañitan contando otra historia: el esposo forastero ha dejado embarazada a una muchacha en su lugar de origen; ha desvalijado a una segunda de una suma de 80 libras; y su presencia ha transformado la casa de su suegro, en Montreal, nada menos que en un «burdel público»[8]. Por consiguiente, la cencerrada ejecuta, en primer lugar, el retrato caricaturesco de una vida que justifica la intervención de los oficiantes del rito. Luego, en cuanto se extiende la noticia de que se trama la ceremonia, la víctima se entera siempre e incluso a veces es informada oficialmente por una delegación de los actores. Todavía cabe atenuar la cencerrada: se puede pagar, invitar a beber a los alborotadores e incluso según el juego hasta convertirse en protagonista del burlesco triunfo: «No me han contado que el recién casado se haya quejado», o: «la juventud daba una cencerrada que los recién casados soportaban con gracia», comentan todavía, hacia 1740, los que desempeñan el poder, en cambio, quienes, como los novios de Aubais, deciden enfrentarse a los autores de la cencerrada, se exponen a todos los ultrajes. Esta gradación negociable —que forma parte de la cencerrada pero que, en realidad, está presente en todas partes— sumada al temor que inspiran estos ritos de presentación refuerza la autoridad de los mismos. En efecto, según la costumbre, los censores casi siempre son conciliadores, y por consiguiente, es la víctima quien, rechazando la exhibición que le ofrecen, elige con conocimiento de causa la intensidad de la befa que se le hace. Por esta razón, todavía en pleno siglo XVIII, algunos tribunales que aprobaban esta habilidad persuasiva no discutían tanto la legitimidad de tales ritos como el precio que se debía pagar para que se moderasen.

Los actores de la befa

La amplitud del campo de acción de todos estos rituales, su expresión protéica y la eficacia de su dispositivo de imposición, hacen que los veamos como los medios y los momentos de un riguroso control social que, del honor de las muchachas a la autoridad de los maridos, expresa el buen orden en el terreno, vasto y capital, de la sexualidad instituida. Pero ¿qué sabemos de la verdadera extensión de estas prácticas en las sociedades del Antiguo Régimen? Si tomamos al pie de la letra las prohibiciones clericales y policiales, son propias solamente de la gente humilde de las ciudades y los campos. Sin embargo, ciertos indicios no invitan a matizar más. Un drama espectacular sirve para que conozcamos el «baile de los ardientes», esa encerrada en la que los cortesanos vestidos de salvajes se inflamaron ante la mirada atónita del futuro Carlos VI; si damos crédito a Bassompierre, dos siglos más tarde, en la corte de Luis XIII, no se vacilaba en dar una cencerrada a un oficial que se había casado con una viuda, y ello en presencia de

Gaston de Orleáns. Seguramente estas ceremonias perdían toda la intención punitiva para convertirse en amables juegos que servían para salpimentar la boda. Lo mismo sucedió por mucho tiempo en las ciudades, en los mejores ambientes, a veces turbados por una policía intempestiva. Por ejemplo en Toulouse, en la noche del 27 de junio de 1750, unos jóvenes y dos oficiales dan una «serenata» bajo las ventanas de un viudo que se ha vuelto a casar; para ello han alquilado instrumentos a los que acompañan con algún jaleo. El centinela de noche pasa, amenazador, luego vuelve y agarra a uno de los participantes por el cuello. Nos encontramos en un barrio fino. Inmediatamente, el alboroto atrae a la calle a un magistrado, a unos oficiales, y a unas damas que pasaban la velada en la casa vecina; todos ellos se ponen a abuchear al centinela. Como el asunto toma mal cariz, el mando militar lo sofoca inmediatamente: «He tenido ocasión (...) de hablar con el señor procurador general, y él me ha dicho que, según la letra y el espíritu de las leyes, la unión de los instrumentos que utilizaron no constituía una cencerrada y me ha asegurado que el centinela nocturno había actuado mal y que por su imprudencia era la causa de este desorden. No me ha llegado que el recién casado se quejara ni que llamara a este centinela lo cual señala positivamente su imprudencia.»[9]

En la ciudad y en el pueblo

Así pues en las ciudades, en el siglo XVIII, hay cencerradas y cencerradas. Aunque el rito y sus razones son conocidos por todos, la manera de practicarlo es claramente distinta y, además, sólo los ejecutantes «populares» ocupan por lo común las calles y las plazas. Además, entre el campo y la ciudad existen otras tantas diferencias. Es cierto que los pueblos campesinos emplean en las mismas ocasiones un control ritual idéntico, y el siglo XIX dará múltiples ejemplos de ello, pero, si bien la cencerrada o el juicio fúnebre se hallan bien representados, otros ritos se expresan con más prudencia y, en cualquier caso, más raramente. El juicio carnavalesco de las muchachas sólo alcanza todos los años su plenitud agresiva en las ciudades o en los burgos importantes. En estos lugares es fácil elegir a una sirvienta sometida a la dominación sexual de su amo, o a una lavandera que paga su relativa independencia con una vigilancia mayor. En cambio, en el pueblo, la censura ritual se sitúa en relaciones sociales más igualitarias, más permanentes y a la vez más mezcladas; es raro pues, que una muchacha soltera no tenga vínculos ni defensa y por esta razón, la reprobación tomará un cariz más furtivo. En general, durante el siglo XVIII, el dominio de toda la gama de ritos punitivos, la facilidad para llevarlos hasta el paroxismo, la posibilidad de darles la regularidad temporal de las fiestas públicas son, según parece, privativos del mundo urbano de los artesanos, los tenderos y los escribanos.

Una vez hechas estas distinciones hay que delimitar de manera más precisa la aplicación social de estos ritos, porque, si bien siempre requieren el acuerdo tácito de comunidades bastante amplias, los ejecutores de la expresión ritual están mucho más caracterizados. ¿Quiénes son? ¿Qué relaciones pueden establecerse entre su comedito como controladores de la adecuación personal y familiar a las normas establecidas y su posición en las sociedades locales?

La excepción: grupos de mujeres

En 1735, en Castelnaudary, un grupo de unas quince mujeres persiguen a la señora Mélix acusándola de ser la alcahueta de su hija, mientras que su yerno está sirviendo en los húsares: «Han hecho canciones que cantan en el arrabal y despachan copias en las que acusan a la citada Mélix de puta, de borracha y de haber vomitado el vino (...). Incitaron a los hijos de Bourrel, huésped, a que fueran a insultarla.» Las únicas estrofas de las que obtuvo copias el sumario, escritas en occitano, describen el gusto de la señora por la botella y presentan a su esposo como un tumbacuartillos dominado por su mujer a la cual habla muy bajito. Las seis mujeres acusadas a las que se cita por su nombre, son jóvenes —entre los veinticinco y los cuarenta años—, varias tienen tiendas y todas, excepto una, saben firmar; una de ellas, la instigadora, pretende incluso, suprema distinción, que no conoce *«le patois»* cuando le interrogan a propósito de las canciones[10]. Casos bastante parecidos existen en la región de Vaud en los primeros años del siglo XIX: las mujeres, con frecuencia ayudadas por los niños, organizan alboroto, colocan cuernos en las puertas e inscriben en la pared máximas infamantes contra un empleado de la administración que ha dejado embarazada a la novia de otro, contra la viuda y la hija de un médico a las que se acusa de mala conducta, contra la esposa de un viejo que busca amantes... Desde luego, es excepcional que grupos de mujeres tomen a su cargo la censura simbólica, pero estos ejemplos, por su propia rareza, están cargados de sentido. En primer lugar, dan fe, respecto de esos mundos sociales particulares que son las comunas de Vaud y las calles comerciales de la ciudad languedociana, de una relativa autonomía económica y cultural de las mujeres que puede llegar hasta el total dominio de estos rituales, puesto que ya no se conforman con incoar el caso y con designar el objeto de la vindicta pública. Sin embargo, a nuestro juicio, el punto importante no es ese. En todos estos asuntos hay una especie de adecuación ostensible entre las actrices, sus principios de existencia y sus intenciones correctivas. Bien defiendan a una muchacha embarazada, bien reprendan la depravación de otra, actúan como si, garantes del honor de todas las mujeres del lugar, quisieran defenderlo ellas mismas, manifestando así su propia integridad. En tales circunstancias, el rito expresa tanto la inmoralidad del escándalo al que va dirigido como la moralidad de las actrices que lo representan, y este juicio de valor es totalmente unánime hasta el punto de que en la región de Vaud, en 1817, un pastor de Mézières, muy hostil en principio a ese género de manifestaciones, se muestra enteramente favorable a tal tipo de encerrada en una carta a la justicia[11].

El tiro al *papegai,* pájaro de papel, por lo general, multicolor, que se utiliza como blanco, representa en este caso el mes de marzo, pero es más frecuente aún que se sitúe a principios de mayo con motivo de la Ascensión o de Pentecostés. En el siglo XVIII, reúne en un ejercicio casi militar a los hombres que poseen un arma de fuego. Este juego significa, a la vez, la virilidad y la juventud; en cualquier caso, en nombre de las prerrogativas ancestrales de esta última, en las ciudades se defiende el derecho de disparar al pájaro y de designar, de este modo, un rey anual. (Mariette, *Marzo. Regocijos del «papeguay»*. París, Bibl. nac.)

La regla: la Juventud

Si consideramos ahora la situación más común en el siglo XVIII, la que hace de los mozos los principales protagonistas, el contraste es pasmoso. En ellos es impensable la unanimidad, ya que contraponen otras conductas a la moral oficial; y como son los principales actores de un control social espectacular, cuyo ejercicio defienden como bien propio, es imprescindible que analicemos con cierto detalle lo que constituye la singularidad de la actuación de este grupo de edad.

Cerremos para ello el ángulo de nuestra mirada y captemos a la Juventud —con la mayúscula que la identifica en las plumas de aquella época— en una pequeña ciudad languedociana, Limoux, a la salida del valle del Aude, un centro textil que cuenta 6.500 habitantes en 1786 y que sigue trabajando las tierras de policultivo. Su sociedad es a la par bastante numerosa, bastante diversa y bastante jerarquizada y principalmente industrial y comerciante, rasgos que permiten suponer, en esa época, una gran efervescencia juvenil. Efectivamente, entre 1740 y 1789, encontramos en las actas de los *consuls,* en las deliberaciones del consejo político, en las instrucciones al juez pedáneo y en las quejas particulares al comandante de la provincia, en Montpellier, más de un centenar de asuntos leves o graves, ocasionales o reiterados en los que intervienen los jóvenes[12]. El señor Terrier, recaudador del depósito de la sal, da la pauta en noviembre de 1746, con su *Memoria en forma de queja contra la Juventud de Limoux,* en la que aparece, con el vocabulario convencional, toda la gama de quejas: «La ciudad de Limoux está compuesta por una Juventud muy libertina y sin educación que insulta día y noche a hombres y mujeres en las calles. En el espacio de los ocho años que estoy afincado aquí he visto cometer toda suerte de desórdenes, sobre todo a una cuadrilla compuesta de doce que se reúnen en una casa particular en donde deciden los escándalos que han de hacer cada noche. Algunos son bastante mayores y la mayor parte no tienen padre ni madre y se han comido todo su patrimonio, de modo que es peligroso encontrarse con ellos, ya que además de los insultos que uno recibe de su parte, llaman a las puertas con tanta fuerza que pueden llegar a derribarlas, sin perdonar siquiera las de las comunidades religiosas de ambos sexos, porque no hace mucho derribaron la de las religiosas hospitalarias, la cual hicieron pedazos; hurtan los llamadores de las puertas, taponan los caños de la fuente que da agua a toda la ciudad, lo que hace reventar las cañerías, escalan las tapias de los patios o jardines para robar las aves y todo lo que encuentran a mano, demuelen los bancos de piedra que están al lado de las casas y al lado de la plaza, rompen los cristales y se dan a toda suerte de excesos. Desde hace cerca de dos años, soporto sus caprichos sin estar unido con ellos de ningún modo. No hay insulto que no me dirijan, y a mi mujer y a mis hijas, con continuos vocerios, me rompen los cristales a pedradas, han demolido un banco de mi puerta que no ha aparecido, taponan la cerradura de la puerta de la calle metiendo clavitos de hierro y continuamente llaman a mi puerta con violencia gritando que hay fuego en toda la ciudad (...)».

Estos jóvenes, terror del lugar, no forman parte de una institución de Juventud como las que en la misma época sobreviven en Provenza o en Poitou, bajo la autoridad de los *consuls* o de los señores[13]. En Limoux, la identidad de la Juventud como cuerpo jerarquizado sólo resucita con ocasión de las entradas solemnes cuando hay que componer los batallones del desfile. A quienes se censura, pues, es a «ciertos jóvenes», a una «cuadrilla de jóvenes», a «jóvenes libertinos» cuyo origen social es, en general, muy variado. La banda que persigue, con una cencerrada cuya razón desconocemos, al recaudador del depósito de la sal está, según él, manejada por individuos que no tienen ni hogar ni domicilio fijo. Ahora bien, uno de ellos, el señor Poulhariez, declara en un largo memorial su honorabilidad de negociante; es cierto que ha hecho malos negocios pero no es en absoluto un «canalla» y en cuanto a los compañeros que gustan de «chacotear» con él, están «entre las mejores familias de esta ciudad»; de hecho, un comerciante minorista se une a él para clamar contra la calumnia. En 1757, unos «jóvenes distinguidos en esta ciudad», dirigen una verdadera rebelión contra los *consuls* que han mandado llevar a la casa de corrección a dos jóvenes prostitutas. En 1772, un inspector de las obras públicas de la comarca, al que le han cantado canciones satíricas por cornudo a lo largo de todo el carnaval, ha «reconocido por la voz (...) a jóvenes de buenas familias» durante la noche. Efectivamente, no existe banda donde no haya algunos hijos de burgueses, solteros bastante acomodados que arrastran tras de sí a un grupo de jóvenes en el que no resulta extraño encontrar el conjunto de solidaridades que forman el entramado urbano: todas las especialidades juntas de los oficios de la lana y del cuero, los vínculos de la fábrica y del comercio... Se da el caso también de que a principios del decenio de 1770, cuando la Juventud defiende acérrimamente sus libertades carnavelescas, mozos de cordel jóvenes refuercen con su extrema audacia las cuadrillas que sostienen escaramuzas contra los *consuls* a los que abuchean, insultan y escarnecen. Desde luego, de vez en cuando se manifiestan evidentes oposiciones sociales, por ejemplo cuando, durante el carnaval, los enmascarados de las capas populares, que siguen a los tambores y a los oboes, se enfretan con los señoritos que bailan al son de los violines, pero otros vínculos de clientela o de barrio, contribuyen a encubrirlas y a disolverlas. En todo caso, para la propia sociedad lo que constituye verdaderamente la Juventud es un estilo de comportamiento y una comunidad de «costumbres».

La violación de los espacios civilizados

En primer lugar la Juventud está relacionada con un espacio. Los márgenes de la ciudad le pertenecen: la explanada extramuros donde tienen lugar las partidas de mallo, prohibidas en 1765 y 1767, debido a la frecuencia de los actos violentos que producen; los fosos a donde acuden las prostitutas en pleno día; e incluso, dentro de la ciudad, no lejos de las puertas, las calles que bordean los conventos de los agustinos y de los minoritas, cuyos muros ciegos protegen de toda curiosidad. Y luego, inaprensible, en perpetuo movimiento, la geografía de los garitos y de las habitaciones en donde se juega y se tienen citas, que, según van siendo cerrados, emigran de un barrio a otro, en «casas particulares». Sin embargo, merced a la noche, este espacio oculto se abre extendiéndose por toda la ciudad. Un panadero, una comadrona y un burgués que vuelven de una recepción dan fe, en cierta ocasión, de que han entrevisto a unos grupos y de que han tenido cuidado de evitarles, pues la Juventud domina absolutamente el espacio nocturno. Este dominio le permite jugar continuamente a alterar los signos del orden urbano que durante el siglo XVIII han llegado hasta las ciudades más pequeñas.

La ciudad se ha ido convirtiendo poco a poco en terreno público. Los *consuls* de Limoux prohíben que las aves estén sueltas, y los carros de heno que taponan el paso; los cerdos se crían, de ahora en adelante, extramuros y no se pueden tirar delante de la puerta las basuras domésticas. Al mismo tiempo, en el corazón de la ciudad se erigen los monumentos de la urbanidad. En Limoux, el objeto de los desvelos de los ediles es la plaza central. Rodeada de arcadas

Al otro lado de las murallas, los fosos y los palenques son el escenario de los juegos de invierno y del carnaval. En la ciudad, representan el espacio salvaje, el espacio de mala fama en el que reinan los pícaros y los jóvenes. Aquí, en Amberes, burgueses y burguesas llegados en carroza asisten a un desfile de disfraces que se efectúa de dos en dos, con paso lateral, sobre el suelo helado. (Van Nieulant, *Escena de carnaval junto a los muros de Amberes*. Bruselas, museo de Arte antiguo.)

en tres de sus lados, y coronada por balcones, es un hervidero de actividades que se desplazan con las estaciones; en verano el sol y la sombra danzan alrededor de la fuente central, mientras que los soportales ofrecen refugio contra el cielo cubierto de invierno. Se halla bordeada por tiendas y todas las semanas se hace allí el mercado; es también el lugar en donde, durante el buen tiempo, los jornaleros se reúnen a diario a la espera de que les contraten, y en donde, los domingos, charlan un rato los fieles que salen de la cercana iglesia de San Martín. Después del terrible incendio de 1693, la piedra va reemplazando poco a poco la madera de los pilares, de los techos y de las fachadas, y la fuente pública se ha renovado y agrandado. En este lugar civilizado por excelencia, los jóvenes siembran todos los años el miedo ejecutando los rituales que les son propios. La noche del 28 de enero de 1771, el carnaval se inicia con todos los requisitos y una mujer, espantada, es testigo del suceso: «La plaza mayor de esta ciudad se hallaba iluminada por llamas que ella cree haber visto salir de los soportales que rodean la citada plaza, y al aproximarse a ésta dice haber visto encender un fuego y esparcir las brasas bajo los dos soportales que están construidos parte de obra y parte de madera, y en su mayor parte cubiertos por entarimados de las casas de los habitantes.»

En agosto de 1748, otra banda escandaliza a un comerciante del lugar derramando el agua: «Tenemos en medio de la plaza pública de esta ciudad una grande y hermosa fuente con una considerable pila que recibe el agua y que permanece siempre llena para que se pueda utilizar en caso de incendio; el agua corre y se derrama por un arroyito sin incomodar a nadie, pero esos jóvenes libertinos se entretuvieron desviando la corriente ordinaria y, tras hacerla pasar por un terrenito aledaño al soportal de la plaza, le dieron una gran pendiente y la condujeron frente a la puerta de mi casa en donde hay una reja de hierro para dar luz al patio, a través de la que derramaron, en abundancia, el agua de la citada fuente, haciendo un gran agujero entre dos piedras que forman la citada pila.»

La acción nocturna de los jóvenes tiene, efectivamente, como regla implícita que todo lo que está afuera, en la calle, esté bajo su dominio: desmontan los bancos de madera o de piedra que bordean las fachadas; en la lonja, destrozan los tenderetes cerrados de los comerciantes, derriban los tajos de los carniceros, van a buscar una escalera de mano para bajar un jarrón de claveles que adorna una ventana o para descolgar una jaula de pájaros que arrojarán en un fuego improvisado.

Esta turbulencia habitual contribuye a reforzar el cierre de las casas y de los espacios privados, excitando aún más a las incursiones destructoras. Las puertas, barreras simbólicas a la vez que materiales, son abiertas brutalmente —un barbero se queja de unos muchachos que juegan a abrir de repente la suya para romper el cántaro que se halla al lado—, asaltadas a pedradas o derribadas metódicamente durante los garbeos nocturnos: «El señor Bernard Reverdy, maestro sastre, ha dicho que hacia las once de la noche, cuando estaba trabajando en su taller, una cuadrilla de jóvenes que daban grandes patadas a todas las puertas de la calle vinieron a la suya y la echaron abajo rompiendo la cerradura, el pestillo y los goznes (...), como quiso salir a la calle para descubrir a los autores el señor Roques, hijo menor, se abalanzó a él diciéndole: "¡Cómo bribón te atreves a salir contra una banda tan grande! Vete al diablo tú y toda la ciudad." Y cogiendo grandes piedras, le lanzaron varias, que sólo evitó encerrándose a prisa en su taller» (1747).

Los escasos huertos, corrales y vivares que bordean la ciudad, los de los pueblos y aún más los de las residencias señoriales cercanas son visitados periódicamente: «Se sospecha que son autores de un robo cometido en el citado castillo de la Tourzelle durante el carnaval en el que todas las aves de corral, pavos, etc., fueron pillados y robados al igual que en varios castillos de los alrededores» (1760).

Gastar sin tino

La permanente burla del orden solidario de las calles y de las casas se corresponde con pasiones que, desde los jóvenes burgueses hasta los jóvenes jornaleros, tienen como punto común el gasto desmedido. La ocasión principal para el derroche la ofrece la fiesta, y en primer lugar, el larguísimo carnaval, que se inicia el primero

En tiempo de carnaval, las casas han de abrirse obligatoriamente a la irrupción repentina de los enmascarados. Acompañados de un violín y de un oboe presentan un sainete y hacen colecta para el festín de carnestolendas: el jamón y el tocino fresco cuelgan de las vigas. En esta velada interrumpida, las muchachas, a quienes se suele acosar en tal ocasión, manifiestan una mezcla de temor y de atracción. (Mariette, *Febrero. Mascarada.* París, Bibl. nac.)

de enero con una ronda por las casas y se termina el miércoles de ceniza por la noche. Aunque en la época todavía no es indispensable el fasto de los disfraces, hay que pagar cuando menos la música que, necesariamente, guía los bailes callejeros. Las bandas rivales se disputan, pues, los servicios de músicos a los que se trae de bastante lejos: en 1763, tres oboes —de Villardebelle, de Saint-Hilaire y de Espéraza— cobran juntos veintisiete libras por la velada del martes de carnestolendas y diecinueve por el miércoles de ceniza; seguramente el importe sea el doble para los violines, más prestigiosos. Además el gasto en música se ha convertido, en el transcurso del siglo, en signo obligado de la fiesta juvenil; en cualquier momento del año y con cualquier motivo —dar una serenata a unas prostitutas, hacer una cencerrada, asaltar, disfrazados, a unos burgueses forasteros que se pasean por la carretera, o pasar una velada del día primero del año en la prisión municipal—, se alquilan oboes o violines.

Otro derroche que alcanza un grado muy alto en la larga temporada invernal: los juegos de azar. Continuamente perseguidos y continuamente renacientes, se refugian en lo profundo de las casas o en jardines apartados. Las mesas de berlanga y de sacanete, relacionadas con la taberna, y, a veces, con la prostitución engullen tanto el dinero de los artesanos como el de los muchachos de buena familia que, por la noche, se reúnen alrededor de las mismas. En pleno carnaval de 1769, una carta anónima denuncia la situación a los *consuls:* «Es vergonzante para un hombre de bien escribir sin firmar pero, a mi pesar, me veo forzado a ello por miedo a que me ocurra una desgracia. Soy padre y tengo el honor de dirigirme a vos para rogaros que hagáis cesar un juego de azar que reina desde hace tiempo en nuestra ciudad. Mis hijos me arruinan, sin hablar de otras familias que están arruinadas. Quien suministra el juego en nuestra ciudad es el señor Balada, forastero al que han echado de Pamiers por haber suministrado cartas. Tiene casa cerca de los minoritas que sólo sirve para jugar. Sé que monsieur Andrieu *(consul* primero) le ha advertido de que no vuelva a suministrar cartas pero, pese a ello, continúa haciéndolo día y noche; es algo escandaloso, cerca de una iglesia (...) desde donde se les oye gritar o pelearse (...)»

Por añadidura, a los gariteros y gariteras se les acusa con mucha frecuencia de incitar al robo a sus clientes: «Los jóvenes se deshonran para dar abasto a las considerables pérdidas que tienen.» Y las intervenciones de la fuerza pública no tienen efecto: en cuanto resuenan las intimaciones, los jugadores apagan las lámparas y en la penumbra rompen a palos los faroles de los *consuls* y de sus criados y luego, empujándoles, se dispersan. Al decir de los vecinos, a quienes el sumario judicial vuelve muy parlanchines, en estos lugares prohibidos, los jóvenes «hacen maquinaciones para ir a devastar las casas» y salen a errar por la ciudad con «un espantoso alboroto»[14].

La misma prodigalidad impera en las relaciones con las prostitu-

Esta vez la fiesta nocturna tiene lugar en el exterior. Los enmascarados calzados con patines se deslizan en grupos solidarios por el canal helado. En el centro, los músicos van precedidos por un niño coronado que toca la zambomba, instrumento propio de los jóvenes, que relaciona el carnaval con la cencerrada. (Escuela flamenca del siglo XVII, *Escena de Carnaval.* Évreux, Museo municipal.)

tas. En el Limoux del siglo XVIII no hay casas de tolerancia; la prostitución es cosa de familia: una viuda y su hija, dos hermanas, hijas de un arruinado mozo de carpintero... Los burgueses y los hombres casados las frecuentan con discreción —según los vecinos, se les ve pasar pegados a las paredes entre dos luces, tapándose la cara; en cambio, los mozos las festejan a la vista de todos. Las abrazan en la calle, les dan serenatas, las arrastran a la comparsa del carnaval, en donde son las únicas mujeres, y sobre todo les hacen regalos que ellas muestran con orgullo. Las hermanas Anne y Marguerite Pascal, por ejemplo, que entre 1752 y 1758, son tema de actualidad, «llevan vestidos, tocados y encajes muy cuidados y de mucho precio, incluso por encima de las señoras y señoritas de esta ciudad»; también llevan «hebillas de plata en los zapatos». En efecto, sus jóvenes admiradores les dan prueba de verdadero fervor de enamorados: en 1754, un aprendiz de orfebre hurta unos restos de plata y un doblón de España a su maestro para regalarlos a la hermana mayor, Anne, y le compra además, a cuenta de su padre, una hermosa muselina con la que ella manda hacer un delantal. La misma devoción galante proporciona a otras muchachas cubiertos de plata, un anillo de oro...

Adecuación a la norma social y desorden regulado

La perversión nocturna del espacio civilizado y el placer de gastar son las normas de vida de los jóvenes, en palabras de sus vecinos y de sus víctimas que describen numerosas escenas vistas y sufridas. No obstante, estos jóvenes no paran de castigar la vida de los demás: en la ciudad de aquella época, aunque nosotros no siempre comprendamos las causas, los voceríos, las canciones, las alfombras de carroña y los diluvios de pedradas acosan a particulares, burgueses forasteros y señoritas distantes que apenas perciben en la noche las máscaras, el fuego o los acordes de violín que delatan y protegen a la Juventud. Ésta también es capaz de poner en marcha, en 1773, una cencerrada como Dios manda contra una viuda de buena familia que ha mantenido su boda pese a que acaba de perder a su padre. Como el marido se niega a pagar, la espiral de ruidos, de ungüentos hediondos y de lapidaciones se desata. No obstante, según parece, a partir de 1770 el juicio juvenil cobra una dimensión teatral y se desarrolla a lo largo de todo un año para culminar en carnaval. Un proceso judicial de 1772 nos proporciona todos los detalles. Desde el mes de agosto del año anterior, Jean-Pierre Amans Dufour, inspector de obras públicas es el protagonista de una canción que se ha oído en boca de más de cien jóvenes. La entonan, al oscurecer, bajo las ventanas del citado inspector, e incluso intentan entrar en la casa, por lo menos una vez, seguramente para negociar con la víctima o apoderarse de ella. Al acercarse el carnaval, la Juventud coloca junto al inspector a dos acólitos de menos campanillas, los panaderos Fregoli y Auzino. Los jóvenes van de una casa a otra y bailan «cantando las citadas canciones, gritando de cuando en cuando, y marchándose: *¡Couïoul! ¡Couïoul!»;* esto es, «cornudo». Con

En la mesa de juego las esperanzas de fortuna se desvanecen como el humo, se desatan los odios, se corrompe la juventud y las familias van a la ruina. Este tema constante de la predicación recibe la adhesión de los defensores del orden burgués, mientras que en el siglo XVIII los poderes estatales de los diferentes países de la Europa occidental intentan encauzar hacia las loterías oficiales una pasión por el juego útil a la economía pública. (William Hogarth, *Los progresos de un disoluto*. París, Bibl. nac.)

esta misma desventura se glorifica a los personajes de la farsa que narra una larga obra cantada —quince estrofas con quince melodías conocidas— titulada *Noubel Opera de Cournanel* («La ópera nueva de Cournanel»). El cornudo, engañado por su mujer a quien le gustan los jóvenes, e impotente, pues no tiene hijos después de cinco años de matrimonio, debe aceptar su suerte y escribir por sí mismo su nombre, en letras de oro, en el libro que conserva el «Archivo de Cournanel». Parece ser que la referencia paródica del texto que se declama cambia todos los años: ópera en 1772, se convierte en constitución política en 1775, según el título, que es lo único que ha llegado hasta nosotros: *Las Leis del Grand Cornelius, ame le discours dal general das couïouls* («Las leyes del Gran Cornelius, con el discurso del general de los cornudos»). Todo el ejército juvenil prepara, ensaya y representa, con una intensidad que va en aumento después del día primero de año, esta ceremonia cuyo poder satírico proviene en gran medida del texto que la fija y la difunde. Como son los mozos más letrados los que se encargan de componerlo y de hacer copias, siempre es algún escribano o estudiante quien lleva la pluma, hecho que justifica una vez más la mezcla social existente en

Por la noche, la ciudad —en este caso el París de Louis Sébastien Mercier «a las nueve de la noche»—, es el lugar en donde se pervierte el orden público o, mejor, el momento en que se expresa un orden invertido. Los esfuerzos que, en la segunda mitad del siglo XVIII, hacen las autoridades urbanas para instalar en numerosos lugares de Francia alumbrado público se justifican siempre con la necesidad de «civilizar» el tiempo y el espacio nocturnos. (París, Bibl. nac.)

la Juventud. Esta obra está en occitano, lengua que apenas si se escribe desde hace dos siglos y que, debido a su uso oral, permite la más franca crudeza. Los jóvenes se la apropian, y por medio de la música y de la escritura se convierte en su arma más incisiva y más temida.

Este relato de las costumbres juveniles en una ciudad pequeña, al final del Antiguo Régimen, nos revela una paradoja fecunda. Aquéllos a quienes se podría haber definido como brazo secular de la ética común, dado que la reprobación de las muchachas insolentes, de los matrimonios discordantes y de los maridos complacientes parecía general, se ven acusados, en realidad —por los poderes que les juzgan y por su propia comunidad— de ser revoltosos y depravados y de estar siempre dispuestos a extender un desorden incontrolable, hasta el punto de que la intención edificante de sus ritos ya no es más que pretexto para el desenfreno. Tal vez haya que desconfiar de las palabras que estigmatizan el cometido juvenil —de las que volveremos a hablar— y restituirle su lógica.

En efecto, parece que la afirmación de cierta adecuación a la norma social haya correspondido durante mucho tiempo en nuestras sociedades a quienes transitoriamente se encontraban en los márgenes del orden a la par que expresaban las reglas del mismo. Como, en este caso preciso, el objeto de control es la alianza, con sus múltiples implicaciones, quienes no se han casado, quienes no están aún a cargo de una casa, tienen el derecho y el deber de conjurar las discordancias sacándolas a la luz. Para ello utilizan un lenguaje que también está formado por distintas disonancias: la de los ruidos que niegan la armonía musical, la de las palabras y la lengua que atentan contra el decoro, y la del desplazamiento y desorientación de los objetos. Pero, en un sentido más amplio, la función de la existencia juvenil es hacer que disuenen las reglas sociales moviéndose constantemente en los límites de lo tolerable. En los pueblos, estas empresas encuentran espontáneamente un espacio —el de los bosques y las landas— en donde el salvajismo perturbador queda un poco alejado; en las ciudades las mismas experiencias se sitúan en un espacio cuyas zonas y fronteras se reglamentan en el siglo XVIII, pero que puede pervertirse gracias a la noche. Por otra parte, tanto en el campo como en la ciudad, todas las casas participan, mediante donaciones voluntarias, contribuciones forzosas o rapiñas toleradas, en el gasto juvenil; gasto que adopta la forma de juegos, de apuestas y de juergas en las que la desmesura, el abandono, el azar, y la negación de la virtud del ahorro, son valores capitales. De este desorden, temporal y codificado, puede nacer un orden duradero, y el ejemplo perfecto de ello lo ofrece la vida de los mozos, pues abandonan la mayoría de estos comportamientos cuando «se asientan» al tomar mujer y, sobre todo, al ser padres, momento en que los hombres casados de Languedoc, en el siglo XVIII, hacen pagar al nuevo jefe de familia un convite por su noviciado.

Esta lógica implícita del control social juvenil hace que se soporte, a regañadientes pero sin luchar mucho, la costumbre que uno mismo ha practicado y que ciertas autoridades del Antiguo Régimen admiten a veces «porque la Juventud es así». Sin embargo, cada vez con más frecuencia, la evidencia de la paradoja se subraya con un trazo grueso; el orden a través del desorden se convierte en una contradicción insoportable; los ritos del escarnio sólo muestran la falta de urbanidad de sus actores.

Orden público y esfera privada

¿Cómo puede explicarse el progresivo vigor de una exclusión que, además de la represión conjunta que ejercen los poderes religiosos y civiles, supone el apoyo eficaz de franjas, bastante numerosas y activas, de las sociedades locales? Sólo una larga historia pudo producir esta convergencia que vamos a tratar de analizar paso a paso.

Condenas de la Iglesia y de los parlamentos

Fue la Iglesia, antes que nadie, la que denunció la cencerrada a los viudos, por razones de disciplina litúrgica. Las segundas nupcias son tan sagradas como las primeras; esos alborotos intempestivos las ridiculizan y, por tanto, son irreligiosos. Ya en 1329-1330 el concilio de Compiègne estableció una argumentación que decenas de sínodos y de rituales diocesanos repetirán, sobre todo en Francia y en Italia, hasta mediados del siglo XVIII[15]. Es cierto que la propia Iglesia privó por mucho tiempo de toda solemnidad al segundo matrimonio. Primeramente, como el primer parentesco por alianza subsiste en la viudez, muchas relaciones fáciles y sin duda insignificantes —hasta el cuarto grado canónico— se consideraban inmorales. En segundo lugar, los escritos de los moralistas dieron al personaje de la viuda un tinte sulfuroso que la hizo sospechosa y poco frecuentable. Todo esto iba ligado a un punto esencial: la teología del sacramento matrimonial excluía en gran número de diócesis —aunque todavía no se sabe bien en cuántas— la bendición de las segundas nupcias. Es comprensible, pues, que la Iglesia se opusiera con vehemente ineficacia a todos estos rituales —paralelos y émulos— que un extraño sacramento sin rito parecía requerir.

Aunque en un principio los poderes civiles recogieron el vocabulario de los prelados, su intención era distinta. En primer lugar, durante los siglos XIV y XV, la policía y los tribunales nunca se ocupan de estos rituales en sí, a no ser con ocasión de sucesos sangrientos: una trifulca general, el asesinato de un joven..., sobre todo si se tiene en cuenta que los usos locales, urbanos o señoriales buscaron a veces su legítimo puesto en el control de las alianzas a través de los jóvenes solteros, haciendo redundar incluso en beneficio suyo parte de las sanciones rituales. No bien el orden se convierte en un fin necesario —necesidad que los antagonismos religiosos y sociales refuerzan— aparece la prohibición explícita: el muy católico parlamento de Toulouse la enuncia en 1538 y la reitera en cuatro ocasiones durante el siglo XVI. Luego se convierte en habitual: el parlamento de Borgoña, en 1606 el de Burdeos en 1639, el de Aix-en-Provence en 1640, etc., recuerdan la regla que es válida para todo el reino. No obstante resulta extraño que en todos estos textos reglamentarios sólo se cite explícitamente la cencerrada, cuando el objeto de los mismos ya no es la defensa de un sacramento sino la «tranquilidad pública». ¿Por qué se guarda silencio acerca de todos los demás ritos de befa que perturbaban igualmente, y a veces —como en el caso de la *asouade*— con mayor intensidad aún, el orden de las calles?

Penas rituales y castigos judiciales

La discreción de los fallos muestra y enmascara a la vez la tensión que produce en el mundo jurídico la contraposición existente entre los compendios consuetudinarios locales y la práctica penal que se elabora en los parlamentos. Según sabemos por una carta de indulto, en 1375 se aplicaba en Senlis la regla consuetudinaria que estipula que «los maridos que se dejen golpear por sus mujeres serán obligados y condenados a montar en un asno con el rostro vuelto hacia el rabo del citado asno»; en 1404, en los *Usos* de Saintonge figura un artículo similar, y en 1593, el juez de Hombourg determina que, «siguiendo el antiguo uso», la mujer que haya golpeado a su marido deberá montar al revés en un asno que su débil esposo llevará por la brida. En la Inglaterra de los Tudor y de los Estuardo ciertos tribunales prescriben que se pasee montando al revés en un caballo, con las ropas del sexo contrario, y a veces con acompañamiento de *rough music,* o tabahola[16]. Tres fallos dictados en París, entre 1729 y 1756, y una norma consuetudinaria de Toulouse, descrita y documentada hasta 1775, determinan que la «alcahueta pública» corra montada al revés en una borrica y que su marido, si lo tuviera, la siga montado al derecho en un asno; en Toulouse, llevan incluso cascabeles. «Tendrás que recorrer la ciudad con plumas y un capacho» es una amenaza bastante frecuente durante el siglo XVIII en el Alto Languedoc —lo hemos observado en tres ocasiones entre la documentación de los procesos—, que recuerda la afrenta de emplumar a las prostitutas y a las mujeres adúlteras: se las untaba con miel, luego se las hacía rodar entre plumas y, tocadas con un capacho, se las paseaba a lomos de un borrico; la Celestina de Fernando de Rojas sufrió esta infamia. Otros actos —quitar el techo, romper las puertas y las ventanas, desmontar la carreta, estropear el pozo, sumergir en agua...—, que figuran en los ritos «populares» de censura en varias regiones de la Europa latina y germánica formaron parte también del arsenal de penas oficiales hasta la época del clasicismo[17].

Todos estos castigos suponen que al público se le invite no como espectador al que hay que edificar mediante el ejemplo, sino como actor de pleno derecho ya que la pena se adecuará a sus risas, a sus *lazzi,* y a sus improvisaciones satíricas. Además los jueces que dictan

La práctica de la prostitución tiene dos regímenes en casi todas partes. Por un lado, el ejercicio familiar, en aposentos discretos; por el otro, el ejercicio público con tarifas oficiales. La mediación de la alcahueta es indispensable en el primer caso; ésta, si es denunciada, sufre todavía en pleno siglo XVIII, en París y en Toulouse, el paseo en asno montada al revés. En cuanto a las «mujeres públicas», periódicamente son castigadas por edictos de los parlamentos; se las rapa en público, se las lleva a la cárcel en carretadas infamantes y, a veces, se las embarca por la fuerza hacia las colonias americanas: hay que releer al respecto *Manon Lescaut,* del abate Prévost (1731). *(La aflicción de las mancebas* y *El paseo de las alcahuetas.* París, Bibl. nac.)

las resoluciones y el vulgo que participa en este teatro punitivo comparten en la práctica la convicción de que debe haber una relación entre la falta y la sanción concreta que la expresa, la castiga y la borra al conjurarla. Ahora bien, toda la evolución de las penas va a delimitar, controlar y especializar al mismo tiempo la escena del castigo (este espectáculo requerirá siempre en lo sucesivo candilejas, barreras y una especie de solemnidad crispada), y va a romper el vínculo simbólico entre la falta y la pena para desembocar en la sanción abstracta que, con el Código penal francés y sus imitaciones nacionales, triunfará en Europa. Este Código, lenta obra de la Ilustración suprime a fines del siglo XVII las hogueras, va dejando en desuso las penas rituales y permite que los jueces que topan con los ritos de la befa afirmen sin ambigüedad, con más precisión y firmeza, la básica ilegalidad de los mismos.

En 1610, a raíz de un proceso memorable en el que el abogado defenderá punto por punto la legitimidad moral y jurídica del rito, el parlamento de Burdeos condena a los autores de una «ceremonia a la que llaman correr el asno, como venganza contra un hombre (...) que se había dejado golpear por su mujer»[18]. En 1655, los regidores de Bayona adoptan una disposición contra unos particulares que «se jactan de correr el animal que ellos llaman asno o asna». Los jueces afinan la descripción de los ritos prohibidos que incluirán, por ejemplo, los «versos difamatorios» (Bayona, 1655) y las «canciones obscenas e injuriosas» (Toulouse, 1762) y los insertan en un conjunto al lado de las «reuniones ilícitas y nocturnas», las «extorsiones», los «libelos», etc., mientras que, periódicamente, los reglamentos provinciales o urbanos se afanan en describir situaciones concretas y denuncian a «los jóvenes de varias ciudades y lugares que (...) se reúnen en cuadrillas con frecuencia, sobre todo los domingos y los días festivos, recorren las calles durante la noche cantando toda suerte de canciones malas y organizan varias algazaras y desórdenes» (Montpellier, 1737). La red de la represión se extiende y estrecha sus hilos; dado que, en fin de cuentas, persigue más un delito particular que un estilo de conducta, concuerda enteramente con las preocupaciones de los clérigos de la Contrarreforma que adoptaron ese mismo lenguaje. Quedará la labor de informar, durante todo el siglo XVIII, a las jurisdicciones subalternas, sobre todo las de los pueblos, en donde los *consuls* a veces fueron demasiado proclives, en opinión de las élites, a transigir con el uso o, a la inversa, a hacer gala de un ensañamiento excesivo contra sus enemigos locales.

Las denuncias de las víctimas

Estas posibilidades de recurrir a la justicia, forjadas en el ámbito de una evolución amplia y múltiple, encontraron un eco que contribuyó a reforzarlas más. Si se consideran los pormenores de los procesos judiciales, en el siglo XVIII todas las formas y todos los usos de la befa ritual se plantean ante la justicia, y cada vez con más frecuencia. Entre 1700 y 1790, la cámara criminal del parlamento de la Navarra francesa, juzga cuarenta y siete cencerradas, cifra modesta pero denotativa de la aparición de este tipo de causa ante el alto tribunal bearnés. Sólo en relación con la segunda mitad del siglo, la amplísima jurisdicción del parlamento de Toulouse debe de ofrecer, entre todas sus salas, según el estado actual de los archivos, más de quinientos sumarios; la cifra de Provenza es sin duda similar, y las indagaciones que quedan por hacer en los tribunales ordinarios de las distintas regiones confirmarán seguramente este elevado número[19]. Aunque existen las acciones espontáneas de la fuerza pública, estos casos tienen su origen la inmensa mayoría de las veces en la denuncia particular. La fuerza del uso instauraba un relativo y necesario acuerdo entre los interlocutores del ritual; pero éste ya no se impone de manera tan uniforme y algunos no dudan en hacerle frente, a riesgo de agravar sus efectos. ¿A qué puntos se refieren los litigios? ¿Qué es lo que en la posición social de las víctimas fundamenta lo que debemos llamar su rebelión?

Es palpable el aumento de la resistencia frente a las exacciones impuestas por la Juventud y que son especialmente fructíferas con ocasión de los rituales de befa. Los derechos que los jóvenes cobran sobre todos los casamientos —la *«pelote»* de la Francia mediterránea, el *«vin des mariés»* de la región de Vaud—, más gravosos en los casos de unión exogámica y todavía más si se trata de pagar el rescate por una cencerrada, son eludidos incluso por quienes podrían pagar sin apuros. La gente se irrita ante el engranaje de exigencias que son más insaciables si la víctima es un «señor» que posee bienes: por ejemplo, un burgués de Saint-Victor, en la región de Uzège se decide al cabo de dos meses a redactar un memorial dirigido al comandante militar en relación con un «alboroto horrible» y «canciones infames»; sin embargo había empleado «primeramente los modales más correctos para hacer que terminara esta persecución, pues les invité a beber y a comer y les distribuí una suma de dinero considerable». Para evitar estas exageraciones el *consul* primero de Paulhan decide, heroicamente, en 1780, hacer oídos sordos a los *toutoures,* bocinas que resuenan en la noche del primero de mayo: «Como acababa de casarme en segundas nupcias —precisa— y conocía las malas intenciones que ciertas personas tenían para conmigo, comprendí que era una cencerrada y fui lo bastante prudente para no levantarme.» Sin embargo, es mucho más frecuente que el enfrentamiento estalle. Cuando la Juventud de Saint-Hippolyte-du-Fort pide la contribución correspondiente durante la comida de esponsales de un viudo, comerciante bastante acomodado, los padres de la novia se indignan y despiden a los jóvenes; con ello se ganan una cencerrada monstruosa y se ven seguidamente en la imposibilidad de pagar un rescate que ha alcanzado las cincuenta libras[20]. «Acordáos de cómo me atacan ¡y no les debo nada!», exclama un viudo joven que se ha vuelto a casar, ante los testigos de la emboscada con que le asaltan en pleno día, en el camino de su pueblo. Frente al rito, el viudo afirma la ley que fundamenta su negativa y protege su dinero. A principios del siglo XIX, debido a una adaptación de la que veremos más ejemplos, la cencerrada sancionará ante todo, por ejemplo en los valles de la región de Vaud, ese desaire de los esposos y de sus familias a la Juventud.

La defensa de los bienes propios

De manera general, en el transcurso del siglo XVIII, frente a las exacciones juveniles se impone la pugnacidad defensiva de los propietarios. No hay duda de que en las ciudades pequeñas de Languedoc, como Limoux, escasean después de 1750 las participaciones, graciosas o más o menos forzadas, en los gastos festivos de los jóvenes. Quien quiere juerga, la paga de su bolsillo; por eso, fatalmente, es la Juventud de «mejor rango» la que suele dirigir los ritos y juegos que requieren música. Las colectas se transforman. Para ciertas bandas, la ronda del día primero de año se convierte en una verdadera expedición de pillaje: rompen la puerta e invaden la casa de un artesano solitario, vacían su despensa y su bodega y, por añadidura, le gratifican con pescozones y amenazas. Los hurtos nocturnos y astutos que la costumbre exige en los mozos, siempre que no sobrepasen ciertos límites, van a multiplicarse. A los rateros de huertos y de corrales se les señala con el dedo; en Pézenas, se critica con dureza a «los muchachos de los artesanos, a los de los trabajadores de la tierra y a los de los jardineros (que) se dedican pícaramente a ir a coger uvas de noche y, no contentos, hacen un daño considerable destruyendo las cepas». Del mismo modo, cualquier ritual de befa, desde la simple zarabanda que se hace a un malas pulgas, hasta la gran cencerrada, se convierte en falta considerable si va acompañado de «depredaciones». Todos los actos que rompen, desmontan o desplazan se penalizan y, en consecuencia, se convierten en los signos del reto por excelencia: en octubre de 1729, para «afrentar» a los burgueses de un barrio, unos jóvenes de Castelnaudary se dedican a derribar y a romper afanosamente todas las puertas de una calle. El apego casi físico a los «bienes propios» —que en la ciudad se suelen reducir al perímetro de una casa— y la certeza de estar protegido por el derecho se afirman contra las agresiones simbólicas que sufren estos bienes y también contra todas las donaciones forzadas que los gravan con ocasión de un rito de paso. Puede ser que esta sustracción al ámbito de las imposiciones colectivas, de las que los mozos son primeros beneficiarios y portavoces, contribuya a exaltarlas y, a la vez, a convertirlas en delitos menores. En todo caso, ésta es la impresión que produce la miríada de denuncias y de atestados que, durante el período anterior a la Revolución, dan fe de una guerra incesante sobre los modos aceptables de «practicar la Juventud», especialmente en los burgos grandes y en las ciudades pequeñas. Los burgueses corrientes de esta época no dudan en aplicar el mismo vocablo: «libertino» —que ellos utilizan con mucha facilidad— a todos los atentados contra el orden de las familias, ya sea atacado desde el exterior o minado interiormente: el vagabundeo, el encanallamiento, la disipación del patrimonio en el juego y en el amor venal, la pasión frenética de las juergas callejeras, el desprecio por todas las autoridades[21]...

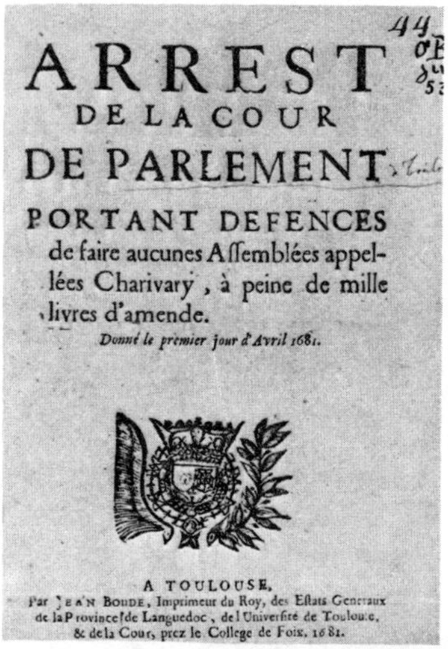

ARREST DE LA COUR DE PARLEMENT PORTANT DEFENCES de faire aucunes Assemblées appellées Charivary, à peine de mille livres d'amende.

Donné le premier jour d'Avril 1681.

A TOULOUSE, Par JEAN BOUDE, Imprimeur du Roy, des Estats Generaux de la Province de Languedoc, de l'Université de Toulouse, & de la Cour, prez le College de Foix. 1681.

ARREST DE LA COUR DE PARLEMENT,

QUI fait défenses à toutes personnes, de quelqu'état & condition qu'elles puissent être, de s'assembler & de s'attrouper, sous aucun prétexte, & dans aucun temps de l'année; de simuler les fonctions de la Justice; de courir masquées ou déguisées dans la ville & fauxbourgs de Verberie; porter ou représenter aucune effigie; faire aucuns charivaris, parades, cavalcades, ou autres jeux tumultueux; insulter aucuns particuliers de quelqu'état & condition qu'ils soient, par désignations directes ou indirectes, sous les peines portées audit Arrêt.

EXTRAIT DES REGISTRES DU PARLEMENT.

Du six Février mil sept cent quatre-vingt-trois.

VU par la Cour la Requête présentée par le Procureur Général du Roi, contenant qu'il a été informé que, dans la ville de Verberie, plusieurs particuliers s'assemblent, au nombre de trente ou quarante, le Mercredi des Cendres, pour faire le procès à quelques habitans de ladite ville, sous le prétexte qu'il aura été frappé par sa femme, ou qu'il aura rempli quelques fonctions intérieures du ménage;

EXTRAIT DES REGISTRES de Parlement.

LOUIS par la grace de Dieu, Roy de France & de Navarre, au premier noſtre Huiſſier ou Sergent ſur ce requis, comme ſur les requiſitions verbalement faites à Noſtre Cour de Parlement de Toulouſe, par DE MANIBAN, pour noſtre Procureur General, diſant que par un abus tres- contraire aux bonnes mœurs, & à la Police generale de noſtre Royaume, on a accouſtumé de faire dans la preſente Ville, & autres du Reſſort de noſtre-dite Cour, des Aſſemblées nocturnes, qu'on nomme de Charivary, à l'occaſion des ſeconds Mariages d'un homme veuf avec une Fille, ou d'une Veuve avec un Garçon ; & comme ces Aſſemblées ſont toûjours pleines de diſſolution & de debauche, l'on ſe donne auſſi preſque touſiours la licence de decrier la Reputation des gens, & de divulguer le ſecret des familles ; ce qui peut non ſeulement produire des inimitiez implacables, mais encore favoriſer les reſſentimens & les vengences, exciter des émotions, & troubler le repos & la tranquillité publique ; auſquels inconveniens, auſſi-bien qu'à la diſſolution des mœurs, eſtant tres-important de remedier, requeroit noſtredite Cour, de faire tres-expreſſes inhibitions & deffenſes à toute ſorte de perſonnes d'entreprendre de faire à l'avenir aucune de ces Aſſemblées nocturnes appellées Charivary, ſoit dans la preſente Ville, que dans les autres du Reſſort, à peine de mille livres d'amende, & des contreventions en eſtre enquis par le premier noſtre Iuge ou Magiſtrat requis, pour l'information faite & rapportée, eſtre decerné contre les coupables tel decret que de

La libertad de las familias

Sin embargo, los jóvenes que, por añadidura, manejan el arma de la befa, atacan de manera todavía más grave el orden que se constituye. Aun cuando atentaran muy poco contra los bienes y contra la paz pública, no serían menos odiosos, ya que por medio del control de la alianza, ese lazo del que depende la historia de las casas penetran en el seno de un círculo que se refuerza y se crispa. Así pues, el atentado principal no tiene que ver ya con el «sacramento del matrimonio» ni con la «tranquilidad pública» sino con «la libertad interior de las familias», tal como escriben los miembros del parlamento de la Navarra francesa cuando condenan la cencerrada en 1769. Si se considera la multiplicación de las víctimas que se enfrentan, ha de admitirse que, a partir de un período que puede situarse grosso modo a mediados del siglo XVIII, las salas de audiencias que examinan estos ritos ponen en tela de juicio el propio fundamento de los mismos. Vestigios —«dignos de los antiguos salvajes del país», escribe en el año XII el prefecto de los Altos Pirineos— de un modelo de control social que impone la transparencia y dispone de un amplio surtido de acciones que destapan y castigan las decisiones y comportamientos familiares incorrectos. Parece como si, en adelante, la burguesía capitalista, que juzga y que presenta denuncias, fuera adquiriendo paulatinamente la convicción de que esta esfera pertenece en propiedad a la familia y de que ninguna entidad ajena puede influenciar las decisiones que aquélla tome, pues las propias leyes confirman claramente ese derecho a la opacidad de la «vida privada».

Muchos hechos y hasta las palabras —que expresan como una conciencia del cambio cada vez más clarividente— invitan a que se perciba este avance de la «libertad interior»; no obstante, en el batiburrillo de los casos que han llegado hasta nosotros quedan por interpretar algunos aspectos que se repiten. Consideremos los blancos más señalados de la befa en el Limoux de los años 1740-1790: un administrador del depósito de la sal, un feudista, un procurador del juez local y un inspector de las obras públicas de la comarca. Todos ofrecen la mayor resistencia a la censura que les afecta en su condición de maridos o de padres. Todos son propietarios, pero pertenecen sobre todo al mundo de los que manejan la pluma y los papeles; como encarnan la legalidad exterior del Estado y, por esa misma razón, dominan todos los procedimientos judiciales, salen al paso del enfrentamiento y provocan la controversia entre los ritos y cierta modernidad jurídica y administrativa, la cual, exactamente igual que la antigua cencerrada, se cruza siempre, un día u otro, en la trayectoria de cada familia.

Los poderes del cura

En los pueblos la tensión se desplaza, de modo más visible aún, hacia otro personaje de gran importancia: el cura. Formado en los seminarios de la Contrarreforma, que han unificado las posiciones de los sacerdotes respecto de la religión y de las costumbres, se presenta en seguida como adversario de todas las formas tradicionales de befa. En nombre de la «paz de las familias» critica con

La autoridad del cura del pueblo sobre sus feligreses supone, además de su presencia fisgona, la periódica renovación de su legitimidad. La ocasión la proporciona la visita pastoral, durante la cual el obispo controla si la parroquia está en orden y el rigor de su cura párroco. Es entonces cuando el obispo «confirma» a los que han hecho la primera comunión últimamente. (Pintura mural sobre tabla, 1705, Capilla de Saint-Tugen-en-Primelin. Finisterre.)

dureza la práctica de la cencerrada, la del juicio carnavalesco y, por ejemplo en la región de Vivarais, la de colocar a ciertas muchachas «mayos» con un pelele fálico. Incluso llega a proteger —por ejemplo en Burzet, en 1780— a una pareja, amenazada de cencerrada, dispensándola de dos de las tres amonestaciones antes de bendecirla en secreto, entrada la noche. Dado que condena todos los usos juveniles, denuncia todas las formas de pagamiento; por ejemplo, con motivo de las bodas: «No bien alguien se casa (los jóvenes) les hacen pagar para tener bebida y comida. Si los novios rehúsan, en seguida van a plantarse en una taberna para darse una buena comida por cuenta de los novios a quienes no paran de desasosegar y de insultar hasta que no hayan pagado sus gastos» (Saint-André, Lodève, 1749).

De manera más general, el cura hace el minucioso inventario de «exacciones», «escándalos», «desórdenes» e «irreverencias» de la Juventud: «Remedan las ceremonias y no hacen caso de las reprensiones. Recorren el pueblo disfrazados, bailando, paseando a Carnaval el día de Cenizas. Entran en el santuario durante los oficios, se colocan entre la cruz y el cura en las procesiones, como si fueran del clero, dan la espalda al altar, ríen y charlan durante los oficios, dan golpes en los bancos, disparan con pistolas dentro o delante de la iglesia los días de fiesta o de casamiento, bailan ante las puertas de la iglesia sobre el pedestal de la cruz, incluso antes del catecismo y durante Adviento, cantan canciones obscenas» (Neffies, Béziers, 1769).

Ciertamente, la convencida actuación del cura de pueblo contra todas las prácticas que escapan a la ortodoxia que él representa refleja fielmente un ideal religioso; sin embargo, ¿no es su ambición social y el lugar que de hecho ocupa lo que le llevan a combatir prioritariamente el «derecho de censura» que los jóvenes ostentan en nombre de la comunidad?

Desde finales del siglo XVII el cura de pueblo tiene asignados dos cometidos igualmente importantes: su ministerio —que ejerce con su nueva competencia cultural y que se amplía cada vez más a través del control de la escuela—, y además la función de representante de la monarquía[22]. Ya desde 1667 registra las actas de bautismo, matrimonio e inhumación, y el reglamento que en 1737 le obliga a asentarlas por duplicado logra generalizar este registro. En tierra protestante se le piden también cantidad de censos, la relación de los nuevos conversos, a los que vigila y, a veces, también denuncia. Hace las veces de los *consuls* —que en la región del Languedoc son, por lo general, iletrados— estableciendo la base tributaria y leyendo desde el púlpito, al final de la misa, las disposiciones y reglamentos que recibe del gobernador provincial. Esta doble misión —política y religiosa— le permite velar estrechamente por el orden familiar, cuyas normas define él mismo denunciando los adulterios, los amancebamientos y los embarazos ilegítimos, preparando, como un alcahuete, ciertas uniones y dando en cualquier caso su opinión sobre cada alianza. Su juicio puede sumir en la infamia: el cura niega la comunión a los disolutos; no admite a un «libertino» en el cementerio; se abstiene de confesar a las muchachas tentadas por el baile o la galantería. Con la aspiración de llegar a ser el director espiritual de la mitad femenina del pueblo, sobre todo la de las buenas casas, a veces escruta en lo más profundo, en lo más íntimo, tratando de averiguar, por ejemplo, la práctica de los «funestos secretos» que permiten evitar la concepción o «cuando manda de noche al convento a la hija del señor, penitente suya de dieciocho años (quien pasa tres horas en el confesionario y acusa a su familia), a la que cree amenazada por el afecto excesivo de un padre entrado en años y celoso» (N. Castan).

Así pues, lo que nos había hecho presentir la señalada presencia de las personas relacionadas con el «control» y con los «papeles» entre las víctimas urbanas, queda confirmado e ilustrado por las tensiones que existen en los pueblos. En el siglo XVIII, la censura ritual opta cada vez más por enfrentarse con sus más enconados adversarios, entre los que se encuentra el cura en lugar preeminente. Éste mismo, afincado desde hace mucho tiempo en su curato, gobierna a toda una familia de hermanas, hermanos, sobrinas y sobrinos, cuya educación vigila y a quienes se esfuerza en situar bien. Defiende ardientemente la tranquilidad, aislada y meditativa, de su vida diaria y la contrapone fácilmente a los desórdenes del público y, sobre todo, de los muchachos: «El lunes pasado, fiesta de Pentecostés, aparecieron como de costumbre batiendo el tambor y bailando alegremente. Yo estaba ocupado releyendo mi breviario en mi casa, que se encuentra precisamente en el piso bajo. Me fue imposible concentrarme: salí para hacerles observar la santidad de mi ocupación, y por toda respuesta a mis ruegos y a mis advertencias, me dijeron que hablara a su trasero, y acompañaron sus palabras con gestos de la mano (...)» (Estesargues, Uzès, 1774.)

Sin embargo, mediante su vinculación al orden público y a la libertad de las familias, el cura se agencia un poder de control discreto que utiliza tanto la dominación administrativa como la persuasión espiritual y que delimita una esfera «privada», desde luego, pero también transparente sólo a sus ojos.

Los desquites de la costumbre

Esta evolución no se produce sin resistencias. Ante todo, algunas familias se oponen a lo que se presenta como un malentendido. Efectivamente, la aspiración a una autonomía mejor defendida corre pareja, en los medios burgueses y aburguesados, con la nostalgia de la restauración de la autoridad paterna. Sobre todo en la Francia meridional, el padre de familia ha mantenido durante mucho tiempo un poder absoluto que puede reflejarse de múltiples maneras: en la dirección autocrática de los negocios, en la elección de heredero, en la solemnidad del ritual de emancipación que todavía en pleno siglo XVIII registran los notarios de la región de Lodève... Indudablemente, luchar contra el «libertinaje», llegar incluso a hacer que se encierre a un hijo descarriado mediante *lettre de cachet* significa unirse a la lucha moral de la Iglesia, pero sin someterse por ello al dominio del cura. La presencia de éste suele suscitar, pues, vivas reacciones que dan lugar a luchas entre bandos en las cuales el móvil es él o a acusaciones malintencionadas que, con mucha frecuencia durante el siglo XVIII, hacen comparecer a párrocos acusados de crímenes sexuales ante las autoridades diocesanas.

La réplica de la Juventud, cuyos ritos se condenan, es mucho más ostensiva. Todas las maneras de befa se suceden y se combinan para perseguir al cura: llamar por la noche a su puerta, robar en el jardín presbiterial, cantarle canciones infamantes y apedrear su casa, todo ello acompañado a veces de amenazas más graves. En la orilla derecha del Ródano, en Aramon, la Juventud del decenio de 1780 es especialmente turbulenta. Durante un carnaval, organiza una cencerrada contra unos recién casados, y en una canción prometen al esposo que le harán montar en el asno; el cura predica desde el púlpito contra el alboroto y contra los agitadores pero, ante la reacción de éstos, no insiste demasiado, pues la terrible aventura que sufrió uno de sus predecesores le incita a ser prudente: este último había reprendido a la Juventud hasta en la taberna, ese «lugar malo» del que no se les puede apartar: «tres o cuatro jóvenes fueron a cogerle por la fuerza, le ataron, y le llevaron a hombros al Ródano a donde intentaron echarle: a uno de ellos le movieron el corazón sus gritos y entonces le desataron (...), le hicieron jurar que nunca más les nombraría, lo cual hizo».

Sin embargo, el enfrentamiento no deja de tener consecuencias en las razones y en las formas de los ritos de presentación, y el hecho que éstas cambien muestra la fuerza con que se impone. El «derecho de censura» consuetudinario se limitaba estrictamente a la relación entre los sexos que se centra en el matrimonio: en todo momento se vigilaba, se juzgaba, se proclamaba y se castigaba la indignidad. Además, la infracción no corría el riesgo de una censura colectiva más que cuando se hacía pública: los deslices que precedían o seguían al casamiento estaban protegidos porque eran discretos; sólo la boda se ofrecía forzosamente a la mirada y al juicio. El control que ejerce la Iglesia va muchísimo más lejos y dado que actúa no sólo como adversario sino como rival de la censura consuetudinaria, ésta va a ampliar su dominio y a denunciar maneras de ser que, por principio, no le competían. En Aramon, en 1781, una cencerrada termina en revelaciones cada vez más detalladas, debido a la tenaz resistencia conjunta del marido y del cura. El esposo ha «querido atentar contra el honor de varias mujeres que se han quejado de ello»; una canción refiere con detalle las desventuras de su vecina y de una lavandera; su mujer, una sirvienta que «no ha ganado su dinero cruzando las piernas», ha engendrado con su difunto amo un hijo que murió al nacer y se sugiere que se ha apropiado de la herencia... El mismo año en Limoux, más de cien personas dirigidas por entre «ocho y nueve jóvenes, escribanos de procuradores y mozos de fabricantes y comerciantes a la menuda, de entre quince y veinte años», cantan canciones satíricas a la hija de un notario, desde carnaval hasta entrado el verano: una señorita que frecuenta de manera demasiado exclusiva a su amiga, hija del dueño de un establecimiento de coches y caballos de alquiler y venta de forraje.

Así pues, la moral pública también va calando cada vez más profundamente en el secreto de la existencia, y el siglo XIX dará a esta mutación nueva amplitud. En Alemania, la cencerrada, el *Haberfoldtreiben,* también amplía su ámbito de intervención: «A los reproches que siempre han dominado de inmoralidad, adulterio y relación amorosa prohibida se añaden en lo sucesivo la homosexualidad, el incesto, el amancebamiento y la poligamia; después de 1870 este catálogo se enriquece además con la sodomía» (E. Hinrichs). En Gascuña, al igual que en Alemania, se espía la vida sexual de los dos poderes políticos y morales de los pueblos de la época: el cura y el maestro[23]. Incluso se inventa, sobre todo para ellos, un nuevo rito de befa: la alfombra nocturna de hiedra, de plumas, de serrín o incluso de judías gorgojosas que une las puertas de los amantes prohibidos. Esta alfombra que ha sido compuesta en silencio por censores anónimos, que continúa las alfombras infamantes de mayo y que es la inversión de las alfombras nupciales y honoríficas, manifiesta el secreto de quienes conocen y rigen los secretos de los demás evitando al mismo tiempo las leyes, que no han previsto tal delito.

Notas

[1] A. C., Carcasonne, FF 1.

[2] C. Karnoouh, «Le charivari et l'hypothèse de la monogamie», *Le Charivari,* publicación dirigida por J. Le Goff y J.-L. Schmitt, Mouton-EHESS, 1981, pp. 33-44.

[3] Esta «economía matrimonial» constituye uno de los aspectos del análisis de la cencerrada que propone Cl. Lévi-Strauss en *Le Cru et le Cuit,* París, Plon, 1964, pp. 343-344.

[4] A. D., Var, *Justice signeuriale de Varages,* mayo de 1788.

[5] Archivo privado; se han publicado extractos de la *Chronologiette* en E. G. Léonard, *Mon village sous Louis XV,* París, PUF, 1940.

[6] C. Daugé, «Une azoade à Coarraze en 1762», *Bulletin de la societé de Borda,* t. XLV, Dax, 1921, pp. 107-115.

[7] Existen varias «oraciones fúnebres» de Marie Blanque, *aurostera* bearnesa de fines del siglo XVIII (M.-C. Salles, *La Poesie populaire en vallée d'Aspe,* Orthez, 1980, pp. 96-106); acerca del discurso fúnebre, véase E. De Martino, *Morte e Pianto rituale,* Boringhieri, 1975.

[8] A. D., Aude B 1210.

[9] A. D., Herault, C 6851.

[10] A. D., Aude, B 2641.

[11] L. Junod, «Le charivari au pays de Vaud dans le premier tiers du XIXe siècle», *Schweizerisches Archiv für Volkskunde,* t. XLVII, Basilea, 1951, pp. 114-129.

[12] Todos los casos que se citan a continuación proceden del archivo municipal de Limoux —examinados íntegramente en lo que se refiere al período 1740-1790—, de las denuncias y memoriales presentados al mando militar de la provincia (A. D. Herault) y de calas en el fondo, no catalogado, de la *sénechaussée* (A. D. Aude).

[13] M. Agulhon observó esta discordancia entre la Juventud como institución municipal y la Juventud como conjunto de prácticas tras hacer una cala en el archivo policial de Tolón (1774-1779) *(Pénitents et Francs-Macons de l'ancienne Provence,* París, Fayard, 1968, p. 62). Respecto de la Juventud de Poitou, muy amoldada al marco señorial, véase N. Pellegrin, *Les Bachelleries dans le Centre-Ouest,* Poitiers, 1983.

[14] Véase, *Le Jeu au XVIIIe siècle,* Aix-en-Provence, Edisud, 1976.

[15] Véase, A. Burguière, «Pratique du charivari et répression religieuse (...)», *Le Charivari, op. cit.,* pp. 179-196. El inventario —primordial— de las condenas civiles aún no se ha hecho; véanse algunas observaciones retrospectivas en J.-L. Sourioux, «Le charivari, Étude de sociologie criminelle», *L'Année sociologique,* París, PUF, 1962, pp. 401-414.

[16] M. Ingram, *Le Charivari, op. cit.,* p. 253.

[17] Acerca de estos ritos penales, P. Saintyves, «Le Charivari de l'adultere et les courses a corps nus», *L'Ethnographie,* París, 1935, pp. 7-36, y R. Pinon, «Qu'est-ce qu'un charivari?», *Kontakte und Grenzen,* Festschrift für Gerhard Heilfurth zum 60, Gotinga, 1969, pp. 393-405.

[18] El alegato se recoge en *Plaidoyers et Actions graves et éloquentes de plusieurs fameux avocats du parlement de Bordeaux* (...), Burdeos, 1646, pp. 197-208.

[19] Respecto a Bearn, C. Desplat, *Charivaris en Gascogne,* París, Berger-Levrault, 1982, p. 103; N. Castan ha tratado cincuenta casos languedocianos en *El Charivari, op. cit.,* pp. 197-206.

[20] Respecto a estos tres casos, A. D. Herault C 6864 y 6666, 1778.

[21] Acerca de este «libertinaje», C. Nicod, «Les "séditieux" en Languedoc à la fin du XVIIIe siècle», *Droit pénal et Social méridionalc. Mémoires et Travaux publiés par la Société d'histoire du droit* (...), Montpellier, 1971, pp. 145-165. G. Sarret de Coussergues ofrece notables retratos de libertinos encarcelados mediante *lettre de cachet* en la fortificación de Brescou, cerca de Agde, en *Une prison d'Etat au milieu du XVIIIe siècle,* París, Les Presses continentales, 1950. El *Jean l'an prés* del abate Fabre (E. Le Roy Ladurie, *L'Argent, l'Amour, la Mort en pays d'Oc,* París, Ed. du Seuil, 1980) es un retrato literario de libertino rural.

[22] Acerca de los curas a fines del Antiguo Régimen, véase N. Castan, *Les Criminels de Languedoc,* Publications de l'université de Toulouse-le-Mirail, Toulouse, 1980, pp. 127-128, 146-158, y las investigaciones que está realizando A. Molinier, presentadas en «En Languedoc: le curé de village (XVII-XVIIIe siècle)», *Études sur Pézenas et l'Herault,* XI, 1980-83, pp. 59-65.

[23] Esta nueva delimitación de la frontera del control social ha sido observada respecto de Alemania por E. Hinrichs, *Le Charivari, op. cit.,* pp. 297-306, y respecto de Gascuña por D. Fabre y B. Traimond, *ibíd.,* pp. 23-32.

Familias.
El honor y el secreto

Arlette Farge

París. La ciudad funciona como espejismo: aspira a toda una población que ya no puede vivir del campo y, simultáneamente, rechaza a quienes no han podido integrarse en su ámbito, a los que han perdido la ilusión. Al mismo tiempo, favorece incesantes movimientos de ida y vuelta de personas que, una vez establecidas en la ciudad, regresan a su tierra durante la temporada de verano. Efervescencia migratoria, movilidad, presencia de una población flotante a la que ni el trabajo ni la vivienda han logrado arraigar: París es una ciudad particularmente agitada que cronistas y autores de memorias contemporáneos se complacen en describir con fascinación y con consciencia de hallarse en el corazón del bullicio de la vida. «¿Habrá que destruir la capital para poblar los campos?», se pregunta Louis Sébastian Mercier en su famoso *Cuadro de París*[1], en donde hace el retrato minucioso y apasionado de una población urbana, agitada y charlatana, «verbosa y facunda».

Ahora, se sabe perfectamente que la composición socio-profesional de la inmigración es la de las capas desfavorecidas. Quienes se encaminan a París proceden de medios desposeídos y ya inestables: no son los campesinos acomodados los que se marchan, sino los peones, los jornaleros o hijos de Saboya y de otros lugares. Estas «trashumancias de hombres», según la expresión de Abel Poitrineau[2], obligan a las familias a separarse: uno se va, el otro se queda. A veces regresan a su tierra, pero sobre todo piensan en que más adelante vaya a reunirse con ellos uno o varios miembros de su familia. Entretanto viven en la ciudad, se reúnen; para vivir mejor, se amanceban. Las cifras de abandonos de niños[3] son impresionantes y el Hospital de niños expósitos sólo es un refugio desconsolador en donde enfermedades y mortandad causan tenaces estragos. Dejar a los niños con un ama de cría[4] lejos de París es una necesidad: de

La puerta está abierta, las llaves suspendidas; en las casas de pisos parisienses el interior y el exterior apenas se separan. Por el umbral pasan las noticias y se agrandan los rumores. (Jan Van Hoogstraten, *Las chinelas*. París, Louvre.)

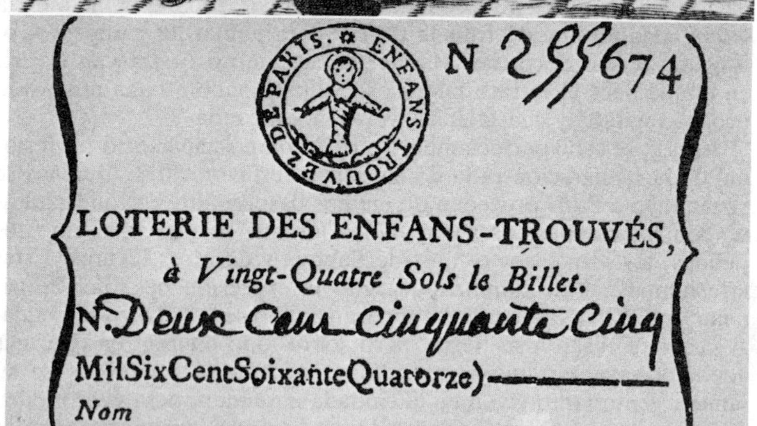

N 255674

ENFANS TROUVEZ DE PARIS

LOTERIE DES ENFANS-TROUVÉS,

à Vingt-Quatre Sols le Billet.

N. Deux Cent cinquante Cinq

MilSixCentSoixanteQuatorze)

Nom

Pour Loterie.

BILLET DE LOTERIE POUR LES ENFANTS TROUVÉS

Fac-similé d'un billet du dix-septième siècle conservé à la Bibliothèque royale de Bruxelles.

El niño abandonado no es espectáculo infrecuente. Aunque a veces se haga mofa de quien lo encuentra a su puerta, hay que confiarlo rápidamente al Hospital de niños expósitos. A veces, la criatura lleva encima un nombre de pila y algunas recomendaciones: el abandono no es algo que se elija. (París, biblioteca de Artes decorativas.)

los 21.000 niños que nacen cada año, 20.000 emprenden un extraño y peligroso viaje organizado, en carretas, siendo conducidos por hombres especialmente dedicados a este menester a casa de amas de cría sobre las que los padres no ejercen control alguno.

Ante esta constante precariedad y estas duras condiciones de vida, se suele pensar que la familia popular no existe. Sin embargo, la realidad es diferente, y el archivo policial, a poco que se le consulte, muestra no un panorama más agradable, sino formas de vida más complejas que las que de ordinario se describen. Formas de vida que implican forzosamente modos de relación originales entre el ámbito público y el privado.

La familia urbana

De hecho, la familia existe[5]: quizá no reunida en su totalidad, con todas las generaciones juntas, de los abuelos a los nietos; sin duda fragmentada; pero siempre presente. Todos la mencionan constantemente: se ve en los interrogatorios y en las declaraciones ante la policía. Incluso, entre los más desvalidos, pocos son los que dicen que no tienen a ningún miembro de su familia a su lado. Algunos sucesos importantes del siglo XVIII lo prueban. El día 30 de mayo de 1770 se celebra en París el matrimonio del delfín con pompas reales y festejos populares[6]. El pueblo invade la calle para responder a la llamada del rey y asistir a las luminarias de la plaza de Luis XV, que se considera más amplia que la del Ayuntamiento.

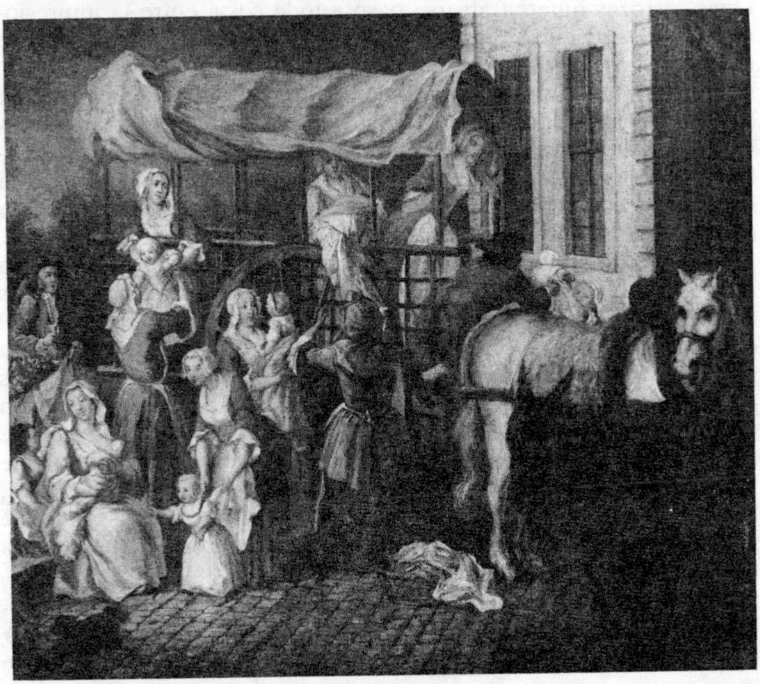

El regreso de las amas de cría: a veces los padres que esperan al grupo no reconocen a su hijo más que por la ropa. (Étienne Jeaurat, *La llegada de las amas de cría*. Laon, Museo municipal.)

Treinta de mayo de 1770: casamiento del delfín con María Antonieta. En medio de la fiesta, el desastre. En la calle Royal perecen 132 personas asfixiadas, tras un atropello que seguramente la policía podría haber evitado. (París, Bibl. nac.)

Unas carrozas quieren abrirse paso a toda costa entre la impresionante multitud que se apelotona: sobreviene la catástrofe. Ciento treinta y dos personas mueren ahogadas, por lo general de pie, asfixiadas unas contra otras o pisoteadas por las que huyen en medio del pánico. Los cadáveres se exponen en el cementerio de la Madeleine La Ville-l'Eveque, para que puedan ser reconocidos por familiares, amigos o vecinos. Pocos son los que están realmente solos en París; las tres cuartas partes de los cuerpos son reclamados por un miembro de sus familias, cercano o lejano.

Otro hecho, más conocido por la historiografía, proporciona la misma valoración de la presencia familiar; cuando los condenados a muerte por decisión del tribunal revolucionario ven acercarse el día de su ejecución, escriben cartas de despedida. Cartas que nunca llegarán a sus destinatarios sino que permanecerán entre los papeles de Fouquier-Tinville en el Archivo nacional[7]. Cartas que proceden de gente común, mezclada en la Revolución por granujadas que nada tienen que ver verdaderamente con la ideología. Cartas que van destinadas casi siempre a un miembro de sus familias: mujer, hermano, hermana o hijo. La presencia familiar es obvia, aunque no responda a la imagen de la agrupación obligatoria de una pareja con sus hijos, que actualmente conocemos.

Sin embargo, la familia no vive metida en sí misma; fragmentada, diseminada y, pese a ello, unida, está continuamente «expuesta» y no goza de ninguna intimidad, en el sentido en que podemos entenderlo actualmente. Su apertura es proporcional a su imposibilidad de bastarse a sí misma. La nobleza y la gran burguesía de magistrados poseen linajes, sucesiones, propiedades de tierras, herencias, derecho de primogenitura y vínculos de sangre. El pueblo es distinto: vive a la vista del prójimo y únicamente fabrica su presente y su incierto futuro a través de múltiples circuitos, de los cuales sólo uno es de índole familiar.

Si se ha de caracterizar realmente a la familia popular, hay que destacar en primer lugar que está totalmente influida —y hasta constituida— por sistemas de dependencia ajenos a ella. Su esencia reside en estar diariamente enfrentada a los demás, en una inevitable trama de solidaridades y de contrasolidaridades que surgen de los espacios sociales que está obligada a aceptar.

La casa de pisos, teatro público

Las condiciones en que habita suponen una formidable coartación y al mismo tiempo un modo de ser original: la casa de pisos parisiense, encajonada en calles estrechas, fangosas y malolientes, da idea de ello. Del entresuelo al sobrado, todo está habitado hasta el máximo: los propietarios tratan de hacer rentable cualquier rincón, por pequeño que sea. La casa de pisos, accidentada por pasadizos, desvanes, pasajes que van del taller al patio, *«quarrés»* (partes interiores o torres de balcones exteriores que encierran patios en los que a veces hay un pozo o una fuente) y letrinas en lo alto de la escalera, exhibe indecorosamente a sus pobladores. En el siglo XVIII es todavía frecuente que los burgueses, que aún no se han alejado hacia el oeste de la ciudad o no se han aislado definitivamente en sus mansiones, estén mezclados con el pueblo: habitan las plantas nobles, por lo general en los cuartos que van de la primera planta a la cuarta. Tanto encima como debajo se alojan, en un espacio fragmentado, asalariados y obreros. En el piso bajo suele haber un taller o una tienda que da a la calle y que incluso la invade con su puesto. En el entresuelo, justo encima del espacio de trabajo, hay una habitación que sirve de trastero y también de dormitorio para los aprendices y los oficiales. Una escalerilla interior puede comunicar ambos espacios. La tienda se halla bordeada por un pasaje que se cierra por la noche y que permite a los habitantes del edificio llegar al patio y a los pisos, y a los transeúntes ir de una casa con fachada a la calle a otra situada en el patio. Una o varias escaleras con ventanas comunican los pisos, con descansillos que dan a habitaciones. Alvéolos en donde unos y otros se alojan por sumas más o menos grandes. A veces, incluso las habitaciones se comunican entre sí, y, según la costumbre, las puertas suelen permanecer abiertas a los descansillos o a los cuartos del prójimo. De una habitación puede pasarse a otra, y, llegado el caso, acceder a otra escalera o a otro pasadizo. En lo más alto, debajo de la techumbre, se encuentran los desvanes o las guardillas: fríos en inviernos y calientes en verano, acojen a una población trabajadora tan numerosa como móvil. Si el artesano o comerciante del piso bajo tiene bastante

fortuna y suficientes oficiales, es él quien posee ese espacio y lo subarrienda a sus empleados. Si no, las guardillas o las habitaciones amuebladas son alquiladas por arrendadores a dos o tres sueldos por noche. En estos espacios viven varias personas juntas, sobre colchones o jergones, que guardan sus ahorros debajo de sábanas y ropas recogidas por lo general en el propio suelo[8]. La casa de pisos es ante todo un escenario público en el que unos se afirman y otros se pelean, y en el que nada puede vivirse a escondidas ni en secreto. Discusiones conyugales, amores clandestinos, inquilino ruidoso, niños revoltosos: todo se sabe y se oye sin esfuerzo. La promiscuidad modela los comportamientos y las costumbres.

La calle y el taller

La vida del trabajo apenas está más protegida; los oficios que se ejercen en la calle son innumerables y dan al paisaje parisiense una originalidad que es continuamente descrita o dibujada. La itinerancia es la regla para todos los que llevan a cuestas los medios de ganarse la vida, ya sean estañadores, pasteleros, dentistas, ramilleteros o ferreteros. Para ellos, lo importante es que se les pueda ver continuamente, que se les pueda reconocer con facilidad (cada cual lleva la vestimenta propia de su oficio) y que se les pueda llamar fácilmente con una voz: no hay que buscarlos, están fuera y lanzan gritos de reclamo bien agudos. Son conocidos en el barrio y se hacen

Los talleres y los puestos invaden la calle. Para estar seguro de vender mucho, es mejor tener un buen sitio en las plazuelas. (Pieter Brueghel, *Feria*. Aix-en-Provence, museo de Bellas artes.)

la clientela en la calle; a veces, para mayor seguridad, ocupan un lugar habitual en los cruces o bajo los soportales. Sobre todo si se trata de mozos o de recaderos —los deshollinadores suelen hacer lo mismo para que les encuentren con más facilidad.

El taller —espacio tradicional del trabajo del artesano y de sus oficiales y aprendices— es un lugar intermedio entre el exterior y el interior. Mostradores y bancos se extienden hacia la calle, se abren al exterior. Parroquianos y oficiales pueden conversar durante todo el día. Los empleados no se hallan en absoluto encerrados y enseguida están al tanto de lo que ocurre alrededor, lo cual facilita muchas formas de intercambios y de solidaridades. Nadie puede ignorar las disputas entre maestros y obreros, y los transeúntes distinguen a la primera ojeada los talleres ordenados de los que lo son menos. En una situación de vecindad tan intensa, la competencia está en todo su apogeo: el maestro no vacila en mandar a su aprendiz que suba a vigilar desde la ventana a la clientela de su vecino, para pillarla en cuanto pase.

Entre la vida familiar, la vida de la vivienda y la vida del trabajo se perfila un personaje conocido que tiene un cometido primordial: el niño. Entre los diez y los dieciséis años, vive de manera adulta y al mismo tiempo mantiene los placeres y juegos de la infancia. Como se le coloca muy temprano como aprendiz, o ayuda a sus padres en sus quehaceres diarios, conoce el ritmo del trabajo, su dureza y sus obligaciones; y como no es aún independiente de su familia, sirve de vínculo social complementario entre los distintos espacios en que

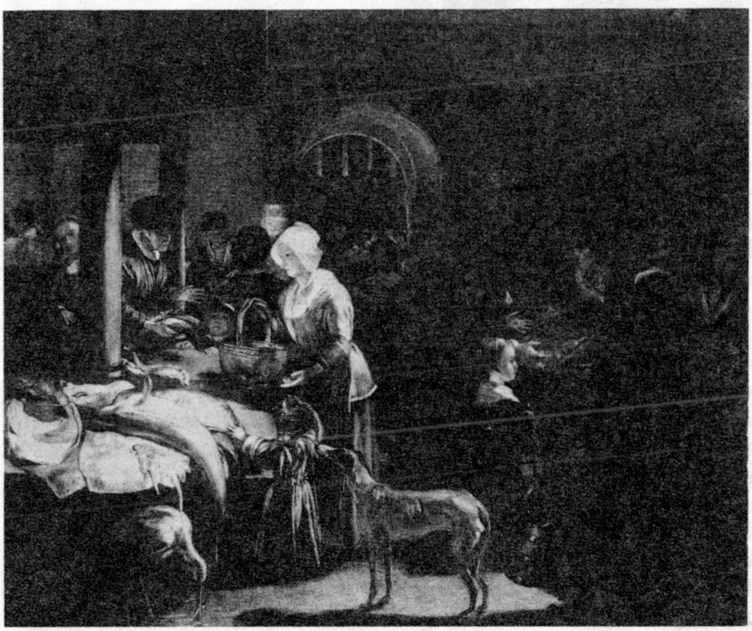

En los tenderetes se habla tanto como se compra: el espacio urbano posibilita múltiples formas de intercambios, de solidaridades y de conflictos. (Emanuel de Witte, *El mercado de pescado en Amsterdam.* Lugano, colección Thyssen-Bornemisza.)

El barrio vive al ritmo de las miradas de unos y otros. (París, Bibl. nac.)

se mueven los individuos. Es tan hijo del barrio como hijo de sus padres, lleva los recados, hace pequeños favores o conoce bajo la vigilancia de su maestro los inconvenientes de la condición de aprendiz. Recorre los espacios y las comunidades con asombrosa movilidad y participa realmente de la vida pública y de la vida privada. Vecinos, artesanos, comerciantes, curas o diáconos le ven vivir constantemente: el niño pertenece tanto al barrio como a su familia.

El barrio es algo muy distinto de un espacio geográfico: es un medio autónomo que reacciona según sus reglas y leyes, un lugar en el que cada cual vive a la vista de los demás y ve cómo vive el semejante. Varias autoridades velan por el barrio: el comisario principal y sus colaboradores[9] y, al mismo tiempo, el párroco y sus acólitos o diáconos. Son personalidades morales de mucha importancia, garantes del orden y de la caridad: a ellos se acude en busca de autoridad y de comprensión, de severidad o de indulgencia. Marcan el barrio con su presencia enterada y están a la disposición de todos. Además, colaboran entre sí en ciertos casos; el comisario puede pedir fácilmente al cura informes sobre un habitante sospechoso. La gente lo sabe, los informes policiales contienen a menudo certificados de buena conducta que proceden de los curas.

Los comisarios son los ojos y los oídos del barrio, y el lugarteniente general de policía exige que así sea. Han de estar en todas partes, saber todo, acudir al lugar de cada incidente, hacer que inspectores y confidentes recojan todas las hablillas y murmuraciones que se cotillean y que circulan por calles, ventas, tabernas y fuentes.

En este bullicioso ambiente en el que vida pública y vida privada se confunden totalmente, en el que se vive en el exterior tanto como en el interior y en el que la mirada del prójimo impone sus reglas, el honor es, obviamente, un bien primordial, una necesidad indispensable.

El honor, necesidad privada y pública

El honor del pobre

Ya desde mucho tiempo atrás se consideraba que el honor era un bien esencial, comparable a la vida, que se debía proteger por todos los medios. A principios del siglo XVI, un magistrado de París, uno de los principales personajes del mundo judicial en el reinado de Francisco I, Jean de Mille, escribe un amplio texto titulado *Práctica criminal,* especie de memorial dirigido a quienes desempeñen el mismo oficio que él. En su intitulación al rey, escribe: «He tenido que conocer asuntos que me llegaban, de toda suerte, cuando la ocasión se presentaba, tanto en la ciudad (...) como en las provincias; al regresar a mi casa, he tratado de reunir estos asuntos en una sola obra y de darles forma. Me he aplicado sobre todo en lo que se refiere a los crímenes contra las personas; la pérdida de un bien, de un patrimonio, siempre es reparable de un modo u otro, la del *honor* o *la vida* jamás.»[10]

El deshonor, comparable a la muerte, es tema habitual de los escritos sobre la urbanidad de los siglos XVII y XVIII. El honor «es lo que da valor y estima a los hombres; es lo que fundamenta la buena fe y por lo que se jura; es lo que vence todos los asaltos del azar y todos los ataques del mundo; es lo único que hace dichoso; es, en suma, lo más precioso, lo más estimado y lo más sagrado que hay en los hombres», escribe Courtin en su *Tratado del pundonor*[11].

El honor dista mucho de ser privativo de los nobles, es un bien que el pueblo invoca ardorosamente: «Preguntad a cualquiera (es de nuevo Courtin quien habla) lo que es tener honor; os responderá que es tener coraje. Preguntad lo que es tener coraje; os dirá que es morir antes que sufrir una injuria.» La injuria, acto de muerte, es más que una idea o un concepto; es un sentimiento, una convicción con la que viven y forcejean los hombres y mujeres de la calle.

En la calle, buhoneros y vendedores alzan la voz para que la clientela les reconozca. *(Los pregones de París.* París, museo Carnavalet.)

La familia apacible: posee pocos bienes, exceptuando su honor, que no debe ser dañado por murmuraciones o calumnias de los vecinos. (París, Bibl. nac.)

En la página de la derecha: los gestos de la vida diaria: el despioje, la comida, la limosna. (Michiel Sweerts, *La despiojadora*. Estrasburgo, museo de Bellas artes.) (París, Bibl. nac.)

El lugarteniente general de policía Lenoir menciona en sus Memorias, en el siglo XVIII, esa constante avidez de la gente humilde respecto de su honor: «La administración de la policía de una ciudad grande que agrupa a todas clases de sociedades, en las que los hombres y las mujeres casi siempre están frente a frente (...), permite conocer bien el alcance de la maledicencia y de la calumnia. Las denuncias por motivo de injurias y de difamación eran frecuentes en París. Unos demandaban reparación ante los tribunales ordinarios. La mayoría de los parisienses importunaban a la policía con sus disputas domésticas y su pundonor.»[12]

En estas líneas se nota la irritación de la policía por la creciente afluencia de demandas relativas al honor y a la reputación; sin embargo, Lenoir entiende perfectamente su mecanismo: cuando hombres y mujeres viven «frente a frente», como en la ciudad del siglo XVIII, el poder de la palabra es ilimitado. La maledicencia y la calumnia pueden causar heridas y conflictos graves.

Uno de los cimientos del honor reside, efectivamente, en ese continuo estar frente a frente de las familias y de las comunidades, en esa indistinción entre vida privada y vida pública. Es esa observación constante lo que proporciona la información acerca del prójimo y el derecho a hablar de él. Las declaraciones que se prestan ante la policía están plagadas de una expresión muy significativa: «Le conozco por...» En realidad las informaciones y estrategias de unos y de otros se apoyan en otros dos importantes mecanismos del funcionamiento social: el conocimiento del riesgo y la idea de relativa igualdad ante la precariedad que se comparte.

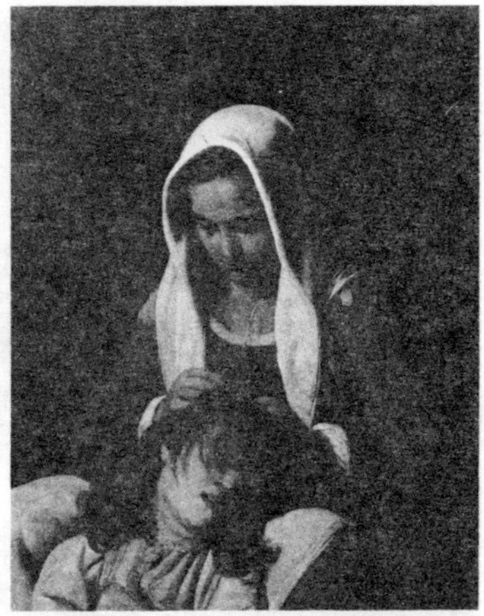

El riesgo forma parte de la vida diaria: el suceso urbano es peligroso, a veces inminente. La enfermedad, el accidente, la pérdida del empleo, la viudez y la muerte configuran los días, y la trama de la existencia se teje con la consciencia de esas posibles rupturas. El riesgo, tanto su realidad material como sus modos de representación, produce varias actitudes que tratan de estar adaptadas a él y que generan conductas y retos. En efecto, se puede sufrir el riesgo, no controlarlo, o bien regularlo, desafiarlo y hasta endosárselo en gran medida a los demás para alejarlo de sí. Hundir al prójimo es una manera de realzarse uno mismo en una comunidad precaria.

La sociedad popular calibra continuamente las formas de igualdad que relacionan a sus miembros en el seno de una inseguridad económica y física común a todos. Al mismo tiempo, se esfuerza en no ir a menos, a falta de no poder acceder a formas de ascenso social codiciadas. Este frágil equilibrio en que vive delante de los ojos de los demás la hace más vulnerable a sus vecinos y espectadores. Necesita poder controlar a toda costa el flujo de lo que se dice y de lo que se ve, para no correr el grave riesgo de convertirse momentáneamente en su víctima. En una sociedad de «iguales», es preciso tener la estima de los demás.

El mesón: lugar de esparcimiento, de discusión, pero también de trabajo (se ajusta a mozos y aprendices y se paga el salario a los oficiales), y en el que las mujeres tienen naturalmente un sitio. (Richard Brakenburg, *Interior de mesón.* París, Louvre.)

El necesario honor se basa al mismo tiempo en la plena consciencia que tiene el pueblo de ser un conjunto de gente indiferenciada, objeto de poder del rey; en la consciencia de ser «el pueblo» y «el vulgo» en los que se basa la fuerza sagrada del rey. Dentro de esta consciencia existe un espacio, el del propio yo, en donde anidan el honor y la reputación personal que permiten diferenciarse a unos de otros, separarse del vulgo y existir con una esencia y una condición propias; todo lo cual corre peligro enseguida y puede perderse rápidamente, pues depende de la palabra del prójimo y de su propia voluntad de diferenciarse del semejante. Perpetuos movimientos de honor y de deshonor recorren, pues, las comunidades populares, en donde, en el seno de fenómenos de solidaridad perfectamente visibles, se rige también el destino individual. En un mismo concepto del honor pueden coexistir tantas acciones colectivas de defensa frente a las autoridades como actos personales de desafío respecto del vecino para preservar la posición y la existencia[13].

La palabra y la injuria

«La palabra es una irrupción peligrosa que quiebra la seguridad de lo instituido»[14]: en el barrio, en donde los modos de sociabilidad, que se basan en la falta de hogar, son esencialmente orales, la palabra crea el reconocimiento de cada individuo en el espacio colectivo. La palabra estructura la sociabilidad y al mismo tiempo la refuerza, incluso cuando pone en peligro a uno de sus miembros.

Louis Sébastien Mercier describe a maravilla esos intercambios constantes de palabras que circulan por el espacio de la ciudad: «A la menor venta, en una tienda, se entabla conversación acerca de un montón de cosas ajenas al objeto; es una cháchara eterna para terminar la más pequeña compra, y la disminución de algunos sueldos desgasta la garganta de ambos parlantes. Cuando ya se ha hablado mucho en una cámara, todavía no es suficiente: es usual que se reanude la conversación en la puerta, en el rellano de la escalera y por todo lo largo de ésta (...). Oíd en los cafés las disputas vocingleras, parlanchinas y descaradas. Esta petulancia de lengua es tan habitual entre los parisienses que cada mesa de café tiene su charlatán. Si está solo, conversa con el mozo atareado, con la cafetera que está dando el cambio y, en su defecto, busca con los ojos alguien que le escuche. Los cocheros y carreteros, tras los juramentos corrientes comienzan entre sí una riña de palabras groseras; los mojicones llegan a continuación del parloteo y el parloteo sigue después de las puñadas. En los barcos públicos uno no se oye, hay una barahúnda confusa y perpetua. Los marineros tienen dificultad para comunicarse las palabras de la maniobra. Cuando dos barcos se encuentran, de cada cubierta salta alguna voz chillona que aturde a todos los pasajeros. Entonces surge un bombardeo de injurias precipitadas, a ver quién puede más. Las voces atronadoras y agudas se responden; y cuando los barcos ya están a doscientas toesas todavía un clamor prolongado puede traer al oído un disparate modulado por un tono especial.»[15]

Dar oídos al vecino y saber por él, hablarle son excelentes maneras de calibrar la situación propia, de considerarla o de reconsiderarla y, al mismo tiempo, de situar al prójimo en relación con uno mismo. La sutileza de las jerarquías intersociales requiere que uno se preo-

Como se vive en la calle, las disputas no carecen de público, dispuesto a intervenir y a tomar partido. (París, biblioteca de Artes decorativas.)

Una palabra cuchicheada al oído fabrica la buena y la mala reputación. La palabra, insinuante y actriz del juego social, impera. (Tanzio da Varallo y Giovanni d'Errico, *Cristo es conducido ante Herodes,* detalle. Varallo, Sacro Monte, capilla XXVIII.)

cupe continuamente por la estima del semejante, pues es el único medio de estar seguro de la situación exacta que a uno le corresponde. Como lo que impera es la palabra, hay gran riesgo de ser un día víctima de la misma. Riesgo tanto mayor cuanto que a la sociabilidad de la comunicación oral se suma otra, obligada, la de la promiscuidad física y el conocimiento de los hábitos de cada cual. La palabra circulante se basa también en este modo de conocimiento amplio de los vecinos y de las personas del barrio; su poder se reaviva sin cesar.

En estas circunstancias, cualquier palabra insinuante, provocadora, o incluso evasiva, referente a la reputación de fulano o mengano ocasiona toda una serie de consecuencias inmediatas: la sospecha que se emite acerca de una persona transforma la cadena de sociabilidad que anteriormente unía a personajes que se consideraban más o menos iguales con una estima (o una aprobación) recíproca. Las relaciones casi igualitarias se rompen y se construye una jerarquía aún más visible que la existente: a uno de los personajes se le deja, repentinamente, a un lado. Sin embargo, esta ruptura (o modificación) no destruye los mecanismos de sociabilidad general ni su estructura global, ya que establece sistemas de alianza habituados a funcionar unos contra otros y que son constitutivos de dicha sociabilidad.

La palabra injuriosa sólo puede penetrar por intersticios prohibidos que tienden a quebrantar el orden social cimentado en la razón y en la naturaleza. Las élites y la policía establecen y quieren mantener una sociedad basada en la dependencia: «Esta sociedad sólo puede subsistir mediante la subordinación, que es naturalmente el alma de todas las sociedades.» Admitido este principio, que en este caso es expresado por Courtin para definir «lo que es exactamente la injuria», es necesario honrar padre y madre, a las autoridades soberanas y también a las instituciones que fundamentan estas relaciones de superioridad y de inferioridad. Partiendo de esta visión social, resulta fácil definir la injuria; para Courtin no hay que atentar contra la vida de nadie, ni contra su lecho, pues perder «el honor de la pudicicia es una pérdida tan irreparable como la de la vida.» El matrimonio es cimiento social, principio sagrado y natural. Atentar contra los bienes y contra la reputación son también injurias imperdonables; y tampoco hay que violar las cosas que establecen el bien y la tranquilidad de la sociedad civil.

Esta definición de la injuria y el inventario que le sigue muestran los puntos en que familias y comunidades son más vulnerables y en los que, por tanto, la injuria puede resultar más hiriente y más destructora. La injuria deshace el sistema de valores intentando poner en entredicho mediante difamación, calumnias o burlas el natural y consensual acuerdo que los individuos establecen entre sí en sus relaciones de dependencia. Las denuncias por injurias existentes en los archivos judiciales muestran, a todas luces, que los conflictos se plantean en los espacios sociales en donde se establece y se vive una subordinación, sea de la índole que sea.

No es extraño, pues, que los medios que más se utilicen para perjudicar a individuos y a familias sean la agresividad del hombre contra la mujer y las formas de enfrentamiento seculares, reales o míticas, entre el mundo masculino y el mundo femenino. Basta con poner en duda la virtud de las mujeres. En ese caso las palabras son extraños comodines que, sin embargo, siempre producen efectos de realidad cierta. En un capítulo de sus Memorias, titulado «Sobre la dificultad de destruir los falsos rumores, no bien han tomado cierta consistencia» (ms. 1422, f.° 302), el lugarteniente general de policía Lenoir menciona este tipo de hábitos constantes: «Nada era más corriente en París que difundir dudas sobre la virtud de las mujeres o incluso de la de aquellas a quienes no se les podía reprochar nada real ni aparente en su conducta.» La difamación de la virtud femenina es un arma que puede apuntar a distintos blancos; bien alcanza a la mujer misma, bien alcanza al hombre relacionado con ella. Incluso suele utilizarse en tipos de conflicto distintos de los afectivos o conyugales: para arruinar la reputación del maestro, cuando uno es oficial, se puede, en ciertos casos, sospechar del comportamiento de su esposa. A mucha distancia de las injurias de tipo sexual, que atentan contra la pudicicia, se sitúan las que ponen en entredicho los temas tradicionales de la honestidad, la sobriedad, el ardor en el trabajo, la economía, el compañerismo, etc.

En cualquier caso, la palabra transforma tanto más seriamente el funcionamiento social cuanto que la mala reputación tiene muchas consecuencias graves en el terreno económico: al descrédito social se añade la pérdida de ganancia, de empleo o de vivienda, lo que dada la inestabilidad de la población es siempre grave. El artesano a quien se pincha con su embriaguez, su holgazanería, o su jactancia y aquel a quien se fastidia con la supuesta falta de virtud o de prudencia de su mujer ven que se les marcha parte de su clientela; el aprendiz que busca un maestro, si los vecinos cotillean sobre él, no encuentra ni empleo ni salario; el marido o la mujer que son difamados por los que les rodean pueden temer por su trabajo o por sus buenas relaciones con el dueño de su vivienda, y la mujer seducida y abandonada apenas puede pensar en tener una situación que le permita vivir y criar a su hijo.

El honor tiene valor económico: el hecho de ponerlo en entredicho y las formas que para ello se utilizan se ajustan, por lo general perfectamente, a la vulnerabilidad de la situación de cada cual. La vulnerabilidad social y económica del cometido del artesano, a quien fácilmente se trastorna con injurias adecuadas. La vulnerabilidad sexual de la pareja, aunque tenga seguridad desde el punto de vista económico, a través de la reputación de la esposa que se daña rápidamente con vagos rumores. La vulnerabilidad existencial de la mujer, pues es «de buen tono» hacer referencias injuriosas a sus posibilidades sexuales, bien para herirla, bien simplemente para dar sabor a charlas anodinas.

Sea cual sea la manera de dañar o arruinar el honor de unos u otros, quienes se querellan por injurias o murmuraciones saben a

No ocurre nada alrededor en lo que el comisario de policía no eche una ojeada, y, como está muy bien informado, es el personaje principal del barrio. (París, Bibl. nac.)

qué riesgos económicos están expuestos. Tratan de recobrar ante el comisario y mediante comparecencia de testigos, «su honor del cual depende su pan», como dice justamente uno de ellos.

¿A qué puede recurrir un honor perdido?

Es necesario siempre recurrir a las autoridades: la familia dañada por el desprestigio del honor de los suyos tiene necesidad de rehabilitación, de probar su inocencia. En caso de que uno de sus miembros haya faltado verdaderamente a las normas tradicionales, tiene que encontrar una manera de borrar la falta o de hacerla olvidar, para restablecer los vínculos de armonía con las comunidades vecinas[16].

El comisario, representante del lugarteniente general de policía en cada barrio, es un personaje crucial en la vida del barrio. Desde 1738 el número de comisarios es de cuarenta y ocho. Llevan el título de «consejero del rey», están exentos de pecho y tienen varios privilegios. Sus atribuciones son inmensas, al igual que las del lugarteniente, de quien dependen directamente. En primer lugar, sus atribuciones civiles, ya que han de estar presentes en los embargos, en los precintos (su principal fuente de ingresos lícitos) y hacen todas las diligencias necesarias para las reparticiones de bienes o para las deliberaciones de los consejos de familia. Sus funciones en materia criminal son también importantes y gravosas: están encargados de recibir todo tipo de denuncias o acusaciones en su *hôtel,* y tienen que redactar los informes y citar a los enjuiciados. En caso de delito flagrante, tienen que actuar en el acto: detener, interrogar, encarcelar, indagar e instruir. A esto se añaden atribuciones de *simple police:* reciben a todos los que tienen necesidad de ellos por litigios o trifulcas. El *hôtel* del comisario, casa en donde vive generalmente, es un lugar familiar que se localiza de lejos: tiene las paredes cubiertas de carteles impresos, de ordenanzas de policía, y de edictos reales, pero también de sentencias y de anuncios de castigos públicos. En estas paredes se pegan, además, noticias y avisos de pérdida. A veces, hay particulares que fijan acusaciones anónimas redactadas aprisa, de manera torpe. La casa del comisario es el lugar en donde se dan noticias e informaciones y donde la gente se encuentra, el refugio con el que se cuenta en cuanto sobreviene un incidente, o el lugar en que estalla la cólera, según los casos.

Es frecuente que la policía detenga sin contemplaciones, tanto de día como de noche; a veces, su prisa le hace cometer errores. (París, museo de la Policía.)

Además de realizar esas tareas, el comisario está obligado a informar al lugarteniente general de todo lo que sucede en su territorio. Tiene que escribir informes acerca de todo suceso inesperado: accidente de carroza, pelea en el mercado, incendio, tumulto o suicidio. Por eso, aparte de mantener un servicio permanente ha de desplazarse continuamente por su barrio. Además, el lugarteniente general no cesa de hostigarle y de incitarle a su quehacer para evitar todo laxismo o negligencia. Por añadidura, le exige que realice en su territorio las necesarias obras relativas a la vía pública, al saneamiento y a la circulación.

El comisario, forzosamente «cercano» al pueblo puesto que es depositario de sus esperanzas, de sus preocupaciones y vindictas, de sus peticiones de protección y de sus indignaciones, desempeña un cometido específico en el barrio. La originalidad de su personaje reside tanto en la indiferenciación como en la universalidad de sus tareas. Sabe muchas cosas y puede erigirse en garante de la autoridad real frente a cada individuo. Al mismo tiempo, tiene (y utiliza) una imagen de padre ora gruñón, ora conciliador; es una figura amada y odiada, a la vez objeto de repulsión y de fascinación. Los propios autores de tratados o de diccionarios de policía mantienen esta imagen y comentan esta función real y simbólica: «Veo la casa de un comisario como una especie de templo civil a donde se va a buscar socorro contra el infortunio.» En este caso, el comedimiento del vocabulario (casa-socorro) concuerda con la socialización de la función (templo-civil). Pese al carácter público de su autoridad, se ve claramente que el comisario es también un personaje intermedio en el que se reúnen fácilmente lo privado y lo público y que concentra en sí las peticiones de quienes le van a solicitar consejo o garantía.

A él se acude en efecto, para confiarle que se han oído murmuraciones acerca de sí; a él se acude para tratar de lavarse de toda sospecha. A veces se va acompañado de testigos para justificarse mejor, y el comisario puede, de manera rápida e informal, tranquilizar los ánimos, amonestar a fulano o mengano, o pedirle que ponga fin a las injurias o chismorreos. Los cuadernos de los comisarios de policía (poco numerosos y redactados sin regularidad) guardan a veces la huella de los consejos o advertencias que han dado para que nada grave manche verdaderamente la reputación o el honor de uno de los habitantes.

Cuando el honor de una familia queda gravemente en entredicho por las faltas manifiestas de uno de sus miembros (hijo pródigo, esposa libertina, marido borracho y que, por lo regular, no va a dormir a casa, amancebamiento de un hijo, etc.) y la amonestación del comisario no sirve para nada, esa familia puede poner una denuncia formal contra el nocivo individuo y pedir que se le juzgue y que se le castigue públicamente. De este modo el espectáculo del castigo le separa de su familia y le incita a no reincidir jamás.

Una situación especialmente frecuente es la de la esposa que pide que se encierre a su marido cuya conducta es unánimemente reprobada por el vecindario inmediato. Puede tratarse de un marido que gasta sin tino el dinero del matrimonio, que pasa demasiado tiempo en la taberna sin ocuparse de sus hijos revoltosos o irascibles y que anda con mujeres. Por lo general, la causa de la mujer prospera sin dificultad, con el apoyo de los vecinos, rápidamente solidarios de los azares domésticos del semejante; y el marido es interrogado y encarcelado. Ese encarcelamiento apenas dura: muchas mujeres necesitan la contribución económica de su cónyuge para sobrevivir y retiran su denuncia hasta un nuevo incidente.

Éstos son casos tradicionales, pero ocurre también que la familia consideran especialmente infamante el espectáculo público de la justicia. En tal caso el honor se pierde dos veces, en el momento de la falta y en el momento del castigo público que la sanciona. El carácter público de la justicia (fijación de la sentencia en sitio público, argolla o picota en un cruce, azotes en prisión para los jóvenes) impide que se repare verdaderamente el honor. La marca de la justicia es una mancha definitiva, indeleble sobre lo que se desea mantener oculto: demandar a un miembro de la familia que ha perdido el honor es un arma de doble filo ya que la pena mancha de manera vergonzosa a quien por primera vez se ha atrevido a transgredir las normas de la urbanidad, y también salpica al resto de la familia.

La lettre de cachet

En pleno siglo XVIII, una forma arbitraria de la autoridad real va a constituir una oportunidad para ciertas familias que se enfrentan con el libertinaje deshonroso de uno de sus miembros y que quieren evitar las acciones de la justicia ordinaria que se consideran infamantes. La petición de encarcelamiento mediante *lettre de cachet* se convierte en un medio de conciliar la reparación del honor y el secreto de las familias.

Ser detenido por orden del rey preserva del deshonor; en tal caso, la detención no es ruidosa «con clamor público». (París, Bibl. nac.)

Una curiosa llamada al orden del canciller Philipeaux, conde de

Les pillards de St lazare parcoururent le fauxbourg montmartre,
et se porterent a cinq heures du matin rue de la tour
d'auvergne, autour de ma maison, le
c'est ici! disoit une jeune poissarde. on nous a dit quil demeuroit a la
maison peinte en brique.
nous voulons christophe mort ou vif, crioit un vieux fort de la halle,
c'est un accapareur de bled!
il ya des houzards dans sa maison, ajoutoient des brigands
armés de piques et de bâtons.
je descendis, presque en chemise, et leur dis avec calme, je ne suis
point monsieur christophe, je suis officier dans la garde nationale,
mon chien s'appelle houzard, mais il n'y a pas d'autre houzard que lui
dans la maison, entrez plutot, il n'ya que madame, son fils et sa
femme de chambre! c'est un bon patriote! dit l'un d'eux!
madame lescot effrayée, appelloit madame st jean notre voisine et
d'autres voisins au secours! je lui dis detre tranquille, puisque ces
messieurs et ces dames demandoient Mr christophe, que nous ne connoissons pas,
ils furent effectivement chez lui a l'autre bout de la rue, mais il s'etait caché
dans une fosse recouverte de gazon et leur echappa.

Pontchartrain, en los primeros años del siglo XVIII nos ilustra sobre el principio, el funcionamiento y el fin de las *lettre de cachet* en general. En 1709, un espinoso caso va a oponer severamente a Pontchartrain al presidente primero del parlamento de Rennes, monsieur de Brilhac. Por orden del presidente primero, la señorita de Colombier es detenida por unos agentes de policía en pleno mediodía, cuando salía de la misa. La llevan a un convento en donde se acoge a las mujeres de mala vida, siendo el único motivo de su encierro la relación que mantiene con el presidente Martiny. Esta detención tiene lugar sin ningún procedimiento judicial, a la manera de un arresto mediante *lettre de cachet.* Cuando Pontchartrain se entera del suceso, escribe dos severas cartas; una al presidente general del parlamento, monsieur de La Bédoyere, y la otra al autor de la orden y presidente primero del parlamento, monsieur de Brilhac[17]. Estas misivas le permiten manifestar su opinión sobre las formas de las órdenes de detención y sobre la manera que el rey tiene de utilizarlas.

Ante todo, protesta contra la iniciativa tomada por Brilhac: «Vos no podéis dar ninguna orden por vuestra sola autoridad, de otro modo la justicia sería arbitraria y residiría enteramente en vuestra persona; ahora bien, sólo corresponde al rey obrar así y no lo hace sino con mucha circunspección en ocasiones extraordinarias y mediante *lettre de cachet.»* Ninguna persona más que el rey puede arrogarse ese derecho de justicia directa, ni siquiera un presidente de parlamento. No se puede consentir que los altos ejecutores de justicia se salten los procedimientos judiciales normales: si la señorita de Colombier provoca desorden, es necesario un requerimiento del procurador del rey, y el presidente del parlamento sólo puede conocer del caso si se produce un recurso contra el fallo emitido por los primeros jueces. Pontchartrain lo dice claramente: el funcionamiento de la *lettre de cachet* no debe ser alterado, ni siquiera por quienes tienen amplio poder, caso en que se encuentra, por supuesto, el presidente primero de un parlamento.

Nadie mejor que el memorialista puede escribir la carta al rey. Antes de iniciarla, escucha las quejas de una mujer que quiere recluir a uno de los suyos mediante *lettre de cachet.* (Louis Sébastien Mercier, *Cuadro de París.* París, Bibl. nac.)

En su segunda carta, dirigida al presidente general, Pontchartrain insiste en el secreto con que es necesario llevar este tipo de casos, con lo cual muestra que una de las pricipales razones de la *lettre de cachet* radica en su clandestinidad: «[Las *lettres de cachet*] sólo se ejecutan tras haber tomado toda suerte de precauciones para evitar el alboroto y el escándalo.» Ahora bien, en el caso concreto de esta joven, todo sucedió con tanta publicidad (en pleno mediodía, a la salida de misa, con una tropa de policías) que toda la ciudad de Rennes y Bretaña entera están al corriente de los hechos: «¿Cabe imaginar vía que causara más alboroto y que deshonrase más a este presidente en la sociedad, que la que se ha tomado?» Y Pontchartrain continúa: «Aun cuando el presidente primero haya creído que podía atribuirse este derecho, al menos debía hacer lo necesario para impedir el escándalo, y ha hecho lo contrario.»

Sin duda alguna hay en esto una confesión implícita; cabe pensar que Pontchartrain podría haber perdonado esta «metedura de pata»

si, por lo menos, se hubiera mantenido el secreto; secreto que es el fundamento y la suprema justificación de la *lettre de cachet.* Detener sin alboroto, impedir el escándalo, esconder la falta y al culpable de ésta, todo con un solo gesto real: ésta es la esencia de la *lettre de cachet.* Monsieur de Brilhac ha errado en todo: no solamente se ha arrogado un derecho que no le corresponde, sino que además ha actuado con tanto ruido que el escándalo y el deshonor han sido compañeros inmediatos de la detención de la señorita de Colombier.

Con estas cartas de Pontchartrain, nos hallamos en presencia de la interpretación estricta de la *lettre de cachet,* y no hay que olvidar que estamos muy a principios de siglo, en 1709. Hacia mediados de siglo, se acelera la práctica de las órdenes reales al mismo tiempo que existe, seguramente, más facilidad para conseguirlas. En París, como se sabe, el lugarteniente general de policía tiene el privilegio de poder servirse de las órdenes del rey y de usarlas cuando se trata de la seguridad y de la tranquilidad pública, del orden de la ciudad y del destino de ciertos malhechores. La *lettre de cachet* se convierte en medio para sanear la capital: Berryer, Sartine y Lenoir son famosos por haberla utilizado más que a menudo. A través de un proceso doble, de asentimiento a tal procedimiento y de iniciativa personal respecto al mismo, las familias van a sacar partido de esas medidas rápidas y excepcionales.

La preservación del secreto

Hacer valer el honor a través de conflictos en los que hay violencias, porrazos, raterías y también mala fe y engaños es, para una familia sin nobleza y sin puesto en la sociedad, un modo de existir y de hacer fracasar, por fin, la palabra del semejante. El encierro, por acusación de la familia y posterior informe policial, termina con el insoportable carácter público que puede adquirir una tara familiar, objeto de conversaciones y de oprobio por parte de los vecinos. El honor ya no se pierde si el rey, en secreto, por acto privado, sin aparato de justicia ordinaria, hace encerrar al perturbador; su ignominia se sume con él en la sombra del encarcelamiento. La repentina ocultación de la parte visible del deshonor devuelve la pureza a la familia y le da de nuevo un rostro público sin defecto.

A través de este procedimiento, la familia hace desaparecer lo que la obligatoria fusión de vida privada y vida pública no permitía encubrir. Para guardar el secreto y cierta intimidad, recurre a la institución real más arbitraria, la que da al poder monárquico su carácter más absoluto. Extraña paradoja de un procedimiento respecto al que se ha de subrayar que sirve por lo menos a dos intereses de las familias populares: la consciencia de ser súbdito real del mismo modo que los nobles y los burgueses, y la posibilidad de apartarse de la infamia, de recobrar el honor y de alejar las marcas de una justicia degradante.

La petición de las familias

Este proceso es asimilado totalmente por las familias, que distan mucho de imaginar que esta forma institucional y real pueda ser exorbitante frente a lo irrisorio de su honor perdido o amenazado. Además, se encuentran otros ejemplos de padres que tienen poca prisa por ver a su prisionero en libertad, por miedo a que sus nuevas calaveradas estropeen otra vez la imagen del honor familiar. Los expedientes de presos son reveladores al respecto: las súplicas que se dirigen a la familia reciben severas respuestas de padres que niegan cualquier tipo de libertad a los suyos.

Las cartas del gobernador de la isla de la Désirade son ilustrativas respecto a este particular. Entre 1763 y 1789, envía listas de «sujetos a los que juzga en situación de volver a la sociedad». Casi todas las veces, anota que la familia no quiere y precisa que, sin embargo, el joven está dispuesto a adaptarse a todas las decisiones familiares. Uno dice que acepta el matrimonio que su padre deseaba; otro añade que como es «muy feo» ya no se niega a hacerse fraile, tal como deseaba su familia. Extrañas listas de nombres, trágica suerte de prisioneros respecto a los que se señala que han quedado debilitados por la enfermedad, la miseria y el agotamiento. Especialmente desgarradora resulta una carta de 1765; Alliot, dirigiéndose a su padre, escribe: «Dignaos por lo menos aliviar mi suerte pues ¿no es bastante castigo el mal de mi pierna, estar separado de mi mujer y de mi hijo, aparte de encontrarme a 2.000 leguas de mi patria, más miserable que los negros que habitan este confín?»[18]

Los hombres y mujeres que están encerrados en una prisión parisiense mantienen también curiosas relaciones con sus padres: éstos reciben continuamente información sobre su conducta y envían con regularidad sus indicaciones de que los mantengan o no los mantenga en prisión. Es bastante frecuente que ciertos prisioneros, aunque observen buena conducta, pidan por sí mismos permanecer en prisión. Los informes son tan lacónicos que es imposible conocer las razones que dan lugar a tales decisiones[19]. Cabe pensar, legítimamente, que con una pensión correcta ciertas personas prefieran permanecer a cubierto durante un tiempo antes que sufrir la dureza de los tiempos, los riesgos de una vida familiar difícil, y la sospecha o la acusación del prójimo.

Sean cuales sean las distintas actitudes de las familias, resulta extraordinario ver hasta qué punto se han apropiado de esta forma pública de encarcelamiento de un miembro de la familia para preservar el honor, el secreto y la intimidad y hacer valer sobre los suyos una autoridad fallida.

La respuesta de las autoridades: el orden público

En los primeros tiempos, la administración responde enteramente a ese tipo de peticiones, y su discurso las justifica por entero. Sin embargo, tal discurso se asienta también en un concepto totalmente distinto que el del honor de las familias: el del orden y la tranquilidad públicos. De hecho, ése es el objetivo que se propone la institución, la lugartenencia general de policía, en el momento de su creación, en 1665. Además los diccionarios de policía recuerdan que el orden

Un casamiento de buena ley ha de gustar a los parientes: es, a la par, un pacto afectivo, social y económico.

y la tranquilidad pública se fabrican también con la paz de las familias y la dicha de todos. «La policía es la ciencia de gobernar a los hombres y de hacerles bien, el arte de hacerles todo lo felices que sea posible y todo lo que deban serlo por el interés general de la sociedad», afirma monsieur des Essarts[20]. La idea de policía se asemeja a una filosofía de amplio alcance: promover la felicidad y el bien público; mejor dicho, garantizar el bien público mediante la felicidad de los hombres. Esta convicción apresura la formación del concepto dc policía y le da la categoría de «ciencia de la felicidad». Tal como se define, la tarea es, sin duda, inmensa y se comprende que, para llevarla a cabo, sea preciso alejar de la sociedad desórdenes demasiado graves pues provocan acciones judiciales que siempre ocasionan alboroto.

El honor de las familias y el mantenimiento del orden público pueden coincidir en la petición de encierro. Mediante esta práctica de coerciones se elabora, pues, una concepción «cívica» del honor que se caracteriza cada vez más por el respeto que manifiesta al orden general. Ya estamos lejos del honor como manifestación de superioridad de casta.

No es extraño que la policía, basada en la filosofía de la felicidad y del orden, se preocupe por el bienestar de las familias. Todo o casi todo entra en sus competencias. Esto es lo que dirá Duchesne en el *Código de la policía* de 1757, presentado por su autor como el compendio del gran *Tratado* de Delamare, cuando llega a la siguiente formulación: «La policía tiene como fin general el interés público, los fines que abarca son en cierto modo indefinidos.» En este caso, el interés público está relacionado con la idea de «civilización», que permite a una nación vivir de acuerdo con razonables costumbres regladas. Como se sabe, en esa época, la idea de civilización es muy semejante a la idea de urbanidad, de temperancia, y de civilidad. Nobert Elias precisó bien su sentido: «civilizado» era como «cultivado», «bien criado» o «cortés», uno de esos conceptos casi sinónimos que los cortesanos empleaban en un sentido más o menos amplio para designar la especificidad de su comportamiento, y mediante los cuales pretendían contraponer la altura de su conducta y de su género de vida a las de los hombres más sencillos y menos evolucionados[21]. En realidad, Mirabeau padre no se equivoca cuando escribe: «Si yo preguntara: "¿En qué consiste para vos la civilización?, me responderían: "La civilización de un pueblo es la temperancia de sus costumbres, la urbanidad, y la cortesía."»

Soldado de la milicia en 1736. (París, Bibl. nac.)

La nobleza y la burguesía siempre han tenido la impresión de ser los depositarios de la civilidad y de la cortesía, únicos medios espectaculares de separarse de la condición de los más humildes. El elemento nuevo reside en que se hace necesario promover esta idea de civilidad fuera de las prácticas tradicionales de los cortesanos y los magistrados para convertirla en norma social. Ya no es una clase o un grupo social los que están obligados a presentar un estado de civilidad, sino el propio Estado y toda la sociedad. Por consiguiente, se establece un proceso de civilización en el que todo lo que parece bárbaro, violento e irrazonable debe súbitamente ser sacrificado, pulido. La policía se convierte en uno de los modos más seguros de obtener un mínimo de civilización en donde sólo reina la confusión, sobre todo si se tiene en cuenta que el poder saca partido del equilibrio de fuerzas entre grupos sociales rivales. La nobleza y la burguesía son fuerzas que se anulan ante el monopolio del Estado: lo bastante solidarias para no destruir el sistema social en su conjunto, pero lo bastante discrepantes para no formar bloque contra el rey. El pueblo no está aún bastante educado para gestionar el poder y se le puede imponer la idea de pacificación, de depuración y de temperancia. Por consiguiente, el campo de aplicación que se presenta es inmenso; cortesía, urbanidad y armonía han de ocupar el espacio social, las relaciones individuales y colectivas y el contenido de las relaciones entre las familias y comunidades urbanas. La policía real (la del Estado, por tanto) encarna ese sueño del siglo XVIII: tiene todo por hacer para que al fin coincidan la temperancia de las costumbres y la felicidad de cada individuo, sin desplazar el orden de las cosas y de los seres y permitiendo que persona real e hijo del pueblo estén unidos para siempre, mediante formas personales de autoridad y de intervención.

Ha de conocer al pueblo, intervenir en su red de relaciones ordinarias y familiares, explorar ese universo para dominarlo e incitarlo a comportamientos ordenados. La organización policial, calcada de las formas personales del poder real, se convierte en un medio para vigilar y, al mismo tiempo, en una manera de imponer el orden. La irrupción en las familias y el consentimiento de estas últimas son dos aspectos de la misma utopía: la fusión del pueblo con su rey.

La autoridad y el secreto

El lugarteniente general de policía es, por excelencia, el personaje que mejor puede tratar de ejercer esa forma de poder personal y el que mejor puede tratar de encarnar la presencia real ante el pueblo. En las tragedias familiares, el rey, por mediación de su lugarteniente, nombra y cura lo innombrable, a través de un acto de encarcelamiento que las familias viven simbólica y realmente. En una relación compleja con la culpa, el escándalo y el secreto y dado que el lugarteniente general de policía puede encarnar las relaciones con el rey (si éste se digna interesarse por una familia, le da simultáneamente existencia y perdón), las familias aceptan que dirija su mirada a la entraña de su intimidad. Esta entrega del terreno privado de las familias al rey espera, en contrapartida, que el rey sepulte la falta para siempre.

A partir de esta arbitrariedad real que la gente del pueblo utiliza en beneficio de su honor y de la normalidad de sus relaciones con los demás, se crea una especie de equilibrio momentáneo. Los lugartenientes generales harán uso y abusarán de dicha arbitrariedad según la personalidad de cada uno de ellos: Berryer, Sartine y Lenoir (por citar sólo algunos) expresarán a menudo su satisfacción por haber evitado el oprobio a ciertas familias. La propia organización del cometido de lugarteniente general de policía, tal como se concibe en el momento de su creación, en 1665, deja total libertad a quien ocupa el puesto. El lugarteniente, «gacetillero del rey», según la expresión de Marc Chassaigne[22], es portador de noticias y vigilante informado sobre lo que se dice y se hace, del mismo modo que poder represivo. Es, en suma, el ojo del rey. Para cumplir su cometido le hace falta más curiosidad y astucia que grandes estudios de derecho. Des Essarts apenas se equivoca cuando dice que este personaje ha de estar dotado «de atención constante, de exacta vigilancia, a menudo de especial energía y siempre de gran sagacidad»[23]. Siempre ha de estar creando su cargo pues, en su caso, no se trata de respetar un código o unas leyes y de mandarlos aplicar —a excepción, por supuesto, de los edictos reales—, sino mucho más de establecer reglas, usos, disposiciones y órdenes en donde piense que no existen.

Sin embargo, puede suceder que el propio pueblo trate de poner límites a estas formas de poder exorbitantes. Aunque habitualmente la gente consiente el encierro de miembros de la familia, que deriva

¿De qué puede tratarse más que del deshonor familiar que la gente cree mantener en secreto confiándolo al rey?... (Pieter de Hooch, *Jugadores de cartas,* detalle. París, Louvre.)

de su propia iniciativa, a veces también se rebelan contra el mismo, cuando les parece que no respeta el toma y daca al que debe obedecer. Veamos un solo ejemplo: el de la revuelta parisiense de mayo de 1750, revuelta sangrienta causada por detenciones de hijos de artesanos en plena calle[24]. Por orden del lugarteniente general de policía varios muchachos, jugadores (a los que se llama libertinos) son detenidos en pleno día por confidentes e inspectores que a veces van disfrazados y que suelen llevar carrozas completamente cerradas. La efervescencia llega a su punto culminante: la población se agrupa y se amotina, persigue a policías e inspectores, mata a varios de ellos y saca a los muchachos de las prisiones en cuanto sabe a dónde les han llevado. El parlamento se inquieta: se abre una instrucción con numerosos acusados y testigos. Los propios policías se sientan en el banquillo; se les interroga acerca de sus acciones, de la procedencia de sus órdenes y de su manera de obrar. El hecho de tener que sufrir la persecución popular y la vergüenza de la acusación les produce asombro. ¿Acaso no reciben todos los días quejas de padres que son incapaces de hacer carrera de sus hijos y que sobrecargan sus despachos con solicitudes de reclusión por orden real? ¿Entonces, por qué de repente resulta escandaloso que se detenga a unos pillos que se dedican al juego y a romper cristales? ¿Y por qué los padres que antes solicitaban esta actuación, se han rebelado esta vez?

Estos sucesos son significativos: las peticiones de reclusión de un miembro de la familia son actos privados que permiten que la represión sea privada. Sólo la intervención real por petición de los padres puede conseguir que no haya publicidad y que el suceso quede en privado. En cuanto el Estado toma la iniciativa por medio del lugarteniente general de policía, todo se altera: el acto se hace público, la real gracia de la reclusión deja de serlo y se convierte en un castigo público y solemne; la *lettre de cachet* y la orden de detención se vuelven arbitrarias y despóticas.

Sólo puede comprenderse el curioso trayecto de la petición de reclusión de un miembro de la familia desde este punto de vista, en el que el rey, en respuesta a una iniciativa privada, confirma definitivamente el aspecto privado de la culpa y del castigo (o corrección). Si la policía toma la iniciativa, todo el equilibrio se rompe. Por último, «las *lettres de cachet* de familia son la confirmación de la autoridad paterna por el poder real (...) en este caso, el poder real sólo se presenta como contrapunto de la autoridad doméstica»[25]. Rey y padre se asocian para que la familia logre su armonía con los demás y para que reine la tranquilidad pública.

Tensiones y controversias

El citado equilibrio es frágil. El tiempo, la acumulación de las peticiones, la libertad de pensamiento, el progreso del individualismo y el descontento que produce el despotismo van a descomponer lo que durante cierto tiempo pudo resultar un modo de combinar paz familiar y orden público.

La arbitrariedad, en entredicho

El trabajo de los comisarios es tan exorbitante en todos los ámbitos (mantenimiento de la vía pública, circulación, abastecimiento, criminalidad, etc.) que conocer de los pleitos familiares se convierte, desde el decenio de 1760, en una carga cada vez más pesada y cada vez peor aceptada. ¿Son verdaderamente de su incumbencia esos disgustos conyugales o filiales? Esto significa poner claramente en entredicho que la actuación de la policía tenga como objeto preferente el terreno privado. En esa misma época, una tendencia liberal combate las órdenes reales. Se reprocha al rey que sea cómplice de la tiranía parental, se le reprocha también que utilice un poder sagrado para resolver conflictos ridículos y menores, se habla de la necesidad de las leyes y de atentado contra la libertad, se quiere dar de nuevo poder a los jueces, que han sido totalmente apartados de esas formas de poder autoritario. Al mismo tiempo —y Malesherbes no vacila en subrayarlo— causa asombro que empleados subalternos de la policía se conviertan en los auténticos dueños de esas órdenes reales. Acerca de este asunto, se dirigieron representaciones al rey regularmente y éste, como Luis XV en 1759, tomó a su cargo de nuevo la adecuación entre tranquilidad familiar y tranquilidad pública. Sin embargo, esas manifestaciones ya no implican convicción. El propio lugarteniente general de policía termina dudando de la eficacia de los encarcelamientos solicitados por las familias. En una carta a los representantes de los comisarios, en octubre de 1774, Lenoir se expresa en un tono moderno a propósito del encarcelamiento de los niños: «Es peligroso emplear con niños que no están sujetos a penas corporales [la prisión] que los mezcla con gentes más mayores que sólo pueden darles ejemplos funestos (...). La prisión que se les inflige como corrección, en vez de corregirlos del vicio, les enseña nuevas maneras de ser viciosos (...). Cuando no se trate de delitos graves, hay que devolverlos a sus padres en lugar de enviarlos a la escuela del vicio.»[26]

En estas líneas aparecen tres temas: la prisión, escuela del vicio; la infancia, clase de edad vulnerable, que no hay que mezclar con la de los adultos; y los padres, primeros responsables de la educación de sus hijos. Este último punto es importante: en él, se transfiere la responsabilidad pública del Estado respecto a las familias a una responsabilidad privada que no incumba más que a los padres. Según esto la autoridad del Estado delega su poder doméstico en los padres y, en consecuencia, el orden público y la tranquilidad de las familias se van disociando paulatinamente.

La idea está presente en la atmósfera cultural de la época: hay preocupación por la legitimidad de las peticiones de las familias, por los posibles tejemanejes de interés y de sucesión que, a veces, esconde esta situación y por los abusos de poder que con tanta frecuencia implica. Ya apenas se comprende cómo el honor de una

Las cárceles precarias e insalubres no son, obviamente, lugares de educación para los niños y los jóvenes. De ellas se sale enfermo y vicioso, según el comentario indignado del lugarteniente general de policía Lenoir, en 1774. (Louis Sébastien Mercier, *Cuadro de París*. París, Bibl. nac.)

La cadena de las galeras llega al puerto; es la forzosa salida para las Islas. Desde allí, muchos jóvenes implorarán su libertad. (Joseph Vernet, *Vista del puerto de Tolón,* detalle. París, museo de la Marina.)

familia puede quedar a salvo mediante un artificio de procedimiento; ¿no será, pues, el castigo, y no la falta cometida, la causa del deshonor? Éste es el argumento de Mirabeau, en su texto de 1782, *De las «lettres de cachet» y de las prisiones del Estado.* Además, las *lettres de cachet* son una práctica constante, diaria, cuya aplicación no se limita, ni mucho menos, a los asuntos de familia; sus víctimas son cada vez más numerosas, desde el ladrón hasta el sacerdote, desde el libertino hasta la prostituta. Ya no se sabe exactamente lo que compete a la justicia ordinaria: cuando se consultan los registros de detenciones de los inspectores de policía se advierte el extraordinario número de encarcelamientos que se efectúan sólo mediante orden y sin juicio. Al mismo tiempo resulta imposible saber por qué tal delincuente ha caído en los hilos de esta red real en vez de en los de la justicia clásica.

La *lettre de cachet* se encuentra metida en una ola de descontento: encarna el poder real en su aspecto más odioso e insoportable. La justicia privada del rey no se acepta; se le pide, cada vez más, que

L'IMAGE NOTRE DAME

Los días de ajuste, al igual que los de ejecución pública, las ventanas de las casas son tomadas por asalto: en la plaza de Grève se agolpan los que piden empleo o los transeúntes. (N. Raguenet, *La Plaza de Grève en la desembocadura de la calle de la Mortellerie,* en 1751. París, museo Carnavalet.)

tenga carácter público; la vida de las familias ya no tiene por qué confundirse con la del Estado.

Malesherbes y Mirabeau arremeten contra las *lettres de cachet.* La circular que Breteuil, ministro de la casa del rey[27], redacta en marzo de 1784 acerca de las mismas es un texto fundamental, dado que intenta establecer reglas en donde sólo reina la arbitrariedad. Lo urgente es suprimir abusos demasiado manifiestos: la familia es un ámbito de afectividad propicio tanto a los desequilibrios como a las exageraciones. Por tanto, hay que poner límites al albedrío de los padres: «Se pueden hacer algunas reglas a las que, por lo menos, se podrán ajustar la mayoría de los casos.» Los alienados o «imbéciles» no plantean casi problemas: hay que proteger de ellos a la sociedad o protegerles a ellos contra sí mismos. En cuanto a los libertinos, que, por lo demás, no perturban el orden público con delitos característicos, se trata sólo de asustarles con un tiempo de «corrección» que no debe durar más de uno o dos años. Y además, el ímpetu de la edad explica muchas cosas. Por supuesto, las «flaquezas de las mujeres y de las jóvenes» deben cortarse de la misma manera. Por lo que se refiere a las disputas entre esposos, la vigilancia ha de ser muy grande: indudablemente es en esos casos en donde los abusos son más graves y los arrebatos más funestos. De todas maneras, es preciso que las familias se percaten de que la falta no cae sobre ellos, sino sobre el que la comete, y de que la autoridad pública no siempre tiene que intervenir.

Este texto es importante porque es confuso: en ningún momento, Breteuil piensa en suprimir esas peticiones de las familias. Sólo trata de dar reglas más estrictas y se interroga acerca de la realidad del posible deshonor de una familia en la que uno de los miembros sea disipado o libertino. Además ¿es esto, en realidad, un asunto de Estado? Este texto es también fundamental porque subraya problemas que la abolición de las *lettres de cachet,* en marzo de 1790, no hará olvidar y que aparecerán de nuevo a todo lo largo de las controversias de los parlamentos durante la Revolución.

El parlamento de París, mediante sus representaciones, reitera las críticas contra la autoridad real. Luis XVI resiste: para él la adecuación entre orden familiar y orden público sigue siendo total. El 21 de noviembre de 1787, contesta al parlamento: «No soportaré que mi parlamento se levante contra el ejercicio de un poder que el interés de las familias y la tranquilidad del Estado reclaman con frecuencia.»[28] El 11 de marzo de 1788, el parlamento renueva con firmeza sus críticas contra las *lettres de cachet,* «errores funestos»[29]. Alrededor del rey, hay división de opiniones; Maupeou, por ejemplo, afirma que hay que mantener las órdenes de Estado cuidando de atenuar los abusos de las *lettres* domésticas. En cambio, los cuadernos de quejas son unánimes: la *lettre de cachet* es el símbolo de la tiranía.

Las discusiones revolucionarias

La ley contra el rey

La Declaración de los derechos del hombre estipula que sólo se puede privar de libertad a alguien por la fuerza de la ley. Indudablemente ya no hay lugar para las *lettres de cachet.* Sin embargo,

La tiranía de las *lettres de cachet* está escrita en la propia arquitectura de la prisión de la Bastilla: la profundidad de los espacios, la pesantez de las rejas, el grosor de los anillos de hierro, de los barrotes y de las cadenas, hablan por sí mismos; expresan «el infame privilegio de ser juzgado por el rey en vez de por la ley». (París, museo Carnavalet.)

Luis XVI estipula en una declaración de junio de 1789 que es preciso hallar maneras de conciliar la supresión de las órdenes reales con «el mantenimiento de la seguridad pública». Una vez más afirma que esa seguridad pública se compone de la ausencia de rebelión, de la inexistencia de complicidad criminal con las potencias extranjeras *y* del honor de las familias. Para examinar este problema se organiza un comité que cuenta entre sus miembros a Mirabeau. En la Asamblea nacional se celebran amplios debates, pero la resolución final no se produce hasta marzo de 1790: se votan los decretos de abolición de las *lettres de cachet.* Sin embargo, ya desde agosto de 1790, existe una ley por la que se establecen los tribunales de familia. Por consiguiente, es preciso reanudar los debates y deliberar sobre la imposibilidad civil de dejar a las familias gobernar de manera privada su honor.

Las discusiones parlamentarias reflejan que la cuestión se plantea a la vez de manera clara y oscura, y que la nación no puede abandonar por completo a las familias al terreno de lo privado solamente. En un principio surgen convicciones claras, apoyadas firmemente en certezas ideológicas y filosóficas. En primer lugar, el pueblo ya no es propiedad del rey, la voluntad nacional hace la ley y, por tanto, es una infamia estar sometido a la autoridad real y una liberación vivir bajo la de las leyes. Aquí, la inversión real y simbólica es total:

ya no se trata como antes de ser reconocido por la bondad del rey, «tocado» por él y mancillado por el castigo público de la justicia ordinaria, ya que el pueblo y el rey han terminado con su unión santa, y que el despotismo de éste rompe el pacto ordinario para que reine la libertad. «¡Es un infame privilegio ser juzgado por el rey en vez de por la ley!»[30], exclama el conde de Castellane, diputado de la Asamblea nacional, en una sesión de octubre de 1789, invirtiendo totalmente los términos de las relaciones que anteriomente mantenían el rey y sus súbditos.

«Ya no os hablarán más, inoportunamente, del honor de las familias que sólo podía conservarse, según se decía, mediante las órdenes arbitrarias. ¡Esta frase tan repetida ya no servirá de máscara a los secretos partidarios de la esclavitud!», exclama de nuevo el conde de Castellane. Así pues, el hecho de que el rey se haya apropiado del honor de las familias es fruto de la barbarie y del servilismo, tanto más cuanto que existe un prejuicio tenaz que condena a los allegados de un criminal a la infamia. Indudablemente, es preciso renunciar a esta idea de honor colectivo: la falta es una aventura personal, una mancha individual que no debe salpicar a los de alrededor. El individuo es el único responsable de sí mismo, y es un yerro dejar que se crea que la infamia del crimen afecta a los allegados. El 21 de enero de 1790, el abate Papin se expresa con energía acerca de este tema: «Ceded a los gritos de la razón, reprobad lo que la sana filosofía condena; que en una nación juiciosa, las faltas sean únicamente personales (...). Es un prejuicio bárbaro hacer que una familia inocente soporte el deshonor de un culpable hasta las últimas generaciones.»[31]

Para luchar contra ese prejuicio, hay que trabajar las mentalidades, arrancar el error de donde está enraizado desde hace siglos; con toda naturalidad, Guillotin, que se expresa ese mismo día, expone que la tarea es mucho más difícil de realizar porque el error está afianzado en el pueblo, nido de arcaísmo, ámbito de sumisión a la creencia. El error es pueblo de cualquier manera ya se esté bajo el Antiguo Régimen o en plena Revolución. «Sobre todo era en el pueblo en donde [el error] se había fijado, pues la nobleza se había sacudido su yugo; ahora bien las verdades morales le resultan difíciles de comprender a un pueblo perdido que respeta, por costumbre, todo lo que sus padres le han transmitido y que adora religiosamente hasta la mentira que ha oído repetir en su cuna. Es de esperar que el pueblo se esfuerce en instruirse.»

Por supuesto, ahí están las leyes para imponer la verdad y hay que realizar inmediatamente una modificación legislativa no confiscando más los bienes del condenado: «Es hermoso regir el juicio público» y destruir los arcaísmos. En el debate se harán dos propuestas: una pretende que la memoria del condenado sea rehabilitada por el juez en el lugar del suplicio; la otra desea que se castigue a quien haga reproches a los parientes del condenado. «Nadie podrá reprochar a un ciudadano ni el suplicio ni las condenas infamantes que haya sufrido uno de sus parientes. Quien osare hacerlo será corregido públicamente por el juez. No dudéis ni por un solo instante que el prejuicio se disipará. Esta revolución será obra del tiempo; nada es tan difícil como destruir una necedad que se ha aferrado al imponente pretexto del honor» (Guillotin).

Por consiguiente, en un primer momento el honor de las familias se asocia con la necedad, con la barbarie, con el arcaísmo y con la credulidad popular: las leyes deben construir reglamentaciones precisas que saquen el honor de una confusión que la tiranía mantiene celosamente. El discurso es severo y firme: además de que relaciona al pueblo con el arcaísmo y con la irreflexión, no piensa en absoluto en los procesos de equilibrio que las familias construían con las autoridades sobre la marcha. Procesos que eran otras tantas iniciativas y maneras de apropiarse, aunque fuera injustamente, de una arbitrariedad real que en un principio no se había establecido para ellas. La soberanía nacional se funda en la expresión de la voluntad nacional y, al mismo tiempo, implica leyes que han de instruir a un pueblo «perdido» por definición. «La revolución, por cuanto es universal, corregirá esa inconsecuencia moral que hizo compartir a la inocencia las penas de un crimen o de un delito», señala Guillotin.

Tribunal de las familias y poder paterno

Mientras se discute sobre la individualidad de la culpa y la magnitud de la barbarie feudal, se plantean numerosos elementos de discusión centrados en tres problemas insoslayables, que inmediatamente relacionan de nuevo el problema de las familias con la seguridad del Estado; parece totalmente imposible separar los dos conceptos. La prevención, el secreto de las familias y la protección del poder paterno encauzan el debate hacia la idea de que es necesario establecer un tribunal de familia. La abolición de las *lettres de cachet* en marzo de 1790 implica esta perspectiva que será realidad tres meses más tarde: en agosto de 1790 queda instituido el tribunal de las familias.

El relato de un caso particular, presentado el 7 de febrero de 1790 por Voidel, diputado de Sarreguemines, plantea el problema de la prevención: el hijo de un miembro del parlamento de Nancy, de veinticuatro años de edad, es particularmente disipado, inestable y está lleno de deudas. Una tarde, después de todas sus calaveradas, simula que se suicida y, cuando la guardia nacional derriba su puerta, hiere con tres disparos de pistola a uno de los guardias. Una vez detenido, el procurador general de Nancy se dispone a soltarle, pero el joven no para de decir que aprovechará su libertad para matar a su padre. El problema es el siguiente: para prevenir el parricidio, es absolutamente preciso que, previa indicación de la familia al procurador, el hijo permanezca en prisión mediante orden.

La respuesta de los diputados es inmediata: la orden del procurador es como una *lettre de cachet*. «Apresurémonos, pues, a establecer un tribunal de familia. Hay que prevenir los crímenes mediante la justicia y nunca mediante acciones arbitrarias», responde Mirabeau al diputado[32].

Al margen de este caso, la situación de todos los detenidos me-

La abolición de privilegios, el día 4 de agosto de 1789. Siete meses después, se abolen también las *lettres de cachet*. Sin embargo, enseguida se inician discusiones parlamentarias para inventar otro modo de preservar el honor de las familias. (París, Bibl. nac.)

diante *lettres de cachet* preocupa a los diputados: dejarles en libertad so pretexto de abolición es peligroso para la sociedad. La discusión se vuelve violenta, y cuando Robespierre se manifiesta acerca de los artículos del futuro decreto, repentinamente dice con extrañeza: «No iréis a sacar a unos desgraciados de los calabozos del despotismo para transferirlos a las prisiones de la justicia.» Pero, al mismo tiempo, cada vez se va imponiendo más el establecimiento del tribunal de familia, por miedo a dejar sin represión ese terreno movedizo y peligroso que es la familia.

En este período en que todo se pone en entredicho, por mucho que exista la firme convicción de que el honor de las familias es un arcaísmo y de que sólo el individuo es el único responsable de sí mismo, sigue habiendo real inquietud frente a ese microcosmos que siempre puede ser portador de escándalo y contra el cual es necesario protegerse. Hay que precaverse contra el escándalo, pero también, exactamente igual que durante el Antiguo Régimen, guardar el secreto y evitar toda «publicidad». Las familias, su honor y su secreto siguen siendo al cabo una sombra negra, un espacio particular que no se consigue privatizar completamente y acerca de los cuales se plantea una reflexión contradictoria: por una parte, lo privado debe protegerse públicamente; por otra parte, el escándalo privado debe mantenerse en secreto y no trascender.

La sesión de la Asamblea nacional de 5 de agosto de 1790[33] es clara al respecto: «El tribunal de la familia tiene por objeto llegar a corregir por vías legales a los jóvenes que cuando están aún bajo la autoridad de sus padres o de sus tutores se desentienden de tal autoridad y dan los más justos motivos de alarma sobre el abuso que pueden hacer de su libertad. También es necesario este tribunal para que no trasciendan los altercados de los esposos o de los parientes próximos que, de otro modo, tras escandalizar a la sociedad, a veces terminan produciendo la ruina de una familia entera.»

El hecho de que se instituya un tribunal de la familia orienta inevitablemente la discusión hacia el poder paterno, que es otro aspecto de la cuestión familiar. Como el diputado Gossin afirma, «Tras la Declaración de los derechos del hombre y del ciudadano, es conveniente hacer, por decirlo así, la Declaración de los derechos de los esposos, de los padres, de los hijos, de los parientes»[34]. El día 16 de agosto de 1790 se vota la ley por la que se instituyen los tribunales de familia: cada parte tiene dos árbitros que, en caso de discordia, pueden apelar a un tercero para que les desempate. No obstante, a la parte que no esté contenta con el fallo se le deja la facultad de recurrir en el tribunal del distrito.

Como es fácil de imaginar, las dificultades no han hecho más que empezar: resulta que las familias no siempre pueden encontrar en su seno miembros suficientemente instruidos para hacer de jueces. Entonces se decide que las partes no están obligadas a elegir los jueces entre sus allegados, y rápidamente el tribunal de familia deja de serlo; se convierte en un tribunal civil. La Constitución del año III suprime entonces el tribunal de familia tal como estaba constituido: las familias ya no tienen que ser juzgadas por sus allegados.

El debate acerca de los tribunales de familia apenas se interrumpe: en 1796, en la sesión del 29 pluvioso, el Consejo de los Quinientos mantiene una animada discusión al respecto. Se pregunta si la Constitución del año III ha suprimido de hecho esta forma de tribunal: algunos diputados afirman que la supresión es implícita, otros piden una ley y otros se niegan a que se haga desaparecer esta forma de legislación. Escuchemos a Renaud, diputado por el distrito de Orne; todo lo que él dice en las siguientes líneas con una expresión lírica, refleja, palabra por palabra, el conjunto del debate; a saber, que es necesario un tribunal para mantener las buenas costumbres de la República y la tranquilidad y el secreto de las familias. «¿Cómo se puede imaginar, en efecto, que el legislador constituyente haya querido destruir una institución tan hermosa, tan eficaz y tan útil como ésta? ¿Una institución que tiene como fin principal el mantenimiento de las buenas costumbres y la tranquilidad de las familias; una institución que tiene como objeto reconciliar a un hijo con su padre, a una mujer con su marido y a un hermano con su hermano? ¡Ah!, sin duda no hay nada más interesante en el mundo que esta suerte de institución, nada es más importante para la República que los tribunales encargados de sofocar los odios y animosidades domésticas, de devolver la paz y la felicidad a las familias, de evitar al público el odioso y escandaloso espectáculo de un hijo que ataca al autor de sus días, y que le fuerza a terminar su vida persiguiendo encarnizadamente a su propia sangre; el de una mujer que deshonra a su marido frente a la nación llenándole de humillaciones y de

Jeaurat de Bertry, *Cuadro alegórico revolucionario.* (París, museo Carnavalet.)

force
vérité
justice
union

pesares y esforzándose sin ningún pudor en cubrirle de oprobio y de infamia: ¡y es la supresión de estos tribunales lo que se propone!»[35]

En el momento de la preparación del Código civil, en los debates relativos al poder paterno y marital resuenan antiguos ecos: para unos, «los errores de los hijos deben quedar en el seno de las familias, no debe haber formalidades judiciales, ni memoriales»; para otros, «el padre tiene derecho a hacer encerrar a un hijo de doce años, mientras que para meter en prisión a uno que tenga más de dieciséis años ha de dar su autorización un comisario»; para unos terceros, un poder demasiado grande lleva consigo la barbarie, la ley de la naturaleza es la protección por parte de los padres y «el justo respeto» por parte del hijo... En cualquier caso, los artículos 375-383 del Código civil de 1803 van a resolver el problema organizando jurídicamente la corrección por parte de los padres (y no de los parientes). La reclusión por petición de la familia se reemplaza por los derechos del poder paterno sobre los hijos menores y por los de la autoridad marital. En lo que se refiere a la mujer, el Código penal añade la posibilidad de penas corporales y, más tarde, en 1838, la ley por la que se instituye un asilo de alienados en cada demarcación resuelve el caso tradicional de los «imbéciles y los locos».

La ley otorga al hombre el derecho de corregir a quienes den motivo de desgracia doméstica. La autoridad paterna y marital es un derecho privado que se reconoce públicamente. En el espacio autoritario constituido por la familia, los derechos femeninos no existen, mientras que el secreto de familia puede aceptar condiciones jurídicas y vivir tranquilamente.

Los terrenos privado y público han adquirido una existencia propia porque han sido «nombrados» por la ley. El hombre, esta vez solo, patentiza el vínculo civil y autoritario de los mismos. El barrio y los vecinos ya no tienen el poder de reparar el honor de las familias.

Notas

[1] L. S. Mercier, *Tableau de Paris,* Amsterdam, 1781-1788.

[2] A. Pointrineau, *Remues d'hommes. Les migrations montagnardes en France, XVIIe-XVIIIe siècle,* París, Aubier, 1983.

[3] Lenoir, *Mémoires* manuscritas, Biblioteca municipal, Orleáns, ms. 1422.

[4] *Histoire de la France urbaine,* París, Ed. du Seuil, 1981, t. III, p. 316.

[5] D. Roche, *Le Peuple de Paris au XVIIIe siècle,* París, Aubier, 1981.

[6] A. Farge, *Vivre dans la rue a Paris au XVIIIe siècle,* París, Gallimard, Julliard, Archives, 1979, p. 82.

[7] O. Blanc, *La Derniere Lettre. Prisons et condamnés de la Révolution 1793-1794,* París, Laffont, 1984.

[8] Los robos de peculio, pañuelos, tabaqueras o relojes son muy frecuentes en los *garni.* Las quejas ante el comisario de policía describen el espacio reservado a cada uno y muestran la manera como se arreglan los conflictos personales en estos dormitorios colectivos.

[9] En París hay veinte barrios y cuarenta y ocho comisarios.

[10] Jean de Mille, *Pratique criminelle,* presentado por Arlette Lebigre, París, Les Marmousets, 1983, p. 37.

[11] A. de Courtin, *Traité du point d'honneur et des regles pour converser et se conduire sagement avec les civils et les facheux,* París, 1675.

[12] Lenoir, *op. cit.,* f.° 302.

[13] J. Pitt-Rivers, *Anthropologie de l'honneur. La mésaventure de Sichem* (1977), París, Le Sycomore, 1983.

[14] M. Maffesoli y A. Pessin, *La Violence fondatrice,* París, Le Champ urbain, 1978, cap. IV, «La parole et l'orgie», p. 69.

[15] L. S. Mercier, *Tableau de Paris,* Babil ed., París, Maspéro, 1979, p. 37.

[16] Gran parte de esta cuestión ha sido estudiada en A. Farge y M. Foucault, *Le Désordre des familles. Lettres de cachet des Archives de la Bastille,* París, Gallimard, Julliard, Archivos, 1982.

[17] París, Biblioteca nacional, ms. fr. 21129, f.ºs 174-178, recopilación de las cartas escritas por Pontchartrain, 1699-1714 (referencia procedente de D. Julia).

[18] Archivo nacional, C^{10} D^2, Archivo de las colonias, La Désirade, julio de 1765.

[19] Archivo de la Bastilla, ms. 12690, año de 1740, relación de las personas recluidas en la casa de Saint-Pélagie, en virtud de las órdenes.

[20] N. T. des Essarts, *Dictionnaire de police,* t. VII, 1786-1789, p. 343.

[21] N. Elias, *La Civilisation des moeurs* (1936), París, 1973, p. 67.

[22] M. Chassaigne, *La lieutenance générale de police a Paris,* París, 1906.

[23] N. T. des Essarts, *op. cit.,* t. VII, p. 343.

[24] J. Nicolas, «La rumeur de Paris: rapts d'enfants en 1750», *L'Histoire,* n.° 40, 1981, pp. 48-57. Ch. Romon, «L'affaire des enlevements d'enfants dans les archives du Chatelet, 1749-1750», *Revue historique,* CCLXX, 3, 1983, pp. 55-95. A. Farge y J. Revel, «Les regles de l'émeute: l'affaire des enlevements d'enfants, Paris, mai 1750», *Mouvements populaires et Conscience social, XVIe-XIXe,* 1985, pp. 635-646.

[25] F. Funck Brentano, «Origines du pouvoir royal en France», *Revue du foyer,* 1 de febrero de 1912.

[26] Archivo nacional, Y 11262, 4 de octubre de 1774, carta escrita a los representantes, en el archivo del comisario de policía Thierry.

[27] Circular de Breteuil a los intendentes del reino y, al lugarteniente general de policía de París, relativa a los encarcelados mediante *lettres de cachet,* marzo de 1784, publicada por F. Funck Brentano, *Les Lettres de cachet a Paris,* 1926, p. XLII.

[28] Flammermont, *Remontrances au parlement de Paris,* 1787, t. III, p. 713.

[29] Archivo nacional, X^{1b} 8979, citado por Monin, *L'Etat de Paris en 1789,* París, 1889.

[30] Archives parlementaires, 1790, t. IX, pp. 413-414.

[31] *Ibíd.,* t. IX, p. 279.

[32] *Ibíd.,* p. 488.

[33] *Ibíd.,* t. XVII, p. 617.

[34] *Ibíd.*

[35] *Le Moniteur universel,* t. XXVII, pp. 523-524.

Conclusión

En realidad no se trata de concluir, ya que los materiales y los análisis reunidos en este volumen sólo constituyen los primeros fragmentos de una historia nueva que aún está por escribir; si acaso, se trata de poner de manifiesto al término de esta empresa común cuáles han sido sus opciones, sus criterios y sus límites y sobre todo en lo referente a los tiempos y lugares. La historia de la vida privada, al igual que la de las actitudes ante la infancia o la muerte, no tiene por qué ceñirse al ámbito nacional: su espacio natural es el de toda una civilización —en este caso la del mundo occidental; sin embargo, ocuparse de cada uno de los temas que se estudian en un ámbito tan amplio sólo era posible a riesgo de reducirlos a una colección de ejemplos, no necesariamente tópicos, o de desvirtuarlos en un discurso demasiado general. De ahí la aceptación razonada de la necesaria variedad de escalas a que se han tratado los distintos problemas que se abordan. Según los diferentes temas y enfoques las escalas consideran, comparativamente, Occidente entero, o focalizan la atención en sociedades particulares y homogéneas, provinciales o ciudadanas, o se ciñen al espacio de la nación si resulta válido.

En este último caso, el reino de Francia ha ocupado un lugar preferente, como es normal en un libro escrito por historiadores franceses —o por especialistas en historia de Francia—. Sin embargo, esta opción circunstancial tiene su pertinencia: la Francia del Antiguo Régimen está hondamente marcada por las tres evoluciones fundamentales que en la edad moderna trazan las nuevas fronteras entre lo público y lo privado. Entre todos los estados europeos, la monarquía francesa es el que presenta el modelo más acabado y las formas más puras del Estado absolutista, estado que tiende a monopolizar la justicia y el fisco, que pretende pacificar y regular el espacio social y que se articula a partir de la sociedad y de la civilización cortesana. Por añadidura, Francia es un país en el que se produce la división confesional y que sufre, si bien de manera desigual, los efectos de las dos Reformas, la protestante y la católica, cada una de las cuales busca con modalidades propias nuevas maneras de vivir y de expresar la fe. Por último, la sociedad francesa de entre los siglos XVI *y* XVIII *realiza el aprendizaje de la escritura, de su comprensión y de sus usos, pero en una situación de gran dicotomía cultural que es poco más o menos similar a la que divide el espacio occidental contraponiendo las tierras del Norte-Noroeste, inglesas, holandesas, flamencas y renanas, alfabetizadas temprana y ampliamente, a la Europa meridional, que fue analfabeta durante más tiempo. Por tanto tratar la historia de la vida privada en la época moderna preferentemente a partir del caso francés es en cierto modo legítimo, ya que en él pueden observarse la totalidad y las variaciones de los principales factores que caracterizan de manera nueva la esfera de lo privado.*

El tinte francés de este volumen tiene sus consecuencias cronológicas. Por un lado, a veces lleva a alargar este estudio hasta la Revolución francesa (que se trata en conjunto al principio del siguiente tomo), dado que en ciertos terrenos (por ejemplo, la tensión entre conductas públicas y aislamiento privado, o la relación entre los secretos de las familias y la competencia del Estado), esta Revolución mantiene o acentúa las exigencias y los equilibrios de la monarquía antigua. Por otro lado, es indudable que ese tinte propio hace que destaque con especial fuerza el cambio de dirección de la segunda mitad del siglo XVII *—o mejor, del reinado de Luis XIV—. El período se presenta como un momento de articulación* *que se caracteriza a la par por el apogeo de la primera economía de la privatización, inserta en una sociedad de fasto y de civilidad que está sujeta a las necesidades de la representación y dominada por las nuevas pretensiones del Estado, y por el inicio de formas nuevas que llevarán tanto al afianzamiento del ámbito privado personal, ámbito que se sustenta en una piedad más individual, en el dominio de lo escrito y en el descubrimiento del yo, como a refugiarse en la familia y en la intimidad doméstica.*

Pese a tales limitaciones, este libro sigue varias opciones explícitas. En primer lugar, ha pretendido no separar los espacios, la vivienda o los objetos de intimidad de las cargas afectivas que reflejaban o posibilitaban; por tanto, se ha concedido primacía a los sentimientos y a los valores en vez de a la historia de la cultura material, de la casa o la decoración, el mobiliario o la indumentaria. Si, pese a ello, dicha historia ha encontrado un lugar, ha sido siempre por sus vínculos con las prácticas sociales o solitarias que van unidas a ella. La segunda opción ha sido relacionar a lo largo de su compleja trayectoria los tres casos, ensamblados o contrapuestos, de la privatización: la sociabilidad de grupo, la intimidad familiar y el retiro individual; porque no existe definición unívoca o universal de lo privado sino, por el contrario, composturas movibles y dispositivos específicos que lo sitúan de manera contradictoria y que convierten la misma forma social bien en refugio, bien en traba. Este es el caso de la parentela y del linaje, de los grupos de convivencia social y de la familia nuclear: según los tiempos, los lugares y las circunstancias el individuo puede verlos como un refugio seguro para sus afectos más queridos y secretos, o sentir las insoportables imposiciones de las comunidades obligadas. De ahí el necesario examen de esas múltiples divisiones que hacen contraponerse los afectos de la amistad a los del matrimonio, los derechos de la familia a los de la comunidad y la libertad del individuo a las disciplinas familiares. De ahí también otra intención: hacer de esta historia de la vida privada una historia implícita del espacio público en sus diferentes y quizá sucesivas acepciones que le definen como la comunidad de existencia, en el pueblo o en el barrio, como el terreno en que rige el gobierno de la autoridad soberana y, por último, como el ámbito en que toma vuelo la discusión crítica que la llamada opinión pública dirige.

En todos los puntos citados, este libro reclama investigaciones complementarias y otros testigos distintos de los que repetidamente han sido convocados: Montaigne y Pepys, Henri de Campion y Saint-Simon, Jamerey-Duval y Ménétra. Lo esencial, y lo más difícil, será determinar hasta qué punto el proceso de la privatización moderna tal como lo muestra el ejemplo francés es también válido para otros lugares que no se hallen atravesados por una frontera de cristiandad, ni estén sometidos a un Estado absolutista, ni, al menos en ciertos casos, hayan entrado tan manifiestamente en la cultura de lo escrito. No cabe ninguna duda de que la constitución del ámbito privado en el mundo occidental está marcada por grandes desajustes y amplias diferencias que obedecen al cruce de múltiples variables fundamentales relacionadas con la naturaleza del Estado y con la eficacia del mismo, con las formas de la creencia religiosa, con la fuerza de la costumbre y la estructura de las familias y con los avances o atrasos de la alfabetización. Con el fin de que esta complicada madeja pueda ser desenredada, la obra que acabamos de leer ha propuesto hipótesis y puntos de referencia, jalones y evoluciones. De este modo se ha esforzado en seguir la intención de quien la había imaginado, Philippe Ariès.

R. Ch.

NOTAS DE LA TRADUCTORA

(1) Mapa del reino de Tendre, ideado por Madeleine de Saudéry en su obra *Clélie* y símbolo de la casuística amorosa.

(2) La «Madre», nombre con que se designaba a las mujeres que regentaban las posadas pertenecientes a esta asociación.

Bibliografía
Índices

Bibliografía

I. PRIVATIZACIÓN Y CIVILIZACIÓN: ENFOQUE GLOBAL

Ariès Ph., *L'Enfant et la vie familiale sous l'Ancien Régime,* París. Plon, 1960; nueva ed.: París, Ed. du Seuil, 1973. (Existe edición en castellano en Taurus, Madrid, 1987.)

— *L'Homme devant la mort,* París, Ed. du Seuil, 1977. (Existe edición en castellano en Taurus, Madrid, 1987.)

— *Images de l'homme devant la mort,* París, Ed. du Seuil, 1983.

Elias N., *Ueber den Prozess der Zivilisation, Soziogenetische und Psychogenetische Untersuchungen,* Bâle, 1939, nueva ed.: Berne, Verlag Francke AG, 1969 (trad. fr. *La Civilisation des mœurs* et *La Dynamique de l'Occident,* París, Calmann-Lévy, 1973 et 1975). (Existe edición en castellano en F.C.E., Madrid, 1981.)

— *Die höfische Gesellschaft. Uentersuchungen zur Soziologie des Königtums und der höfischen Aristokratie,* Neuwied et Berlin, Hermann Luchterhand Verlag, 1969 (trad. fr. *La Société de cour,* París, Flammarion, 1985.)

Groethuysen B., *Origines de l'esprit bourgeois en France, I. L'Église et la Bourgeoisie,* París, Gallimard, 1927.

Habermas J., *Strukturwandel der Öffentlichkeit,* Neuwied y Berlin, Hermann Luchterhand Verlag, 1962 (trad. fr. *L'Espace public. Archéologie de la publicité comme dimension constitutive de la société bourgeoise,* París, Payot, 1978.)

Starobinski J., *L'Invention de la liberté, 1700-1789,* Ginebra, Skira, 1964.

II. LA PAREJA, LA FAMILIA, LA CRIAZÓN

1. ESTRUCTURAS FAMILIARES, ESTRATEGIAS MATRIMONIALES

«Avec les parsonniers», *Revue d'Auvergne,* 1981, n.º 486.

Berkner L. K., «The stem-family and the development of the peasant household: an eighteenth-century Austrian example», *The American Historical Review,* 1972, pp. 398-418.

Claverie E. y Lamaison P., *L'Impossible Mariage. Violence et Parenté en Gévaudan, XVIIe, XVIIIe et XIXe siècles,* París, Hachette, 1982.

Collomp A., *La Maison du père. Famille et Village en haute Provence aux XVIIe et XVIIIe siècles,* París, PUF, 1983.

Delille G., «Dot des filles et circulation des biens dans les Pouilles aux XVIe et XVIIe siècles», *Mélanges de l'École française de Rome,* 96, 1983, I.

«Famiglia e comunità. Storia sociale della famiglia nell'Europa moderna». *Quaderni Storici,* 38, 1976.

Family and Inheritance. Rural society in Western Europe, 1200-1800, J. Goody, J. Thirsk et E. P. Thompson ed., Cambridge University Press, 1976.

Family Forms in Historical Europe, R. Wall, J. Robin et P. Laslett ed., Cambridge University Press, 1983.

Farge A. et Foucault M., *Le Désordre des familles. Lettres de cachet des archives de la Bastille,* París, Gallimard/Julliard, «Archives», 1972.

Flandrin, J.-L., *Familles. Parenté, Maison, Sexualité dans l'ancienne France,* París, Hachette, 1976; ed. revue: París, Ed. du Seuil, 1984.

Goody J., *The Development of the Family and Marriage in Europe,* Cambridge University Press, 1983 (trad. fr. *L'Évolution de la famille et du mariage en Europe,* París, A. Colin, 1985). (Existe edición en castellano en Herder, Barcelona, 1986.)

Gunda B. «The ethnosociological structure of the Hungarian extended family», *Journal of Family History,* 1982, pp. 40-52.

Lafon J., *Régimes matrimoniaux et Mutations sociales. Les Épou bordelais (1450-1550),* París-La Haya, Mouton, 1973.

Lebrun F., *La Vie conjugale sous l'Ancien Régime,* París, A. Colin, 1975.

Lottin A. *et al., La Désunion du couple sous l'Ancien Régime. L'Exemple du Nord,* Universidad de Lille-III, 1975.

MacFarlane A., *The Origins of English Individualism. The Family Property and Social Transition,* Oxford, Basil Blackwell, 1978.

Mediterranean Family Structure, J. G. Peristiany ed., Cambridge University Press, 1976.

Merzario R., *Il Paese stretto. Strategie matrimoniali nello diocesi di Como, secoli XVI-XVIII,* Turín, Einaudi, 1981.

Morgan E. S., *The Puritan Family. Religion Domestic Relations in Seventeenth-Century New England,* Nueva York, 1966.

Shorter E., *The Making of the Modern Family,* Nueva York, Basic Books, 1975 (trad. fr. *Naissance de la famille moderne,* París, Éd. du Seuil, 1977).

Stone L., *Family, Sex and Marriage in England, 1500-1800,* Nueva York, Harper and Row, 1977.

2. LOS PAPELES DOMÉSTICOS

Amussen S. D., «Féminin/masculin. Le genre dans l'Angleterre de l'époque moderne», *Annales ESC,* pp. 269-287.

Davis N. Z., *The Return of Martin Guerre,* Harvard University Press, 1983 (trad. fr. *Le Retour de Martin Guerre,* París, Robert Laffont, 1982). (Existe edición en castellano en Bosch, Barcelona, 1984.)

Fairchilds C., *Domestic Enemies. Servants and their Masters in Old Regime France,* The Johns Hopkins University Press, 1984.

Frigo D., *Il Padre di famiglia. Amministazione privata e Pubblico Governo nell'Italia moderna,* Roma, 1985.

Gutton J.-P., *Domestiques et Serviteurs dans la France de l'Ancien Régime,* París, Aubier, 1981.

Klapisch-Zuber C., *Women, Family and Ritual in Renaissance Italy,* The University of Chicago University Press, 1985.

Kniebiehler Y. y Fouquet C., *L'Histoire des mères du Moyen Age à nos jours,* París, Montalba, 1980.

Maza S., *Servants and Masters in Eighteenth-Century France. The Uses of Loyalty,* Princeton University Press, 1983.

Segalen M., *Mari et Femme dans la société paysanne,* París, Flammarion, 1980.

Zapperi R., *L'Uomo incinto. La Donna, l'Uomo e il Potere,* Cosezan, Edizione Lerici, 1979 (trad. fr. *L'Homme enceint. L'Homme, la Femme et le Pouvoir,* París, PUF, 1983).

3. AMOR, AMISTAD, SEXUALIDAD

Aimer en France, universidad de Clermont-II, 1980.

Flandrin J.-L., *Les Amours paysannes. Amour et Sexualité dans les campagnes de l'ancienne France (XVIe-XIXe siècle),* París, Gallimard/Julliard, «Archives», 1975.

— *Le Sexe et l'Occident. Évolution des attitudes et des comportements,* París, Éd. du Seuil, 1981.

Grimmer C., *La Femme et le Bâtard. Amours illégitimes et secrètes dans l'ancienne France,* París, Presses de la Renaissance, 1983.

Laslett P., *Family Life and Illicit Love in Earlier Generations,* Cambridge University Press, 1977.

Laslett P., Oosterven K., Smith R. M., *Bastardy and its Comparative History,* Londres, Edward Arnold, 1980.

Solé J., *L'Amour en Occident à l'époque moderne,* París, Albin Michel, 1976.

Todd J., *Women's Friendship in Literature,* Nueva York, 1980.

4. INFANCIA Y EDUCACIÓN

Brizzi G. P., *La Formazione della classe dirigente nel Sei-Settecento. I Seminaria nobilium nell'Italia centro-settentrionale,* Bolonia, Il Mulino, 1976.

Chartier R., Julia D., Compère M.-M., *L'Éducation en France du XVIe au XVIIIe siècle,* París, SEDES, 1976.

Compère M.-M., *Du collège au lycée (1500-1900). Généalogie de l'enseignement secondaire français,* París, Gallimard/Julliard, «Archives», 1985.

Frijhoff W., *La Société néerlandaise et ses gradués, 1575-1814. Une recherche sérielle sur le statut des intellectuels,* Amsterdam, 1981.

Gélis J., Laget M., Morel M.-F., *Entrer dans la vie. Naissances et Enfances dans la France traditionnelle,* París, Gallimard/Julliard, «Archives», 1978.

Gélis J., *L'Arbre et le Fruit. La Naissance dans l'Occident moderne, XVIe-XIXe siècle,* París, Fayard, 1981.

Gillis J. R., *Youth and History,* Nueva York, Academic Press, 1974.

Hewitt M. et Pinchebeck I., *Children in English Society. Tome I: From Tudor Times to the Eighteenth Century,* Londres, Routledge et Kegan Paul, 1969.

Kagan R., *Students and Society in Early Modern Spain,* The Johns Hopkins University Press, 1974.

Laget M., *Naissances. L'Accouchement avant l'âge de la clinique,* París, Éd. du Seuil, 1982.

Plumb J.-H., «The new world of children in eighteenth-century England», *Past and Present,* 67, 1975, pp. 64-95.

Les Rites de passage, musée d'Ethnologie de Neuchâtel, 1981.

Smith S. R., «The London apprentices as seventeenth-century adolescents», *Past and Present,* 61, 1973, pp. 149-161.

Strauss G., *Luther's House of Learning. Indoctrination of the Young in German Reformation,* The Johns Hopkins University Press, 1978.

III. CONTROL SOCIAL Y FORMAS DE SOCIABILIDAD

1. SOLIDARIDADES E IMPOSICIONES

Bouchard G., *Le Village immobile, Sennely-en-Sologne au XVIIIe siècle,* París, Plon, 1972.

Castan N., *Justice et Répression en Languedoc à l'époque des Lumières,* París, Flammarion, 1980.

— *Les Criminels de Languedoc. Les Exigences d'ordre et les Voies du ressentiment dans une société prérévolutionnaire (1750-1790),* Toulouse, 1980.

Castan Y., *Honnêteté et Relations sociales en Languedoc,* 1750-1780, París, Plon, 1974.

Dasvis N. Z., *Society and Culture in Early Modern France,* Stanford University Press, 1975 (trad. fr. *Les Cultures du peuple. Rituels, Savoirs et Résistances au XVIe siècle,* París, Aubier, 1979).

Farge A., *Vivre dans la rue à Paris au XVIIIe siècle,* París, Gallimard/Julliard, «Archives», 1979.

— *La Vie fragile. Violence, Pouvoir et Solidarités à Paris au XVIIIe siècle,* París, Hachette, 1986.

Forestier H., «Le "droit des garçons" dans la communauté villageoise aux XVIIe et XVIIIe siècles», *Annales de Bourgogne,* 1941, pp. 109-114.

Foucault M., *Surveiller et Punir. Naissance de la prison,* París, Gallimard, 1975. (Existe edición en castellano en Siglo XXI, Madrid, 1986.)

Gough R., *The History of Myddle,* J. Hey ed., 1834, Penguin Books, 1981.

Gutton J.-P., *La Sociabilité villageoise dans l'ancienne France. Solidarités et Voisinages du XVIe au XVIIIe siècle,* París, Hachette, 1971.

Le Roy Ladurie E., *L'Argent, l'Amour et la Mort en pays d'Oc,* París, Éd. du Seuil, 1980.

Levi G., *L'Eredità immateriale. Carriera di un esorcista nel Piemonte del Seicento,* Turín, Einaudi, 1985.

Pellegrin N., *Les Bachelleries. Organisation et Fêtes de la Jeunesse dans le Centre-Ouest, XVe-XVIIIe siècle,* Poitiers, Société des antiquaires de l'Ouest, 1982.

Rossiaud J., «Prostitution, jeunesse et société dans les villes du Sud-Est au XVe siècle», *Annales ESC,* 1976, pp. 289-325.

— «Les fraternités de jeunesse dans les villes du Sud-Est au XVe siècle», *Cahiers d'histoire,* 1976, pp. 67-102.

Weissman R. F. E., *Ritual Brotherhood in Renaissance Florence,* Nueva York, Academic Press, 1982.

Yver J., *Essai de géographie coutumière,* París, 1966.

2. SOCIABILIDADES INTELECTUALES

Agulhon M., *Pénitents et Francs-Maçons de l'ancienne Provence,* París, Fayard, 1968.

Darnton R., *Mesmerism and the End of the Enlightenment in France,* Harvard University Press, 1968 (trad. fr. *La fin des Lumières. Le Mesmérisme et la Révolution,* París, Librairie académique Perrin, 1984).

— *Bohème littéraire et Révolution. Le Monde des livres au XVIIIe siècle,* París, Gallimard/Éd. du Seuil, 1983.

Gayot G., *La Franc-Maçonnerie française. Textes et Pratiques,* París, Gallimard/Julliard, «Archives», 1980.

Halévi R., *Les Loges maçoniques dans la France d'Ancien Régime. Aux origines de la sociabilité démocratique,* París, A. Colin, 1984.

Lesegesellschaften und bürgerliche Emanzipation, O. Dann ed., Munich, 1981.

Lougee C., *Le Paradis des femmes. Women, Salons and Social Stratification in Seventeenth-Century France,* Princeton University Press, 1976.

Milstein B. M., *Eight Eighteenth-Century Reading Societies. A Sociological Contribution to the History of German Literature,* Berna et Francfort, 1972.

Prüsener M., «Lesegesellschaften im 18 Jahrhundert. Ein Beitrag zur Lesergeschichte», *Archiv für Geschichte des Buchwesens,* 13, 1973, pp. 369-594.

Roche D., *Le Siècle des Lumières en province. Académies et Académiciens provinciaux, 1680-1789,* París-La Haya, Mouton, 1978.

3. FIESTAS Y RITUALES

Bercé Y.-M., *Fête et Révolte. Des mentalités populaires du XVIe au XVIIIe siècle,* París, Hachette, 1976.

Le Charivari, J. Le Goff et J.-Cl. Schmitt ed., París-La Haya, Mouton, 1981.

Le Roy Ladurie E., *Le Carnaval de Romans. De la Chandeleur au mercredi des Cendres, 1579-1580,* París, Gallimard, 1979.

Muir E., *Civic Ritual in Renaissance Venice,* Princeton University Press, 1981.

Trexler R. C., *Public Life in Renaissance Florence,* Nueva York, Academic Press, 1980.

IV. USOS

1. LEER

Chartier R., «Stratégies éditoriales et lectures populaires», *Histoire de l'édition française,* H.-J. Martin et R. Chartier ed., París, Promodis, t. I, *Le Livre conquérant. Du Moyen Age au milieu du XVIIe siècle,* 1982, pp. 585-608.

Chartier R. et Roche D., «Les pratiques urbaines de l'imprimé», *ibíd.,* t. II, *Le Livre triomphant. 1660-1830,* 1984, pp. 402-429.

Chartier R., «Livres bleus et lectures populaires», *ibíd.,* pp. 498-511.

Chevalier M., *Lectura y Lectores en la España de los siglos XVI y XVII,* Madrid, Turner, 1976.

Engelsing R., *Analphabetentum und Lektüre. Zur Sozialgeschichte des Lesens in Deutschland zwischen feudaler und industrieller Gesellschaft,* Stuttgart, 1973.

— *Der Bürger als Leser. Lesergeschichte in Deutschland 1500-1800,* Stuttgart, 1974.

— «Die Perioden der Lesergeschichte in der Neuzeit», 1969, *Zur Sozialgeschichte deutscher Mittel-und Unterschichten,* Göttingen, Vandenhoeck et Ruprecht, 1978.

Livre et Lecture en Espagne et en France sous l'Ancien Régime, París, ADPF, 1981.

Pratiques de la lecture, R. Chartier ed., Marsella, Rivages, 1985.

Printing and Society in Early America, W. Joyce, D. Hall, R. Brown, J. Hench ed., Worcester, American Antiquarian Society, 1983.

Saenger P., «Silent reading: its impact on Late Medieval script and society», *Viator. Medieval and Renaissance Studies,* XIII, 1982, pp. 367-414.

2. EL JUEGO

Grussi O., *La Vie quotidienne des joueurs sous l'Ancien Régime, à Paris et à la cour,* París, Hachette, 1985.

Le Jeu au XVIIIe siècle, Aix-en-Provence, Édisud, 1971.

3. LA MESA

Camporesi P., *Il Paese della fame,* Bolonia, Il Mulino, 1980 (trad. fr. *Le Pain sauvage. L'Imaginaire de la faim de la Renaissance au XVIIIe siècle,* París, 1981). (Existe edición en castellano en Montena, Barcelona, 1986.)

— *Alimentazione, Folclore e Società,* Parma, Pratiche Editrice, 1980.

Gillet P., *Par mets et par vins. Voyages et Gastronomie en Europe, XVIe-XVIIIe siècle,* París, Payot, 1985.

Heal F., «The idea of hospitality in Early Modern England», *Past and Present,* 102, 1984, pp. 66-93.

Flandrin J.-L., «La diversité des goûts et des pratiques alimentaires en Europe du XVIe au XVIIIe siècle», *Revue d'histoire moderne et contemporaine,* 1983, pp. 66-83.

Manger et Boire au Moyen Age, París, Les Belles Lettres, 1984

Wheaton B. K., *Savouring the Past,* The University of Pennsylvania Press, 1983 (trad. fr. *L'Office et la Bouche. Histoire des mœurs de la table en France 1300-1789,* París, Calmann-Lévy, 1984).

4. LA NATURALEZA Y LOS ANIMALES

Adams W. H., *Les Jardins en France. Le Rêve et le Pouvoir,* París, Éd. Équerre, 1980.

Strong R., *The Renaissance Garden in England,* Londres, 1979.

Thomas K., *Man and the Natural World,* Penguin Books, 1983 (trad. fr. *Dans le jardin de la nature. La Mutation des sensibilités en Angleterre à l'époque moderne (1500-1800),* París, Gallimard, 1985).

5. LA VIVIENDA

Babelon J.-P., *Demeures parisiennes sous Henri IV et Louis XIII,* París, Le Temps, 1965.

— «Du Grand Ferrare à Carnavalet. Naissance de l'hôtel classique», *Revue de l'Art,* 40-41, 1978.

Bardet J.-P., Chaunu P., Desert G., Gouhier P., Neveux H., *Le Bâtiment. Enquête d'histoire économique, XIVe-XIXe siècle,* t. I, *Maisons rurales et urbaines dans la France traditionnelle,* París-La Haya, Mouton, 1971.

Bardet J.-P., *Rouen aux XVIIe et XVIIIe siècles,* París, SEDES, 1983.

Corpus de l'architecture rurale française, París, Berger-Levrault, 1977.

Gloton J., *Renaissance et Baroque à Aix-en-Provence. Essai sur la culture architecturale dans le midi de la France,* París, 1979.

Jurgens M. et Couperie P., «Le logement à Paris aux XVIe et XVIIe siècles: une source, les inventaires après décès», *Annales ESC,* 1962, pp. 488-500.

Lehoux F., *Le Cadre de vie des médecins parisiens au XVIe et au XVIIe siècle,* París, Picard, 1978.

Liebenwein W., *Studiolo: Die Entstehung eines Raumtyps und seine Entwicklung bis zum 1600,* Berlín, 1977.

La maison de ville à la Renaissance, París, Picard, 1984.

Poisson J.-M., «La maison paysanne dans les bourgs siciliens (XIVe-XIXe siècle). Permanence d'un type?», *Archeologia medievale,* VII, 1980, pp. 83-94.

Ranum O., «Inventing private space. Samuel and Mrs. Pepys at home 1660-1669», Wissenschaftskolleg zu Berlin, *Jahrbuch 1982/83,* pp. 259-276.

Roux S., *La Maison dasn l'histoire,* París, Albin Michel, 1976.

Tardieu S., *La Vie domestique dans le Mâconnais rural préindustriel,* París, 1964.

Thornton P., *Seventeenth-Century Interior Decoration in England, France and Holland,* Yale University Press, 1978.

6. CONSUMIR

Franklin A., *La Vie privée d'autrefois. Arts et Métiers, Modes, Mœurs, Usages des Parisiens du XIIe au XVIIIe siècle,* París, 1888-1901.

McKendrick N., Brewer J., Plumb J. H., *The Birth of a Consumer Society. The Commercialization of Eighteenth-Century England,* 1982, Indiana University Press, 1985.

«La qualité de la vie au XVIIe siècle», *Marseille,* n.° 109, 1977.

Roche D., *Le Peuple de Paris. Essai sur la culture populaire,* París, Aubier, 1981.

7. CORTESÍA. CIVILIDAD. ETIQUETA

Aragon H., *Les Lois somptuaires en France,* Perpignan, 1921.

Chartier R., «Civilité», *Handbuch politisch-sozialer Grundbegriffe in Frankreich 1680-1820,* R. Reichardt et E. Schmitt ed., Munich Oldenbourg (se publicará en breve).

La Corte e il «Cortegiano», A. Prosperi ed., Roma, 1980.

The Courts of Europe: Politics, Patronage and Royalty 1400-1800, A. G. Dickens ed., Nueva York, 1977.

Curtin M., «A question of manners: status and gender in etiquette and courtesy», *Journal of Modern History,* 57, 1985, pp. 395-423.

La Fontaine-Verwey H., «The first "book of etiquette" for children: Erasmus' *De civilitate morum puerilium», Quaerendo,* 1, 1971, pp. 19-30.

Magendie M., *La Politesse mondaine et les Théories de l'honnêteté en France au XVIIe siècle, de 1600 à 1650,* París, 1925.
Ranum O., «Courtesy, absolutism and the rise of the French state, 1630-1660», *Journal of Modern History,* 52, 1980, pp. 425-451.
Rituale, Ceremoniale, Etichetta, S. Bertelli et G. Crifo ed., Milán, Bompiani, 1985.
Vigarello G., *Le Corps redressé. Histoire d'un pouvoir pédagogique,* París, Jean-Pierre Delarge, 1978.
— *Le Propre et le Sale. L'Hygiène du corps depuis le Moyen Age,* París, Éd. du Seuil, 1985.

V. PRÁCTICAS Y CREENCIAS RELIGIOSAS

Caro Baroja J., *Las Formas complejas de la vida religiosa. Religión, Sociedad y Carácter en la España de los siglos XVI y XVII,* Madrid, Alkal, 1979.
Certeau M. de, «La formalité des pratiques. Du système religieux à l'éthique des Lumières (XVIIe-XVIIIe siècle)», *L'Écriture de l'histoire,* París, Gallimard, 1975, pp. 152-214.
— *La Fable mystique XVIe-XVIIe siècle,* París, Gallimard, 1982.
Chaunu P., *Le Temps des Réformes. Histoire religieuse et Système de civilisation,* Paris, Fayard, 1975.
Delumeau J., *La Peur en Occident (XIVe-XVIIIe siècle). Une cité assiégée,* París, Fayard, 1978. (Existe edición en castellano en Taurus, Madrid, 1989.)
— *Le Péché et la Peur. La Culpabilisation en Occident (XIIIe-XVIIIe siècle),* París, Fayard, 1983.
Dupront A., «Réformes et "modernité"», *Annales ESC,* 1984, pp. 747-767.
Ginzburg C., *I Benandanti. Stregoneria e Culti agrari tra Cinquecento e Seicento,* Turín, Einaudi, 1966 (trad. fr. *Les Batailles nocturnes. Sorcellerie et Rituels agraires en Frioul, XVIe-XVIIe siècle,* Lagrasse, Verdier, 1980).
— *Il Formaggio e i Vermi. Il Cosmo di un mugnaio del'500,* Turín, Einaudi, 1976 (trad. fr. *Le Fromage et les Vers. L'Univers d'un meunier du XVIe siècle,* París, Flammarion, 1980). (Existe edición en castellano en Muchnik, Barcelona, 1981.)
Kolakowski L., *Chrétiens sans Église. La Conscience religieuse et le Lien confessionnel au XVIIe siècle,* París, Gallimard, 1966. (Existe edición en castellano en Taurus, Madrid, 1983.)
La Società religiosa nell'età moderna, C. Russo et F. Malgeri ed., Nápoles, 1973.
Pratiques de la confession. Des pères du désert à Vatican II. Quinze Études d'histoire, París, Éd. du Cerf, 1983.
Scala G., *Illuminismo e Reforme nell'Italia dell Settecento,* Bolonia, Zanichelli, 1970.
Thomas K., *Religion and the Decline of Magic. Studies in Popular Beliefs in Sixteenth and Seventeenth-Century England,* Penguin Books, 1973.
Vogler B., *Vie religieuse en pays rhénan dans la seconde moitié du XVIe siècle (1556-1619),* Universidad de Lille-III, 1974.
Vovelle M., *La Mort et l'Occident de 1300 à nos jours,* París, Gallimard, 1983.

VI. LA ESCRITURA Y LO PRIVADO

1. DIARIOS Y MEMORIAS: ALGUNOS EJEMPLOS

Campion H. de, *Mémoires,* París, Mercure de France, 1967.
Dumont de Bostaquet, *Mémoires,* París, Mercure de France, 1968.
Fillon A., *Louis Simon, étaminier 1741-1820 dans son village du haut Maine au siècle des Lumières,* Universidad de Maine, 1982.
Foisil M., *Le Sire de Gouberville. Un gentilhomme normand au XVIe siècle,* París, Aubier, 1981.
Jamerey-Duval V., *Mémoires. Enfance et Éducation d'un paysan au XVIIIe siècle,* introducción de J. M. Goulemont, París, Le Sycomore, 1981.
Le Roy Ladurie E. et Ranum O., *Pierre Prion, scribe. Mémoires d'un écrivain de campagne au XVIIIe siècle,* París, Gallimard/Julliard, 1985.
Lottin A., *Chavatte, ouvrier lillois. Un contemporain de Louis XIV,* París, Flammarion, 1979.
MacFarlane A., *The Family Life of Ralph Josselin, a Seventeenth-Century Clergyman. An Essay in Historical Anthropology,* Cambridge University Press, 1970.
Ménétra J.-L., *Journal de ma vie. Jacques-Louis Ménétra, compagnon vitrier parisien au XVIIIe siècle,* présenté par D. Roche, París, Montalba, 1982.
Pepys S., *The Diary of Samuel Pepys,* R. Latham et W. Matthews ed., University of California Press, 1970. (Existe edición en castellano en Espasa-Calpe, Madrid.)
Saever P. S., *Wallington's World. A Puritan Artisan in Seventeenth-Century London,* Stanford University Press, 1985.
Saint-Simon, *Mémoires,* París, Gallimard, coll. «Bibliothèque de la Pléiade», 1953-1958. (Existe edición en castellano en Orbis, Barcelona, 1983.)

2. DIARIOS, MEMORIAS, AUTOBIOGRAFÍAS: ESTUDIOS

Bourcier E., *Les Journaux privés en Angleterre de 1600 à 1660,* París, 1976.
Delany P., *British Autobiography in the Seventeenth-Century,* Nueva York, 1969.
Ebner D., *Autobiography in Seventeenth-Century England,* La Haya, 1971.
Lejeune P., *L'Autobiographie en France,* París, A. Colin, 1973.
— *Le Pacte autobiographique,* París, Éd. du Seuil, 1975.
Les Valeurs chez les mémorialistes français du XVIIIe siècle, N. Hepp y J. Hennequin ed., París, Klincksieck, 1979.
Watkins O. C., *The Puritan Experience: Studies in Spiritual Autobriography,* Nueva York, 1972.

3. LITERATURA

Baczko B., *Rousseau. Solitude et Communauté,* París-La Haya, Mouton, 1974.
— *Lumières de l'Utopie,* París, Payot, 1978.
Bakhtine, *L'Œuvre de Rabelais et la Culture populaire au Moyen Age et sous la Renaissance,* París, Gallimard, 1975.
Bénichou P., *Le Sacre de l'écrivain,* París, 1973.
Compagnon A., *Nous, Michel de Montaigne,* París, Éd. du Seuil, 1970.
Demoris R., *Le Roman à la première personne,* París, 1975.
Goulemot J.-M., «Pourquoi écrire? Devoir et plaisir dans l'écriture de Jean-Jacques Rousseau», *Romanistische Zeitschrift für Literaturgeschichte,* IV, 1980.
— «Démons, merveilles et philosophie à l'âge classique», *Annales ESC,* 1980, pp. 1223-1250.
— «Le lecteur-voyeur et la mise en scène de l'imaginaire viril», *Laclos et le Libertinage,* París, 1982.
Versini L., *Le Roman épistolaire,* París, 1979.
Watt I., *The Rise of the Novel. Studies in Defoe, Richardson and Fielding,* 1957, University of California Press, 1965 (cap. VI).

Índice onomástico

Los números en cursiva remiten a los pies de las ilustraciones.

Índice temático

Ilustraciones

Archivos fotográficos: 64, 188. - J. Bernard, Aix-en-Provence: 28, 102. - Bridgeman-Giraudon: 483 - Bulloz: 8, 16, 24, 25, 26, 31, 56, 62, 68, 98, 123a, 165, 191, 212, 215, 217. - J.-L. Charmet: 69, 82, 91a, 150, 152, 184b, 195, 199. - Colec. Fabre: 148. - G. Dagli Orti: 63, 71, 80, 144, 196. - H. Fillipetti: 115b, 129b. - Giraudon: 14, 32, 36ab, 110, 115a, 119. - Hanfstaengl-Giraudon: 162. - Lauros-Giraudon: 34, 89, 131, 185. - Roger-Viollet: 205 - Yan: 21, 53. - Biblioteca nacional, París: 30, 38, 39, 44, 45, 66, 67, 70, 77, 79, 84, 91b, 93, 94, 95, 97, 113, 116, 120, 126, 134, 135, 146, 147, 159, 164, 168, 171ab, 184a, 186ab, 190, 192, 198, 201, 202, 203, 206, 210. - Biblioteca nacional, París/Seuil: 83, 87, 129a, 149, 151, 167, 175, 193b - CDDP des Hautes-Pyrénées, Tarbes: 17, 18, 40. - Colec. part.: 46ab, 52. - Inventario general-SPADEM-1978: 177. - Cl. Inventario-Centro/J.-C. Jacques et R. Malnoury: 35. - Museo Carnavalet, París: 42-43. - Museo de las Artes y Tradiciones populares París/Seuil: 174 ab. - Museo Paul-Dupuy, Toulouse: 20, 29ab, 41, 49. - Museos de la ciudad, Estrasburgo: 137, 193a. - Reunión de los Museos nacionales, París: 107, 108, 112, 123b, 182, 194, 208.

Biblioteca nacional, Florencia: 153, 154. - Colec. Thyssen-Bornemisza, Lugano: 189. - Kunsthalle, Brême: 128. - Kunsthistoriches Museum, Viena: 105. - National Gallery Photograph, Londres: 22. - Rijksmuseum-Stichting, Amsterdam: 23, 60, 109.

Láminas en color, fuera de texto, frente a las páginas siguientes: 48, Bridgeman-Giraudon. - 49, 112, 208, 209, G. Dagli Orti. - 113, Lauros-Giraudon.

Índice

ESTE LIBRO SE TERMINÓ DE IMPRIMIR EN LOS
TALLERES GRÁFICOS DE UNIGRAF, S. A., EN
MÓSTOLES (MADRID), EN EL MES DE
MARZO DE 1992